「生命」與「學問」的喚醒：
唐君毅先生與牟宗三先生哲學思想的闡釋

韓曉華　著

鄭序

我認識韓君曉華多年，他於二〇一〇年完成香港中文大學哲學系的文學碩士課程，在讀期間修了「畢業論文」一課，是我指導的。其後，他考入香港新亞研究所唸博士，師從盧雪崑教授，以王門泰州學派為題撰寫論文，成功取得學位。畢業後，因家庭原因，只能兼職工作，乃在中文大學哲學系任職兼任講師，講授通識科目至今。有些人囿於名分觀念，以為講師職稱只負責教學，沒有教授職稱便不能名正言順做學問，殊不知做不做學問完全取決於個人的熱誠與恆心，跟身份無關。這些年來，曉華一直堅持不懈探索自己感興趣的學術課題，著述為文並發表於各學報，其用功和毅力，值得鼓勵。所以當他索序，我欣然答允，以示支持。

這本書是曉華研究唐君毅與牟宗三兩位先生哲學思想的文字。通覽全書，可見他的用心和觀點，有供學界參考的地方。但接下來我不打算點評箇中論述，而是想談一下與這書相關的三個相互關連的觀念：即哲學史（如書中分析唐對荀子與墨學、牟對王塘南的研究）、問題意識（如書中涉及的身心關係、可說不可說與宗教等）與比較哲學（如將唐與 John Searle、Paul Tillich、將牟與 Wittgenstein 相對照）。首先，我素來主張從事哲學史就是從事哲學（doing history of philosophy is doing philosophy）；哲學史即便是清理工作但應以哲學思想的開發工作為鵠的。換言之，詮釋、梳理與追溯過往哲學觀念的變化以及思想的發展，是想考察它們的「哲學意義」，即是否仍具合理性而能為當今參考，而非想了解它們的「歷史意義」，即如何從歷史中產生

並反過來影響歷史。以此之故,從事哲學史,就必須知道測定(或嚴格說,自文獻中詮釋出)研究對象的問題意識十分重要,因為不能抓住問題意識為線索綱領,就無法深入剖析與挖掘觀念與思想的哲學義蘊。勞思光先生名之為「基源問題研究法」。對此,我曾補充說明哲學史的問題意識實際上有兩層,一是入乎哲學傳統所形成的概念框架內的問題(the philosophical question within a conceptual framework);一是出乎哲學傳統所形成的概念框架外的問題(the philosophical problem without a concept framework)。學者如能將兩層問題意識了然於心,哲學史研究才有望取得高度的成功。

至於當代哲學家的文字,其問題意識往往開宗明義地道出,不勞測定。不過,自中國哲學在上個世紀初成為一門現代學科以來,運用西方哲學作參照的比較視域已是不可或缺。然亦正因如此,學者便很易認定中西哲學有共同的問題意識,乃至刻意截取文本為佐證,甚或雄心壯志地宣稱中國哲學能比西方哲學提供更優的解題,卻未嘗細心考查「此」問題實非「彼」問題,徒貌似而已,故「此」答又焉能回「彼」問。說雙方貌似,是因引發哲學思考的「人的現象」有其普遍性(global human phenomenon),如生死、倫理、政治等,但某個「人的現象」其實有多面性,不同的哲學傳統會因其歷史文化的限制而選擇顯題化(thematize)處理不同的面向,再逐步建立一套概念工具來進行思考,最後甚至形成思想定式及各項哲學預認,例如怎樣設想(conceptualize)人與世界等。若然,則彼此儘管相似而實不相同;以為中西哲學有不少共同問題可資較量恐怕過於輕率,而沿此以比對雙方同異就更是意義不大。總之,這牽涉到從事中國哲學的學者如何恰當理解「(中西)比較哲學」。近年我雖漸漸醞釀出成熟、明確的想法,但要詳說則需另文為之,此處限於篇幅,只能扼要揭示其中要旨。此即對中國哲學研究者而言,中西比較的根本應是在一方面學習

西方哲學於概念思辨和分解上的工巧性，藉此以深耕中國哲學文本，考掘出當中的重要概念與豐富義理；另一方面開拓眼界，明白到自家關注的問題還可以有不同的處理和思考，而最終達至自身傳統的善化。

以上借閱讀書稿而發揮自己一得之見，希望對曉華日後的研究有所啟發，亦願共勉之，是為序。

鄭宗義
香港中文大學哲學系教授
二〇二四年十二月十八日寫於中大馮景禧樓辦公室

目次

鄭序 ……………………………………………… 鄭宗義　1

導　言　喚醒了「生命」與「學問」 ………………………… 1

甲部　唐君毅先生哲學思想的闡釋

第一章　唐君毅先生論「身心問題」
　　　　——與塞爾（J. R. Searle）的「生物自然主義」
　　　　之比較 ……………………………………………… 3

　　一　引論：「身心問題」的傳統與複雜性 ………………… 3
　　二　塞爾論「身心問題」 ………………………………… 6
　　三　唐君毅先生論「身心問題」 ………………………… 13
　　四　比較唐君毅先生與塞爾對「身心問題」的哲學思考 …… 22
　　五　結論：唐君毅先生「性情的形上學」之思考方式 …… 28

第二章　唐君毅先生論「宗教精神」
　　　　——與田立克（P. Tillich）的「終極關懷」之
　　　　比較 ………………………………………………… 31

　　一　引論：「宗教」作為當代新儒家的思考課題 ………… 31
　　二　田立克的宗教觀：從文化到宗教的「終極關懷」 …… 34

三　唐君毅先生的宗教觀：從文化到宗教，從宗教而道德的
　　「新的宗教精神」⋯⋯⋯⋯⋯⋯⋯⋯⋯⋯⋯⋯⋯⋯⋯⋯ 40
四　結論：非以「終極關懷」論「宗教」⋯⋯⋯⋯⋯⋯⋯⋯ 47

第三章　論唐君毅先生對荀子「性惡善偽」的詮釋⋯⋯ 51

一　引論：從牟宗三先生的荀子學說起⋯⋯⋯⋯⋯⋯⋯⋯ 51
二　唐君毅先生對荀子「性惡善偽」之詮釋⋯⋯⋯⋯⋯⋯ 54
三　論唐君毅先生詮釋荀子「性惡善偽」之可能發展及
　　進一步討論⋯⋯⋯⋯⋯⋯⋯⋯⋯⋯⋯⋯⋯⋯⋯⋯⋯⋯ 66
四　結論：「即哲學史以言哲學」論析「性惡善偽」的可能 ⋯ 80

第四章　論唐君毅先生對早期墨家思想的詮釋⋯⋯⋯⋯ 83

一　引論：早期墨家思想的要旨是「兼愛」嗎？⋯⋯⋯⋯ 83
二　唐君毅先生對早期墨家思想之詮釋⋯⋯⋯⋯⋯⋯⋯⋯ 87
三　論唐君毅先生詮釋早期墨家思想為「義道」之可能發展
　　及進一步討論⋯⋯⋯⋯⋯⋯⋯⋯⋯⋯⋯⋯⋯⋯⋯⋯⋯ 113
四　結論：「即哲學史以言哲學」論析「義道」的可能 ⋯ 129

第五章　論唐君毅先生對晚期墨家（《墨子‧小取》）
　　　　的詮釋⋯⋯⋯⋯⋯⋯⋯⋯⋯⋯⋯⋯⋯⋯⋯⋯⋯⋯ 131

一　引論：從《墨子‧小取》乃言「辯之七事」說起⋯⋯ 131
二　論唐君毅先生的《墨子‧小取》詮釋：「辯之七事」與
　　「言之多方殊類異故」⋯⋯⋯⋯⋯⋯⋯⋯⋯⋯⋯⋯⋯ 133
三　論格賴斯的語言哲學：「格賴斯方案」與「理性行動」⋯ 143
四　結論：論「成就人己心意之交通」的詮釋效力：兼論
　　唐君毅先生的哲學語言觀⋯⋯⋯⋯⋯⋯⋯⋯⋯⋯⋯⋯ 151

乙部　牟宗三先生哲學思想的闡釋

第六章　論牟宗三先生對王塘南「透性研幾」的詮釋 157

一　引論：由對王塘南「透性研幾」的評價落差說起 157
二　牟宗三先生論王塘南「透性研幾」的定位 159
三　論牟先生三對王塘南「透性研幾」詮釋之可能發展及進一步討論 174
四　結論：在牟宗三先生之後的「陽明後學」研究 183

第七章　論牟宗三先生對「哲學語言」的理解——從牟譯《名理論》來看 185

一　引論：為甚麼牟宗三先生要翻譯《名理論》？ 185
二　維特根什坦論「可說」與「不可說」 191
三　牟宗三先生對「可說」與「不可說」的重新釐定 201
四　牟宗三先生對「哲學語言」的理解及其哲學意涵 218
五　結論：牟宗三先生融攝《名理論》的「哲學語言」觀之必要 229

第八章　論牟宗三先生的「歸宗儒家」——從牟著《五十自述》來看 231

一　引論：從哲學思辨與存在體驗的「歸宗儒家」 231
二　從《五十自述》論牟宗三先生的「歸宗儒學」 235
三　〈文殊問疾〉對「生命之歸復其自己」所作的可能解答 ... 242
四　從「慧根覺情」的體悟而至「歸宗儒學」 257

五　結論：牟宗三先生「歸宗儒家」的哲學意涵：生命的學問……266

第九章　論牟宗三先生對「人格救國」的可能諍辯——以趙紫宸的《耶穌傳》來說……271

　　一　引論：從趙紫宸撰《耶穌傳》的寫作目的說起……271
　　二　論趙紫宸的《耶穌傳》中的「人格救國」思考……277
　　三　論牟宗三先生對「人格救國」的可能回應：耶穌的「慧根覺情」……286
　　四　結論：牟宗三先生的文化救國與判教思想……295

參考文獻……297

後記　為作品說說話……309

導言
喚醒了「生命」與「學問」

> 疏通中國文化生命之命脈，護持人道之尊嚴，保住價值之標準，乃是這個時代之重要課題。這不但是解決中國問題之關鍵，同時亦是護持人類自由之關鍵。唐先生一生念茲在茲，其心願唯在此文化意識之喚醒。
>
> ——牟宗三：〈《唐君毅全集》序〉[1]

一　關於「生命」與「學問」

　　牟宗三先生在中年以後提出「生命的學問」的觀念，他說：「生命總是縱貫的，立體的。專注意于科技之平面橫剖的意識總是走向腐蝕生命而成為『人』之自我否定。中國文化的核心是生命的學問。由真實生命之覺醒，向外開出建立事業與追求知識之理想，向內滲透此等理想之真實本源，以使理想真成其為理想，此是生命的學問之全體大用。」[2]雖然「生命的學問」由牟宗三先生所提出，唯唐君毅先生實亦具有相同的思考，唐君毅先生說：「純知識上之事，皆是戲論。凡戲論皆礙真實行，亦礙真實知者。然凡戲論而歸在如實知、真實行

---

[1] 牟宗三：《時代與感受續編》，《牟宗三先生全集》第二十四冊（臺北：聯經出版社，2003年），頁441。

[2] 牟宗三：〈自序〉，《生命的學問》（臺北：三民書局，1991年），頁2。

者，亦終不是戲論。」[3]換言之，「生命的學問」是唐牟二先生所共同肯認的構想。「生命的學問」的要點有三：[4]其一，「生命的學問」是本於詮釋中國哲學的特質而提出，「生命的學問」既是詮釋中國哲學為注重指導具體的實踐主體的自我轉化、自我完善及自我安頓之學問，更是緊扣當下生命主體的存在真實感而開展的學問。這種以自我轉化、自我完善而進行理想化生命的實踐指導，既有它在現實生命的可能性之洞見，亦有它對生命體驗的真實感受。其二，「生命的學問」本於「存在之感受」。所謂「存在之感受」即主體生命面對現實生活的種種感觸引發的原初情感（真性情），由此「存在之感受」往上一翻，遂可能得「悟」或「體證」不同的生命之洞見（真生命），可稱為「慧根覺情」或「覺情」。其三，「生命的學問」是「生命」的「存在的實感或理想化生命的洞見」與「學問」的「思辨分析或理論證立」之相輔相成。[5]「生命」與「學問」的相輔相成至少有兩重意涵：（1）「學問」作為陳構、傳遞「生命」，則自有它的意義。「哲學」作為「學問」即具有「教」或「橋樑」的作用，絕非斷然與「生命」無關；（2）「生命」在踐行與轉化的歷程中亦需要面對內在與外在的艱境，「學問」亦成為支撐「生命」的理證。以下延續「生命的學問」第三點的討論，即「生命」與「學問」的相輔相成之意涵。

「生命的學問」固然是關乎於「生命」與「學問」，然而，有種流行的想法認為「生命的學問」只停留於個人的存在、形上的探究與

---

[3] 唐君毅：《生命存在與心靈境界（下冊）》第二十五卷（北京：九州出版社，2016年），頁13。

[4] 關於「生命的學問」的要義，主要參考鄭宗義：〈生命的學問：當代建構「中國哲學」的一個嘗試〉，景海峰編：《拾薪集：中國哲學建構的當代反思與未來前瞻》（北京：北京大學出版社，2007年），頁259-273。特此注明。

[5] 鄭宗義：〈生命的學問：當代建構「中國哲學」的一個嘗試〉，頁261。

抽象的歷史文化。[6]殊不知「生命」與「學問」的關聯實具有分合的歷程，合而言之，「學問」並不是純粹地、與現實生命斷絕地進行的智性活動，而是由真實的「生命」之感受所觸發而成就的「學問」；分而言之，從個人精神的層面而論，以「生命」的「悟」或「體證」所具有的不同「存在之感受」，而所能感知的世界，乃是一個物物皆得其位並相互感通的整體，由此而探求的「學問」即具有切身的意義建構；從人文世界的層面而論，則面對文化生活的種種難關，「學問」遂成為挺立種種理想化的表述與可能建構，如「理性之架構表現的精神」作為處理公共事務的自覺，由此而造就「生命」。[7]依此，「生命」與「學問」之間，即具有辯證式的關係：首先，「生命」與「學問」常識地被認為是分屬不同範疇的觀念；其次，轉而由「生命」的關注而構成「學問」，「學問」亦成為建構生命的實踐；最後，「生命的學問」構成了個人精神層面的意義世界，「學問的生命」則延續為人文世界層面的建構成素。「生命」與「學問」遂具有不一樣的意義。

二　關於「喚醒」

究竟如何才能夠對「生命」的「存在的實感或理想化生命的洞見」與「學問」的「思辨分析或理論證立」作出相輔相成的結合呢？借用康德的「喚醒」（erweckt、awakened）概念來說，康德在《實踐理性批判》中說：「當『道德學』已經完全地被說明（道德學只置定義務，並非為自私的欲望供給規律），既說明已，首先，在『促進圓

---

[6] 蔣慶：《政治儒學：當代儒學的轉向、特質與發展》（北京：生活‧讀書‧新知三聯書店，2003年），頁13。

[7] 牟宗三：〈尊理性〉，《生命的學問》，頁46-59。

善（去把上帝王國帶給我們）』的道德願望已被豁醒之後（這道德願望是一種基於一法則上的願望，而且它不能早先發生於任何自私的心意中），進一步，又當為此願望之故，進至宗教這一步已被作成時，則這道德論亦可以叫做是一幸福論，因為這幸福底希望首先只開始於宗教。」[8]所謂「道德願望」的「豁醒」（喚醒）緣於康德認定「道德學」具有自足自滿的特質，即道德的自律性與純粹性並不需要外在的推動力，唯康德也指出這樣的道德學並未能算是「幸福論」，關鍵在於道德法則之上仍然需要有「促進圓善」的願望。康德的「幸福論」是指實踐道德就當配得幸福的「促進圓善」思想，而康德認為這願望的動力是來自於「宗教」。康德的「宗教」是以道德的層面為進路，即「道德宗教」（Moral Religion），而「道德宗教」之可能是源於對道德實踐並「促進圓善」的信賴，這種信賴包括目的論、榜樣與信仰等要素。康德在《單純理性限度內的宗教》中說：「唯一能夠使世界成為上帝意旨的對象和創世的目的的東西，就是處於道德上的徹底完善狀態的人性（一般有理性的世俗存在者）。⋯⋯在對上帝之子的實踐上的信仰中（就他被設想得好像他接納了人的本性似的而言），人可以希望成為上帝所喜悅的（從而也可以得救）。也就是說，他自覺到

---

[8] 原文的英譯：“But when morals (which merely imposes duties and does not provide rules for selfish wishes) has been set forth completely, then – after the moral wish, based on a law, to promote the highest good (to bring the kingdom of God to us) has been awakened, which could not previously have arisen in any selfish soul, and for the sake of this wish the step to religion has been taken – then for the first time can this ethical doctrine also be called a doctrine of happiness, because it is only with religion that the hope of happiness first arises." (I. Kant, M. Gregor [trans.], *Critique of Practical Reason*, Cambridge University Press 2015. p.105. 中文譯文則依據牟宗三譯：《康德的道德哲學》，《牟宗三先生全集》第二十四冊（臺北：聯經出版社，2003年），頁453。由於本書以唐君毅先生與牟宗三先生為研究對象，相關引文（如康德三大批判的翻譯）亦主要會引用他們的翻譯。

這樣一種道德意念，即他能夠信仰並且確立以自己為基礎的信賴，他將在類似的誘惑和苦難的情況下（正如把它們當做那個理念的試金石一樣）對人性的原型忠貞不渝，並且以忠實的仿效保持與自己的榜樣的相似，一個這樣的人，並且只有一個這樣的人，才有權利把自己看作是一個並非配不上上帝的喜悅的對象。」[9]換言之，康德認為「道德願望」的「喚醒」就是在道德實踐時經具有目的論的信仰之下，由具有相似而能自立信賴的榜樣所證成，而依賴於「道德願望」就能具有實踐配得得幸福的「圓善論」之推動力，「喚醒」包括了信仰與榜樣兩種要素。

回到「生命」的「存在的實感或理想化生命的洞見」與「學問」的「思辨分析或理論證立」的相輔相成的結合問題，「生命」與「學問」既然常識地被認為是分屬不同範疇的觀念，能夠結合兩者轉而由「生命」的關注或由「學問」的實踐，或可從生命的感觸，或可從學問的不滿，即牟宗三先在《五十自述》所論及的「生命的兩極化」及「主觀之潤」。[10]然而，借用康德的「喚醒」觀念來說，對於「生命」

---

[9] 原文的英譯："That which alone can make a world the object of divine decree and the end of creation is *Humanity* (rational being in general as pertaining to the world) …… In the *practical faith in this Son of God* (so far as he is represented as having taken up human nature) the human being can thus hope to become pleasing to God (and thereby blessed); that is, only a human being conscious of such a moral disposition in himself as enables him to *believe* and self-assuredly trustthat he, under similar temptations and afflictions (so far as these are made the touchstone of that idea), would steadfastly cling to the prototype of humanity and follow this prototype's example in loyal emulation, only such a human being, and he alone, is entitled to consider himself not an unworthy object of divine pleasure.."（I. Kant, A. Wood& G. D. Giovanni [tran.], *Religion within the Boundaries of Mere Reason and Other Writings*, Cambridge University Press 1998. P.79-81.中文譯文則依據李秋零譯：《單純理性限度內的宗教》（北京：商務印書館，2012年），頁55-58。

[10] 詳細討論可見於本書第八章：論牟宗三先生的「歸宗儒家」——從牟著《五十自述》來看。

與「學問」的結合卻同樣具有信仰與榜樣兩種要素，即對於「生命」與「學問」具有不止於「物化」的信賴與信念，更由不同具有實踐性指引的榜樣所「喚醒」。如此，唐君毅先生與牟宗三先生的哲學思想即具有對「生命」與「學問」之結合的「喚醒」作用。

唐君毅先生說：「何謂吾人之生命之真實存在？答曰：存在之無不存在之可能者，方得為真實之存在；而無不存在之可能之生命，即所永恆悠久而普遍無所不在之無限生命。此在世間，一般說為天或神之生命。世人或視為此人乃所不可能有者，然吾將說其為人人之所可能。吾人之生命能真實通於無限之生命，即能成為此無限之生命。吾更將說吾人之生命，原為一無限之生命；亦不能以吾人現有之一生，為吾人之生命之限極。」[11]對「生命之真實存在」的探索與思考正是唐君毅先生展示出「生命的學問」之信仰與榜樣，更由這樣的展示冀盼能提醒從如實知起真實行。[12]牟宗三先生說：「凡足以啟發人之理性並指導人通過實踐以純潔化人之生命而至其極者為教。哲學若非只純技術而且亦有別於科學，則哲學亦是教。依康德，哲學系統之完成是靠兩層立法而完成。在兩層立法中，實踐理性（理性之實踐的使用）優越於思辨理性（理性之思辨的使用）。實踐理性必指向於圓滿的善。

---

[11] 唐君毅：《生命存在與心靈境界（上冊）》第二十四卷（北京：九州出版社，2016年），頁13。

[12] 鄭宗義老師指出：「總之，唐君毅重新設想的『哲學』是依如實知起真實行者。⋯⋯我們大概不難察覺唐君毅重建的道德、宗教與哲學，是可以有分與合的兩種關係。分而言之，道德是吾人本心靈性情去追求生命的理想化，宗教是沿此追求所生起之超越的信仰，以成教為目標的哲學則能申明辯護道德與宗教，三教分而緊密相關。但合而言之，道德是性情，宗教是性情之形上學，哲學是性情之教；道德性情即超越的信心亦即知行合一的哲學理性，三者本為一體。」（鄭宗義：〈論唐君毅對現代文化的省思〉，《從宋明理學到當代新儒家》〔香港：香港中文大學出版社，2024年〕，頁359。）依此，合哲學、道德與宗教為一體的構思正是唐君毅先生對「生命之真實存在」的探討方案。

因此，圓滿的善是哲學系統之究極完成之標識。哲學系統之究極完成必函圓善問題之解決；反過來，圓善問題之解決亦函哲學系統之究極完成。」[13]對「圓善問題之解決」的探索與思考即是牟宗三先生展示出「生命的學問」之信仰與榜樣，也由這樣的展示盼望能兼備知識、思辨、感觸而開展實踐智慧學。[14]依此，本書所結集的文章都可以說成是由唐君毅先生與牟宗三先生哲學思想所「喚醒」的各種討論。

三　篇章概述

本書分成甲部與乙部，甲部是關於唐君毅先生哲學思想的闡釋，乙部是關於牟宗三先生哲學思想的闡釋。

甲部共有五篇文章，可以區分成兩個進路闡釋唐君毅先生的哲學思想，其一是以唐君毅先生的思考對特定哲學問題作出討論，為了突顯唐君毅先生的思考更與不同的哲學家的想法作出比較，這就是本書第一章（〈唐君毅先生論「身心問題」——與塞爾（J. R. Searle）「生物自然主義」之比較〉）及第二章（〈唐君毅先生論「宗教精神」——與田立克（P. Tillich）「終極關懷」之比較〉）的寫作目的；其二是以唐君

13　牟宗三：《圓善論》，《牟宗三先生全集》第二十二冊（臺北：聯經出版社，2003年），頁3-4。

14　盧雪崑老師曾說：「個人的生命與人類的生命，或悲或喜，這不能只看生命本身，須透到那潤澤生命的德性。此即孔子哲學傳統與康德通而為一的普遍的形而上學，亦即『實踐智慧學』、理性本性之學所解決的問題。正因此，吾人有理由標舉康德與孔子哲學傳統為恰切而圓滿地解答『尋根究極』問題之基礎哲學。此『根』為道德創造之實體，此『極』為終極目的（圓善）。牟宗三哲學亦正因其立於此『尋根究極』的高度上，而客觀地被肯定其於世界哲學之位置。」（盧雪崑：《牟宗三哲學：二十一世紀啟蒙哲學之先河》，2021年，頁126-128。）如此，以「實踐智慧學」探討道德創造之實體而至終極目的（圓善）即牟宗三先生對「圓善問題之解決」的探討方案。

毅先生對古代中國思想家作出「即哲學史以言哲學」的詮釋之論述，這就是本書第三章〈論唐君毅先生對荀子「性惡善偽」的詮釋〉、第四章〈論唐君毅先生對早期墨家思想的詮釋〉及第五章〈論唐君毅先生對晚期墨家思想（《墨子・小取》）的詮釋〉的寫作目的。這樣透過兩個進路的闡釋展示了唐君毅先生哲學思維的獨特性，即「綜合式的辯證性思維」。[15]

乙部共有四篇文章，是對於牟宗三先生哲學思想比較少人注意的議題作出討論。第六章〈論牟宗三先生對王塘南「透性研幾」的詮釋〉是討論牟先生宋明理學詮釋系統的「性宗」部分，即從王陽明的「良知學」與劉蕺山的「慎獨之學」兩個座標對「性宗」的定位，指出其為從王陽明的「良知學」到劉蕺山的「慎獨之學」之過渡。第七章〈論牟宗三先生對「哲學語言」的理解——從牟譯《名理論》來看〉是討論牟先生的「哲學語言」觀，更以比較少人注意牟先生所翻譯的《名理論》作論析題材。第八章〈論牟宗三先生的「歸宗儒家」——從牟著《五十自述》來看〉則是討論牟先生情理兼俱與自證證他的方式「歸宗儒家」，融合他哲學家與儒者的形象。第九章〈論牟宗三先生對「人格救國」的可能諍辯——以趙紫宸《耶穌傳》來說〉是以牟先生的可能回應用作論衡「人格救國」思想，牟先生既有

---

[15] 關於說唐君毅先生為「綜合式的辯證性思維」及下文說牟宗三先生為「分解性的超越性思維」乃是借用林月惠教授的說法，林月惠說：「牟先生於1993年應邀至第二屆國際東西哲學比較研討會作主題演講時，所講的題目是《超越的分解與辯證的綜合》。牟先生首先指出：『超越的分解』是依康德哲學而說的，『辯證的綜合』則是按照黑格爾的辯證義而說。並一再強調辯證的綜合必先預設超越的分解。類比地說，唐先生的陽明學研究，著重『辯證的綜合』，牟先生則強調『超越的分解』。這兩種研究進路，落實於實際陽明後學的研究上，前者著重『本體』與『工夫』的合一，後者充分辨明『本體』與『工夫』兩面論述。」（林月惠：〈唐君毅、牟宗三的陽明後學研究〉，《杭州師範大學學報（社會科學版）》第一期〔2010年1月〕，頁32。）

曾對基督宗教作出辛辣的抨擊亦有義理上的判教，唯時人每每以牟先生對基督教教義的理解辯說，實未能發現牟先生是從中國文化的前路問題來論衡的。這樣透過不同面向的分析展示了牟宗三先生哲學思考的分析性，即「分解式的超越性思維」。

當然，相關於唐君毅先生與牟宗三先生的哲學思想仍然有廣闊的闡釋空間，本書所作出的討論僅算九牛一毛，而他們所形構的「生命的學問」型態也有所分別，日後定當繼續在唐牟二先生哲學思海內遨遊，盼望著得到更多的啟發。另外，本書雖然以「『生命』與『學問』的喚醒」來並列闡釋唐君毅先生與牟宗三先生的哲學思想，但卻並不表示無視唐牟二先生的相契相得與相駁相難。以「喚醒」所包括的信仰與榜樣兩個要素來說，唐牟二先生對「生命的學問」秉持共同的信仰，在榜樣的建構上卻因著性情與思維模式而有異，樹立了不同型態的「生命的學問」。最後，謹引述唐君毅先生對牟宗三先生《政道與治道》的欣賞，以展示唐牟二先生是在相異中的相知相得，唐君毅先生說：

> 兄之《政道與治道》大文已拜讀。從中國政治固有之定常原則之樹立，以論政道治道之分，與今日之當民主，此是兄所開之一思路。只言當民主，乃純為應然，只言中國有民主精神，中國文化與民主相容，乃只言其具實現條件，然不能證其為歷史上的必需。為解決中國文化政史自身之問題者，兄所示，足以補此缺矣！[16]

---

16 唐君毅：《書簡》，《唐君毅全集》第三十一卷（北京：九州出版社，2016年），頁117。

本書各章的期刊出版及發表狀況：

甲部　唐君毅先生哲學思想的闡釋	
第一章	唐君毅先生論「身心問題」——與塞爾（J. R. Searle）「生物自然主義」之比較 原題目：〈唐君毅先生論「身心問題」——從比較塞爾（J. R. Searle）的解決方案看〉，刊於《鵝湖月刊》第441期，2012年3月，頁24-39。
第二章	唐君毅論「宗教精神」——與田立克（P. Tillich）「終極關懷」之比較 原題目：〈論唐君毅的「宗教精神」與田立克的「終極關懷」之比較〉，刊於《鵝湖月刊》，第591期，2024年9月，頁36-47。
第三章	論唐君毅先生對荀子「性惡善偽」的詮釋 原題目：〈論唐君毅先生對荀子「性惡善偽」的詮釋〉，刊於《鵝湖月刊》第457-458期，2013年7-8月，頁42-50、48-56。
第四章	論唐君毅先生對早期墨家思想的詮釋 原題目：〈論唐君毅先生對早期墨家思想的詮釋〉，刊於《鵝湖學誌》第57期，2016年12月，頁47-102。
第五章	論唐君毅先生對晚期墨家思想（《墨子‧小取》）的詮釋 原題目：〈論唐君毅先生對《墨子‧小取》的詮釋：從格賴斯（Paul Grice）的觀點看〉，曾發表於新亞研究所成立七十周年紀念學術研討會，2023年10月7日。
乙部　牟宗三先生哲學思想的闡釋	
第六章	論牟宗三先生對王塘南「透性研幾」的詮釋 原題目：〈論牟宗三先生對王塘南「透性研幾」的詮釋〉，刊於《當代儒學研究》第15期，2013年12月，頁217-258。
第七章	論牟宗三先生對「哲學語言」的理解——從牟譯《名理論》來看 原題目：〈論牟宗三對「哲學語言」的理解：從牟譯《名理論》來看〉，刊於《國立臺灣大學哲學論評》第51期，2016年3月，頁71-106。

第八章	論牟宗三先生的「歸宗儒家」——從牟著《五十自述》來看
	原題目：〈從《五十自述》論牟宗三先生的「歸宗儒家」〉，刊於《鵝湖月刊》第490-491期，2016年4-5月，頁25-39、33-40。
第九章	論牟宗三先生對「人格救國」的可能諍辯——從趙紫宸《耶穌傳》來說
	原題目：〈論趙紫宸《耶穌傳》的「人格救國」觀念：從牟宗三的觀點看〉，刊於《宗教哲學》，第107期，2024年3月，頁41-63。

甲部
唐君毅先生哲學思想的闡釋

第一章
唐君毅先生論「身心問題」
——與塞爾（J. R. Searle）的「生物自然主義」之比較

> 中國傳統所謂智，並不只是西方所謂知識。知識是人求知所得之一成果。而中國傳統所謂智，則均不只指人之求知之成果，而是指人之一種德性，一種能力。
>
> ——唐君毅：《哲學概論（上）》[1]

一　引論：「身心問題」的傳統與複雜性

甚麼是「身心問題」（mind-body problem）呢？在西方哲學發展的傳統中有所謂「心身二元論」的問題，陳榮華教授指出：「通常我們認為，人不僅有身體，也有心靈，而且身體與心靈彼此差異、完全不同。人由身體和心靈兩個不同的元素構成，這是心身二元論的立場。從嚴格的心身二元論而言，這涉及一個非常困難的問題：在一般常識裡，心靈與身體是互動的：心靈可以作出決定，使身體往前走，並且，身體受傷會使心靈感到痛苦。可是，心靈與身體既是兩完全不同元素，則它們如何互動呢？我們知道，心靈不占空間，沒有形體與質量，則它如何推動有形體的身體往前走呢？同理的，有形體和有質量的身體受傷了，如何使沒有形體與質量的心靈感到痛楚呢？這些問

---

[1] 唐君毅：《哲學概論（上）》，《唐君毅全集》第二十三卷（北京：九州出版社，2016年），頁4-5。

題是難以說明的。」[2]依此,「身心問題」即是討論「心靈」與「身體」二者之關係,而討論的關鍵在於對「心靈」與「身體」兩個概念的理解,及兩者之間的關係。[3]

對「身心問題」的思考,首先由笛卡兒(R. Descartes)所發揚[4],即心靈哲學(Philosophy of Mind)中的所謂「笛卡兒的遺產」(Descartes's legacy)。笛卡兒認為人主要是由心靈與身體所組成,它們的差異大致有三方面:一、在本質上心靈僅為思維意識而身體則為物質性質;二、在屬性上心靈為不占有空間而身體則占有空間;三、在屬性上心靈為直接觀察知悉而身體則為間接觀察知悉。雖然心靈與

---

[2] 陳榮華、杜保瑞:《哲學概論》(臺北:五南圖書出版公司,2008年),頁179。

[3] 對於理解「身心問題」的關鍵在於「心」與「身」的理解,齊碩姆(R. M. Chisholm)曾指出在「心」與「身」的不同理解之下,「身心問題」至少有五種意義:1.「人與他的身體之間有何關係?」;2.「身體怎能具有智能?」;3.心靈的研究即是大腦神經生理學的研究;4.「精神實體與肉身實體有何關係?」;5.心理與物理的屬性之關的關係。(齊碩姆:〈心身問題、描述心理學與心理物理學問題〉(中譯本),載於高新民、儲昭華編:《心靈哲學》〔北京:商務印書館,2002年〕,頁3-6。)其次,齊碩姆又說:「當代涉及到心身問題的大多數討論關心的主要就是心理物理學問題。」(頁6)此可佐證從笛卡兒開始的「心身二元論」中以「心靈」為「精神實體」而說的「身心問題」,至當代的討論中實已經歷了不同的變化。當然,從西方哲學史看,「身心問題」與「心物問題」是很接近的,尤其是在一元與二元之辯的論述來看。唯本文中則僅以涉及面較少的「身心問題」來論析。另外,對於「身心問題」的關鍵乃在於「心」與「身」的關係,可見於不少的學者論述,從下文將討論的塞爾(J. R. Searle)之說法亦有所論述。

[4] 唐君毅先生指出:「偏自吾人對身心與心物二者之不同,性質之不同知識上立論。此吾人可首以笛卡爾之二元論為一代表。」唐君毅:《哲學概論(下)》,《唐君毅全集》第二十四卷〔北京:九州出版社,2016年〕,頁118。另外,塞爾曾說:「從歷史的效果上看,近代心靈哲學乃是通過笛卡兒的著述而問世的。笛卡兒並非是他那類觀點的史上第一人,但我們平時所說的『近代哲學家』中,他關於心靈的觀點的確是影響最大的。」(J. R. Searle, *Mind: A Brief Introduction*, New York: Oxford University Press, 2004, p.9;徐英謹譯:《心靈導論》〔上海:上海人民出版社,2008年〕,頁11。)此即見笛卡兒對「身心問題」討論的重要性。

身體的性質有非常大的差異,但在日常生活中卻不難發現心靈與身體是互動的,而且,據笛卡兒所理解,心靈與身體的這種互動關係是因果關係的。不過,這種因果關係卻並不是我們日常生活中的物質世界中那種因果關係為不同類型的,這即所謂「嚴格的心身二元論」。[5]然而,笛卡兒的說法在理論上是難以成立的,萊爾(G. Ryle)曾以「機器中的鬼魅」(Ghost in the machine)比喻笛卡兒所說的「心身二元論」就像鬼魅控制著身體機器,問題是:一個非物質性的精神如何產生能量去推動物質性的身體呢?這是一個難以解決的困難。自笛卡兒以後,「身心問題」在西方哲學史中經歷過幾個階段性的延續,它們是:唯心主義(idealism)、唯物主義(materialism)和功能主義(functionalism)等,簡單來說,它們都是以不同的角度來修正或解答「身心問題」。

直至近代的心靈哲學發展之中,「身心問題」仍然是得不到充分的解決,塞爾(J. R. Searle)指出:「無論是二元論還是唯物主義都不是可以接受的,但它們至今依然是我們所能看到的所有解決問題的可能性。」[6]由此可見,「身心問題」的處理在西方哲學的傳統中,自有其難以圓滿解決的複雜性。可是,反過來說,唐君毅先生卻曾表明「身心問題」是容易解決的,他在《哲學概論》說:「吾人如依此種中國之哲學思想(按:即中國思想中之陰陽之論),以看西方哲學中之若干問題,在中國即可根本不發生,或可謂已解決者。一元二元之爭,宇宙為變為常、為動為靜之爭,在中國思想中之宇宙觀下看來,皆不成問題。而畢竟物以質為主,或以力為主;以物質材料為主,或

---

[5] 這部分主要參考:1. 陳榮華、杜保瑞著《哲學概論》,頁179-181;2. J. Heil, *Philosophy of Mind: A Contemporary Introduction*, Routledge, a member of the Taylor & Francis Group. 2004, p.27-40.

[6] 塞爾:《心靈導論》,頁93。

以形式為主；以潛能為主，或以現實為主；自然是由超自然者而來，或自然為自己存在；在中國哲學，皆可謂無此問題。」[7]唐君毅先生認為「身心問題」僅是西方哲學史的一元二元之爭的問題，這類問題從中國哲學來看根本不成問題。究竟唐君毅先生憑甚麼會如此說呢？如果唐君毅先生所言屬實，則他所說的解決方案又可以為「身心問題」帶來一個怎樣的哲學視野或意涵呢？本文的寫作目的即以唐君毅先生的思考分析「身心問題」。本文的具體操作：首先，討論塞爾對「身心問題」的思考，其次，討論唐君毅先生對「身心問題」的可能哲學思考；最後，對兩者作出比較與討論，從而突顯唐君毅先生思考模式的獨特性。本文認為：唐君毅先生對於「身心問題」的哲學思考，至少有三方面的殊異性：一、對「因果關係」思考的超越性；二、對中西哲學思想比較的通透性；三、對「心靈」思考的獨特性。這三方面的殊異性更可見諸於唐君毅先生「始於性情」的獨特思考模式。

二 塞爾論「身心問題」

塞爾是當代語言哲學與心靈哲學的重要哲學家之一，他對「身心問題」的思考最早見於《意向性：論心靈哲學》[8]一書，在書中提出「生物自然主義」（Biological naturalism）的說法：「心理狀態由生物現象引起，並反過來引起其他生物現象。……心理狀態既是由大腦的運作引起的，又是在大腦結構（以及中樞神經系統的其餘部分）當中

---

[7] 唐君毅：《哲學概論（下）》，頁115。
[8] J. R. Searle, *Intentionality: An Essay in the Philosophy of Mind.* Cambridge University Press, 1983；塞爾，劉葉濤譯：《意向性：論心靈哲學》，上海：上海世紀出版集團，2007年。

實現的。」[9]在後來的《心靈的再發現》[10]一書中，塞爾也說：「著名的心身問題是過去兩千年來很多爭論的來源，它有一個簡單的解決辦法。自從一個世紀之前開始大腦研究工作以來，對於受過教育的人們而言就有了解決辦法，而且我們都知道它是真的。這就是：心智現象是由大腦中的神經生理作用導致的，其本身就是大腦的特徵。為了把這個觀點和該領域中的其他理論相區別，我稱之為『生物自然主義』。」[11]塞爾的觀點是認為心靈狀態或心理現象等實際上是由大腦的運作過程所引致的，而對於所謂「心靈的」性質之真實性及其與「物質的」因果關係並不成立，「身心問題」變得不是由心理事物與物理事物相互排斥所成，結果，「身心問題」在塞爾看來是被取消而不是解決了。塞爾在後來的多本論著中也常常以不同的方式討論「身心問題」，如：《心、腦與科學》[12]、《心靈、語言和社會——實在世界中的哲學》[13]、《心靈導論》等，其中以《心靈導論》對「身心問題」的分析最為詳盡，本文即據上述論著重構塞爾對「身心問題」的思考，程序如下：一、傳統論述「身心問題」的四項假設；二、以「生物自然主義」來建立「身」與「心」關聯；三、提出克服「身心問題」四項假設的方案。

---

9 塞爾：《意向性：論心靈哲學》，頁271-272。

10 J. R. Searle, *The Rediscovery of the Mind*. The MIT Press Cambridge, Massachusetts London, England, 1992；塞爾，王巍譯：《心靈的再發現（中文修訂版）》（北京：中國人民大學出版社，2011年）。

11 塞爾：《心靈的再發現》，頁5-6。

12 J. R. Searle, *Mind, Brains and Science*. Harvard University Press, Cambridge, Massachusetts, 1984；塞爾，楊音萊譯：《心、腦與科學》（上海：上海譯文出版社，1991年）。

13 J. R. Searle, *Mind, Language and Society: Philosophy in the Real World*. Basic Books, A Member of the Perseus Books Group, 1998；塞爾，李步樓譯：《心靈、語言和社會——實在世界中的哲學》（上海：上海譯文出版社，2001年）。

（一）「身心問題」的四項假設

塞爾對「身心問題」的解決方案中，他首先質疑了四項在傳統論述「身心問題」時所作的假設，它們分別是：一、心靈與物理之間的區別；二、還原的概念；三、因果關係與事件；四、同一性的透明性。

1.所謂「心靈與物理之間的區別」，是指「『心靈的』與『物理的』是為兩個彼此排斥的本體論範疇命名」[14]，在這個假設之下，「若某某是心靈性質的話，那麼它就不可能同一個方面是物理性質的」[15]。在「身心問題」的討論上，笛卡兒的「身心二元論」正是有著這種假設，然而，從塞爾的想法來看，就是後來處理「身心問題」的唯物主義與二元論也是一樣接受了這個假設。

2.所謂「還原的概念」，是指「還原的概念（將一類現象還原為另一類現象）是清楚的、無歧義的和無疑義的」[16]，「還原的概念」的具體運作即「當你將諸A還原為諸B的時候，你就表明了諸A只不過就是諸B……如若意識能夠被還原為大腦的過程，意識就只不過是大腦的過程。」[17]在「身心問題」的討論上，「還原的概念」見於唯物主義把心靈事件還原為物理事件，從而取消了心理─物理的法則（如 D. Davidson 的論證）。

3.所謂「因果關係與事件」，是指「因果關係總是一種處在那些於時間中被編序的、彼此離散的事件之間的關係，而且在這種關係中因總是先於果的」[18]。在「身心問題」的討論中，因果關係一直是其中的關鍵，從經典的「身心二元論」來看，正由於「心靈事件」為作

---

14 塞爾：《心靈導論》，頁97。
15 塞爾：《心靈導論》，頁97。
16 塞爾：《心靈導論》，頁98。
17 塞爾：《心靈導論》，頁98。
18 塞爾：《心靈導論》，頁98。

「因」才導出「物理事件」的「果」。

4. 所謂「同一性的透明性」，是指「每一事物總是與其自身（而不是任何別的東西）相同一的。同一性的範型是對象同一性與複合物的同一性」[19]。在「身心問題」的討論上，「同一性」與「還原的概念」是常常並列使用的，尤其是唯物主義將心靈狀態還原為物理狀態的過程時，「同一性」便發揮了證明兩者關係的重要觀念。

對於以上「身心問題」的四項假設，塞爾認為當中含有大量混亂與歧義，而他對於「身心問題」的解決是先從「生物自然主義」的角度論析心靈現象（「意識」），再回頭對這四項假設作出抨擊。

（二）從「生物自然主義」說「意識」

「生物自然主義」是塞爾對治於「身心問題」而自擬的一種觀點，塞爾認為「生物自然主義」能夠「為傳統的『身一心關係問題』提供了一種自然主義的解決方案——這種解決方案強調了心靈狀態的生物學特徵，但同時又避免了唯物主義和二元論」[20]，是以他嘗試以意識（Consciousness）來陳述其「生物自然主義」的主張，他以四點分述：

1.「意識狀態（包括其主觀的、第一人稱特徵的本體論特徵）是處在實在世界中的實在現象。」

2.「意識狀態完全是由大腦中的較低層次的神經生物學進程所引起的。因此，意識在因果方面是能夠被還原為神經生物學進程的。在獨立於神經生物學基礎的情況下，它們絕對沒有屬於自己的生命的。」

3.「意識狀態是作為腦系統的特徵而實現於腦中的，因此它們是一個比神經元與觸突更高的層次上實存的。」

---

19 塞爾：《心靈導論》，頁99。
20 塞爾：《心靈導論》，頁101。

4.「因為意識狀態是實在世界的實在特徵，所以它們是以因果方式來發揮功用的。」[21]

塞爾從「意識」所陳述出來的「生物自然主義」主張，最重要的是他以「實在世界」、「神經生物學」為基礎，指出「意識」等的心靈狀態或心智現象實能夠從大腦的科學研究來證成的，他直言：「我們確確實實知道我們所有心靈進程都是由神經生物學進程所引致的，而且我們也知道它們是在大腦（或可能是在中樞神經系統的其他甚麼地方）中發生的。我們也知道它們是以因果方式發揮功用的，儘管除了那起著奠基作用的神經生物學基礎所具有的成因力量（causal power）以外，它們自身是沒有額外的成因力量。」[22]

（三）對「身心問題」四項假設的克服

從「生物自然主義」的角度看「身心問題」的四項假設。

1.關於「心靈與物理之間的區別」。塞爾認為「心靈的」與「物理的」術語體系影響著處理「身心問題」。從「生物自然主義」的角度來看，「意識」雖然在傳統上定位於「心靈的」範疇，但從神經生物學來說，「意識乃是一種處在系統層面上的生物學特徵，正如消化、成長與膽汁的分泌都是系統層面上的生物學特徵一樣。這樣的意識便是大腦的一個特徵，因此是物理世界的一部分。」[23]這樣，「心靈的」與「物理的」定義便不得不修訂，而影響著「身心問題」的二元對立問題也取消了。

2.關於「還原的概念」。塞爾認為從「意識」的論述中可以把

---

21 塞爾：《心靈導論》，頁101-102。
22 塞爾：《心靈導論》，頁102。
23 塞爾：《心靈導論》，頁103。

「還原的概念」區分為「因果還原」和「本體論還原」,「因果還原」即「當且僅當諸A的行為完全通過諸B的行為而得到了因果解釋,並且除了諸B所具的成因力量之外,諸A並不具有額外的成因力量」;「本體論還原」即「當且僅當諸A只不過就是諸B之時,類型A的現象在本體論方面就被還原為類型B的現象」。塞爾指出:「意識純粹是通過神經的行為來得到因果解釋的,但意識卻並不因此而被表明〔按:即「本體論還原」〕為『只不過就是神經行為』。」[24]其中的理由在於:「意識與意向性之所以是獨一無二的,恰恰就在於它們具有一種第一人稱本體論特徵。」[25]從這方面看「身心問題」,就並不能簡單地把「心靈的」化約還原為「物質的」,而是需要重視「意識」或「意向性」等心靈狀態的特徵來處理「身心問題」。

3. 關於「因果關係與事件」。塞爾認為對於「身心問題」的因果關係上並不能僅從時間的相繼來看,以「意識」為例,「我們正在討論的是自然界中的因果次序,這種次序通常並不關乎在時間中相繼的、彼此分離的事件,而是關於那些正對系統的宏觀特徵作出解釋的微觀現象。」[26]換言之,塞爾認為不能用簡單、清晰的因果關係來說明「意識」等心靈狀態與大腦神經的關係。

4. 關於「同一性」。在「還原的概念」時已有所論及,唯物主義會以「同一性」及「還原的概念」來把心靈狀態或心理現象等還原為物理現象,並宣稱解決了「身心問題」,不過,在塞爾來看,他們實是忽略了「意識」等心靈狀態的定性的、主觀的及第一人稱的過程性。故「同一件事件既是一個神經元激發的次序,同時又是具有疼痛感的」[27]

---

24 塞爾:《心靈導論》,頁107。
25 塞爾:《心靈導論》,頁107。
26 塞爾:《心靈導論》,頁110。
27 塞爾:《心靈導論》,頁111。

卻還不是他們所言的「同一性」。

（四）「生物自然主義」：不同於唯物主義與二元論的解決方案

塞爾以「生物自然主義」來處理「身心問題」，究竟與二元論或唯物主義有何種差異或優勝之處呢？在塞爾看來，「唯物主義試圖說宇宙純粹是由那些實存於力場之中並時常被組織成系統的物理微粒所構成的。」[28]而唯物主義的問題在於以為沒有甚麼是在本體上不可被還原的心靈狀態，所有的心靈狀態皆可以本質地還原為物理微粒的結構，這可以從上述對於「還原的概念」及「同一性」的論析發現問題所在。另外，「二元論試圖說存在著不可還原的心靈現象。」[29]而二元論者的問題在於以為心靈現象的不可還原性質甚至是分離於我們的實在世界的物理性質，這可以從上述「心靈與物理之間的區別」的論析發現問題的所在。塞爾「生物自然主義」的核心概念是「意識」，一方面「意識」所具備第一人稱性、內在性、主觀性狀態、過程構成性等，正好展示出唯物主義和二元論在「同一性」與「還原的概念」的觀點上差異，另一方面「意識」乃是神經系統的過程現象，這現象又具備因果功能，也正好展現出在唯物主義和二元論在「心靈與物理之間的區別」和「因果關係」概念上的區別。

---

28 塞爾：《心靈導論》，頁112。值得注意的是，塞爾所說的「唯物主義」並不單是一般的「行為主義」或「物理主義」，它還包括「功能主義」及「強人工智能論」（塞爾：《心靈、語言和社會——實在世界中的哲學》，頁46）。
29 塞爾：《心靈導論》，頁112。

三　唐君毅先生論「身心問題」

　　唐君毅先生對於「身心問題」的哲學思考主要見於：一、《哲學概論（下冊）》，他從一元二元之辯來思考，認為「身心問題」只在西方哲學的傳統中才出現問題，在中國哲學思想之下是並沒有問題；二、《生命存在與心靈境界（上冊）》，唐君毅先生曾指出「感覺互攝境」觸及「身心問題」，其言：「此感官與能感覺之心，既彼此不同，其關係果是何關係？何以能感覺之心，又必與感官之活動俱起，方能有所感覺？此即哲學中之身心問題之一老問題。」[30]明顯地，唐君毅先生確實觸及「身心問題」，可是，單在《生命存在與心靈境界》一書而論其對「身心問題」的處理並不算是整全，尤其是他在《哲學概論》中的想法並未突顯出來，是以本文將依據《哲學概論》和《生命存在與心靈境界》來重構唐君毅先生對於「身心問題」的思考，其中的程序如下：一、論析感覺與感官之間的關係之思考，此部分為「感覺互攝境」所論析；二、以「因化而果生」的因果關係來理解感覺（心）與感官（身）活動的俱起關係（即「心靈」與「身體」兩者之間的關係），此部分為「功能序運境」所論析；三、從中國哲學思想中的陰陽之論來論析二元論之問題，並依此根絕「身心問題」，此部分為《哲學概論》所論析。

（一）從「感覺互攝境」論「身心問題」

　　對於「心」與「身」的關係，唐君毅先生在「感覺互攝境」中先以「自覺」而說「感覺」的可能，再以「能感覺」與「所感覺」的分析來看「身心問題」。

---

[30] 唐君毅：《生命存在與心靈境界（上）》，《唐君毅全集》第二十五卷（北京：九州出版社，2016年），頁265。

1.從「自覺」到「感覺」。「感覺互攝境」如何涉及「身心問題」呢?「感覺互攝境」是《生命存在與心靈境界》中的「主觀境界」之一,而「主觀境界」與「客觀境界」之別主要在於「心靈」的「自覺」。唐君毅先生指出:「然在吾人此下所欲論之三境(按:即「感覺互攝境」、「觀照凌虛境」和「道德實踐境」),則是由吾人之自覺其心靈之主體,為一能攝其客境之主體。」[31]究竟唐君毅先生所言的「自覺其心靈之主體」是甚麼意思呢?「自覺」更是甚麼意思呢?以唐君毅先生的說法,所謂「自覺」實即是一種心靈活動,然而,這種「自覺」的心靈活動卻有其殊異性的,它是一種活動而並不是一種對象化的觀念,唐君毅先生言:「由於你自覺之能力,是滲貫於你一切心理活動,所以你不能單獨反省出你自覺能力之存在。……你可自你一切心理活動之為你所自覺,反省出你之有自覺能力。」[32]既然這種「自覺」不能單獨反省出來,那又如何可以論證存在並清晰其特性呢?唐君毅先生在《心物與人生》曾以「反證法」[33]的方法來說「自覺」的存在,以「記憶」為例,「記憶」並非經驗內容的重現,而是以「自覺」為主而重整過去的我與現在的我的心靈活動,廖俊裕及王雪卿二先生曾論述唐君毅先生所謂「真正的記憶」:「真正的記憶,以我們記得昨日出游泰山的情形而言,在此時,我不僅只是重現昨天在泰山所見之風景的印象,而且我還知道這些現在重現的印象,屬於現在的我,雖它的內容是昨天的經驗內容,所以記憶就是現在我的自覺過去的我的活動。如果沒有自覺,則記憶是不可能的。而現在記憶是可能

---

31 唐君毅:《生命存在與心靈境界(上)》,頁253。
32 唐君毅:《心物與人生》,《唐君毅全集》第五卷(北京:九州出版社,2016年),頁78。
33 所謂「反證法」的說法是依廖俊裕的用法,廖俊裕:〈論唐君毅哲學的合法性起點與發展性〉,載於《大葉大學共同教學中心半年刊》〔彰化:大葉大學共同教學中心,2000年1月〕。

的，故我們能肯定自覺的存在。」[34]從「自覺」的呈現來詮釋有「自覺其心靈之主體」，更逐而發展出「主觀境界」，關鍵在於「自覺」後乃發現其萬物的存在實本源於自身的心靈主體的統攝，唐君毅先生說：「由此生命存在心靈，自覺其所對之客觀萬物之世界，屬於其自身，而內在於其自身，以為其境時，初乃自覺此客觀世界，乃其心靈感覺之所對。」[35]換言之，由心靈的「自覺」開始，而「感覺互攝境」原指的是從心靈的「自覺」開始即對於萬物散殊之世界有所統攝，這種統便由「感覺」的互攝為開始。唐君毅先生言：「感覺互攝境中，人首自覺其感覺所對之萬物散殊之世界，乃能此能自覺其感覺之心所統攝，而更視一切客觀的萬物，亦各為一感覺主體，能互相感覺以相攝，而相互呈現者。」[36]

除了心靈的「自覺」對萬物散殊的世界有所統攝外，對自身的感覺之「身體」亦有一自覺性質的反省，依此便對於「身體」與「感覺」之間的關係有所探究，即觸及「身心問題」。唐君毅先生說：「當吾人之能感覺活動其前伸歷程中，與其他人物機體之活動行為之表現之歷程相遭遇，而次弟有所感覺之時，初不必須有回頭反觀之活動，將此歷程加以截斷。吾人在有感覺活動之時，同時有一身體之活動，亦並不須待吾人自反觀其身體之如何活動而知。此可直接由吾人之身體之感官活動時，有一動感、或行動感而知。」[37]此即「感覺互攝境」並不止於向外的互攝，自覺的心靈更向感覺所依附的「身體」作出反省：「此感官與能感覺之心，既彼此不同，其關係果是何關係？

---

[34] 廖俊裕及王雪卿：〈唐君毅「判教理論」的初步考察〉，載於《研究與動態》第八期〔彰化：大葉大學共同教學中心，2003年6月〕，頁45。

[35] 唐君毅：《生命存在與心靈境界（下）》，《唐君毅全集》第二十六卷（北京：九州出版社，2016年），頁198-199。

[36] 唐君毅：《生命存在與心靈境界（上）》，頁253。

[37] 唐君毅：《生命存在與心靈境界（上）》，頁262。

何以能感覺之心，又必與感官之活動俱起，方能有所感覺？此即哲學中之心身問題之一老問題。」[38]另外，梁瑞明先生曾簡單地指出「感覺互攝境」涉及「身心問題」的理由：「在感覺互攝境，人反觀自覺到自己有記憶與想像，除此之外，亦反觀自覺到自己的『感覺活動』似依於『身軀』，『身軀』與『感覺』兩者不能相離。他深入些看便發覺『感覺』與『思想』又有不同，於是用理性來將它們分辨，既覺我有『理性活動』（思想）也有『軀體活動』（身），便依論證而說此兩者似可離可合，於是有『心』『身』關係問題的論究，『感覺互攝境』便因此涉及心身關問題。」[39]

2. 論「感覺之能」與「感覺之所」。唐君毅先生在「感覺互攝境」對「身心問題」的分析，乃從「能感覺」與「所感覺」來開始，其言：「關於此上所及之心身之問題，吾人首當問者，為吾人之心靈之感覺，畢竟在何處發生之問題。在吾人之感覺自身看，則吾人似只可說此感覺即在其所感覺處發生，因能感覺與所感覺不相離，能感覺似即著於所感覺而發生。」[40]所謂「能感覺」即「思想」層面的「心」；所謂「所感覺」即「身軀」層面的「感官」。在人的日常生活來說，並不一定要求區分兩者的，要把感覺之能與所區分為二，實際上是從知識論的要求而來的，不過，唐君毅先生亦覺得這種區分並無不可，其謂：「然人在日常生活中，又恆將一能感覺與其所感覺之全體，自其與其他能感覺與所感覺之關係看，而或自謂其能感覺之所感覺，有在自己之身體之內或之外者之分。此亦非不可說。」[41]可是，就算作出這樣的區分也不應該只著眼於二者的相離而說，尤其是從

---

38 唐君毅：《生命存在與心靈境界（上）》，頁265。
39 梁瑞明：《心靈九境與形上學知識論》（香港：志蓮淨苑，2009年），頁155。
40 唐君毅：《生命存在與心靈境界（上）》，頁266。
41 唐君毅：《生命存在與心靈境界（上）》，頁266。

「身心問題」來說,唐君毅先生言:「然自一切所感覺,皆心靈之能感覺之所感覺,此中之不相離而觀,則在視聽感覺中,所見聞之聲色,固在體外,此聲色之所在,仍同時為吾人之視聽之所感覺之能之所在。」[42]唐君毅先生對於「能感覺」與「所感覺」的不相離性質之肯認,乃在於其對認為「感官活動」不同於「感覺活動」,「感覺之能」是可以遍及於體外的。對應於「身心問題」,「能感覺」與「所感覺」的二分即引出「心靈的」與「物理的」為兩個彼此排斥的問題。

　　唐君毅先生又否認「感覺活動」僅發生在體內。在「能感覺」與「所感覺」不相離的思想下,唐君毅先生也設想到這會容易引起「感覺活動」僅發生在體(腦)內的問題,他說:「然若吾人真否認吾人之感覺之可能及於體外,則又有更大之困難。」[43]這困難就是做成一唯我的懷疑論,唐君毅先生即以反證的形式指出當中的困難,他設想有一大腦觀察的生理學家(即他者的感覺問題)而說:「若人之感覺不能及於其體外,則他人與生理學家之觀吾之身體感官大腦者,其所感覺於我之身體大腦之狀態,亦同不能及於其自己之感官大腦之外;其對我之身體所有之一切感覺,亦只為其大腦之某處發生,而只存於其大腦之內者。」[44]這樣,究竟如何可以把自己只存於大腦的感覺確知給別人知道呢?要避免這一困難或「可笑之詭論」,唐君毅先生提出了兩點補充其對「感覺之能」與「感覺之所」的分析:一、從「能感覺」與「所感覺」的起始點來說,「能感覺」與「所感覺」必須不相離的,「然吾人所以必須說吾人之感覺不能只在體內或大腦之內發生,亦初由於吾人之直感吾人之感覺,乃向其所感覺者。」[45]二、從

42　唐君毅:《生命存在與心靈境界(上)》,頁266。
43　唐君毅:《生命存在與心靈境界(上)》,頁267。
44　唐君毅:《生命存在與心靈境界(上)》,頁267。
45　唐君毅:《生命存在與心靈境界(上)》,頁268。

「能感覺」與「所感覺」的發展性來說,「能感覺」是發自於「所感覺」之處,但亦可以再往他處而有所感覺,「今即謂此感覺之能,發自大腦之某處,此感覺之能,亦必自大腦之某處出發,以及於其處外之體內之他處,人方能在此他處有所感覺。」[46]依此而論,引申到旁觀者所觀察的「感覺」問題時,他便指出旁觀者是可以得知被觀察者的感覺狀態,但此中的感覺「狀態」則可能有所出入。唐君毅先生說:「旁觀者可本其所觀得身體狀態之為如何,而謂此人正有之一感覺,乃在其所見之狀態之為如何如何之處之某時發生。然實則此旁觀者,於此身體大腦所觀得之『狀態』之感覺,並不與正有感覺之人,所正感覺者全然同一。」[47]

回到從「感覺互攝境」而論「身心問題」,「感覺互攝境」乃從心靈之「自覺」而開始於「感覺」萬物散殊之世界作統攝,其中對於自身的「感官」與「感覺」也作出反省的「自覺」,在「感覺之能」與「感覺之所」不相離關係之分析中,唐君毅先生提出了兩者在初始點為不可相離,其發展上則可以「能感覺」於他處。這種「感覺之能」實即是「心靈」感覺,而「感覺之所」實即是「感官」的物理狀態,唐君毅先生在「感覺互攝境」中便是以這種微觀分析來處理「身心問題」。

(二) 從「功能序運境」論「身心問題」

除了從「感覺互攝境」中以「能感覺」與「所感覺」的分析來看「身心問題」,即從「心」與「身」的概念內容來看兩者關係外,「身心問題」更是涉及「因果關係」,即「心靈與身體既是兩完全不同元素,則它們如何互動呢?」的問題,對於這類「異質異類」的因果關

---

46 唐君毅:《生命存在與心靈境界(上)》,頁268。
47 唐君毅:《生命存在與心靈境界(上)》,頁268-269。

係，唐君毅先生言：「凡一般所謂異類異質之因果關係，皆當如吾人於功能序運境中所說，乃一因化果生之關係；此果應自有一功能，為其生起之親因，唯以有礙其生起者，而後不生；故必待此因之有，以去其礙，與此礙之者俱化，而後果生。」[48]

1.「功能序運境」說「因化而果生」之因果關係。「功能序運境」是指「任一事物或存有之功能，其次序運行表現於其他事物或存有所成之境。……此種由一物之功能力用之及於他物，而使他物有所改變之關係，通常即說是以『一物或其功能力用為因，他物之改變為果』之因果關係。」[49]其實，唐君毅先生在「功能序運境」中所言的「因果關係」並不是一般的邏輯關係，「功能序運境」的因果關係至少包括由目的而發展手段的因果關係，廖俊裕先生據此而論述「功能序運境」的主要目的實是解決「這種似非理性的因果關係是否可理性化？」之問題[50]，在這樣的理解之下，唐君毅先生探討過西方哲學及印度哲學的因果理論後，認為中國思想中的因果關係較西方哲學及印度哲學為「無許多之思辨」，甚至著重於「智慧的直覺」，然而，卻因此而更具綜合的說法，其言：「因果關係之涵義，必兼具經驗事實的與邏輯理性二義，可由此中文之因果二字之字原以知之。」[51]依據這種說法，廖俊裕先生指出唐君毅先生所論的因果關係便有兩項要點補充：「一為因有生果之『功能』義不能廢，二為對此功能只能消極的理解，如此方能將因果關係，視為既有事實義與邏輯義。」[52]在這種意

---

48 唐君毅：《生命存在與心靈境界（上）》，頁269。
49 唐君毅：《生命存在與心靈境界（上）》，頁166-167。
50 廖俊裕：〈論唐君毅之「客觀境界」〉，載於《研究與動態》第九期〔彰化：大葉大學共同教學中心，2003年12月〕，頁134。
51 唐君毅：《生命存在與心靈境界（上）》，頁194。
52 廖俊裕：〈論唐君毅之「客觀境界」〉，頁139。

義之下,唐君毅先生便配合中國思想中的陰陽乾坤思想來發展其「因化果生」的因果關係理論。

所謂「因化果生」的因果理論的要點有二:一、以陰陽乾坤之道的性質為預設,其理論實指前因化後果才能得生。其陰陽乾坤的想法是「『一切存在互為有無,其功能亦互為隱顯、消長、伸屈、進退』之一大系統。」[53]而當中「因化果生」的應用便為「若將整個世界之一切存在之相繼生起,作一前無後有、前有後無之大系統看,則吾人亦似可說後者之所以不有,唯有以前之有尚未無、尚未化,而為之礙,而尚排斥其有之故。」[54]具體的說法是「人感受其外之人物之作用功能之事,皆為陰道坤道,而其由感受而應之之事,方為陽道乾。陰道歸於化,陽道乃始向生,故前因必化,而後果得生也。」[55]二、「因化而果生」的理論可應用於事實義與邏輯義,「依此因化而果生之論,以觀因果關係、與目的手段之關係,即可見此二關係在本質上為同一之關係。」[56]

2. 從「因化而果生」看「身心關係」。以「因化而果生」看「身心問題」的因果關係,唐君毅先生指出:「昔之哲學家於此人正有之感覺,與有此感覺時人之身體大腦之變化,如何有對應而起之因果關係,所感到之一切問題,唯由吾人於此二者對正感覺者與旁觀者,為不同而異質異類之二種感覺,加以並對立而觀,遂於其如何有因果關係,便覺不可依理性加以理解。……此中之因果關係為異質異類者,原只為一此屈彼伸、此往彼來,前化而後生之關係。」[57]廖俊裕及王

---

53 唐君毅:《生命存在與心靈境界(上)》,頁194。
54 唐君毅:《生命存在與心靈境界(上)》,頁194。
55 唐君毅:《生命存在與心靈境界(上)》,頁241。
56 唐君毅:《生命存在與心靈境界(上)》,頁241。
57 唐君毅:《生命存在與心靈境界(上)》,頁269-270。

雪卿二先生曾綜述唐君毅先生以「因化果生」說回應「身心問題」：「心身關係即可理解，能感覺的心之所以和感官器官活動相俱，正是此感官活動有去除感覺活動產生的障礙，而後此感覺得依其功能而自生，這正是心身關係。」[58]

要言之，從「因化果生」的因果關係來看「身心問題」，其主要能理解「身心關係」上並沒有積極的、直接的因果關係，從消極的、間接的因果關係而言，「感覺」的「心靈」與「感官」的「身體」，實際上還有關乎於二者的「大腦狀態」之隱顯與無有的作用才能理解。

3. 從中國陰陽乾坤思想論「身心問題」之解決方案。對於「身心問題」等問題，唐君毅先生以為這是西方哲學的「一元二元之爭」的想法，然而，這類思想在中國思想之下實是沒有可爭議性的。唐君毅先生說：「在西方哲學上之一元二元之爭，是一極複雜之問題。但此問題之根源非他，即由常所同知之世界事物與其性質關係等，皆有一對偶性而引起。然中國思想中，則對一切事物之對偶性，已有一原則性的說明，足以解消西方哲學中之一元二元之爭，此即中國思想中之陰陽相對，似相反而實相成之理論。」[59]唐君毅先生對於「身心問題」的理解實際上是從西方哲學史的考察而得來的，其從希臘哲學的「靈肉二元論」為西方近代「心身二元論」的前身，指出當中的問題關鍵乃在於：「偏自吾人對心身與心物二者之不同性質之不同知識上立論」[60]，是以他認為「身心問題」實只是一元二元論之爭。

不過，從唐君毅先生以中國陰陽乾坤之相反相成理論即可解決「身心問題」，實際上便是承認「身心二元論」，即認為「心靈的」與

---

58 廖俊裕、王雪卿：〈論唐君毅的「主觀境界」〉，載於《研究與動態》第十期〔彰化：大葉大學共同教學中心，2004年6月〕，頁24。
59 唐君毅：《哲學概論（下）》，頁110。
60 唐君毅：《哲學概論（下）》，頁115。

「物理的」乃是異質異類。只是,唐君毅先生又認為從中國陰陽乾坤的思想之下,其在內容上承認世界上必有一對偶性質之關係,在因果關係上又有「因化而果生」的消極的、間接的關係。另外,從唐君毅先生對於「感覺之能」與「感覺之所」的關係分析,其所作的「不相離」之起初點與發展性,卻又把「身心問題」中的「心靈的」與「物理的」兩者關係帶到另一層次。

四　比較唐君毅先生與塞爾對「身心問題」的哲學思考

對「身心問題」的思考主要的關鍵在於「身」、「心」及兩者之間的關係的分析。唐君毅先生與塞爾對「身心問題」的思考或處理明顯地截然不同。然而,其中的關鍵可分從兩方面而論:一、對「心靈」與「身體」的理解;二、對「因果關係」的理解。另外,從「背景」[61]的思考看,兩者在理論的預設前提上卻又出奇地配合。以下即按此三點而比較兩者的說法。

(一) 對於「心靈」與「身體」的理解

在塞爾的思想中,「心靈」概念的內容是一種心智現象或心理現象,很多時會以「意識」作為其主要的特徵,塞爾說:「心靈的首要的和最根本的特徵是意識性。我用『意識性』這個詞意指那些知覺的或清醒的狀態,它們一般在我們早晨從沉睡中醒來時開始、並在整個一天繼續這種狀態,直到我們再次入睡。意識可能停止的另一種方式

---

61 這裡的「背景」乃據塞爾的「背景」所具有的特殊意義而說,他指出:「背景是指能夠使所有表徵得以發生的一個由非表徵性心理能力組成的集合。」(塞爾:《意向性:論心靈哲學》,頁146。)依此,「背景」可以是其理論或說法的一些預設前提。

就是倘若我們死了，生命劃上了句號，或者成為『無意識』的。」[62] 而「身體」概念的內容則是「大腦」或中樞神經系統，他說：「我們的心與周圍宇宙的關係如何？我想你們一定會認出，這就是傳統的心身問題或心腦問題。在當代，這個問題通常採取這樣的形式：心與腦是如何相關的？」[63] 換言之，塞爾的「心靈」實際上是指心智現象或心理現象，這些現象包括苦痛、欲望、愉快、思想、視覺、信念、味覺、嗅覺、焦慮、恐懼、熱愛、憎恨、失望、興奮等的精神生活狀態；而他所指的「身體」則是指大腦的神經生理作用。

唐君毅先生在《生命存在與心靈境界》一書中，指出其「心靈」概念的內容既能居於內又能通於外的主體，其言：「心靈之『心』，偏主於內說，『靈』則言其虛靈通外，靈活而善感外，即涵感通義。……『心』自內說，『靈』自通外說。合『心』『靈』為一名，則要在言心靈有居於內而通於外以合內外之種種義說。」[64] 而「身體」概念的內容，唐君毅先生在《生命存在與心靈境界》中並沒有詳細的論述，不過，從他對「感覺活動」（即「能感覺」與「所感覺」）的分析來看，大抵可指是肉體的感官及大腦。不過，唐君毅先生並沒有對「心靈」作出一個具體的實指性定義，他是從一種「功能」（即「『自覺』的呈現」）意義上來論證「心靈」之主體性。

對於「心靈」及「身體」兩個概念的理解是處理「身心問題」的關鍵。對於塞爾而言，「心靈」與「身體」並非截然二分的概念，「心靈」的心智現象或心理現象實際上是從「身體」的神經生物系統運作過程中所產生的，兩者並不需要區分成兩個絕對不能交涉的領域或知識範疇，這樣，傳統的「身心問題」便輕易地被取消。對於唐君毅先

---

62 塞爾：《心靈、語言和社會——實在世界中的哲學》，頁40。

63 塞爾：《心、腦與科學》，頁7。

64 唐君毅：《生命存在與心靈境界（上）》，頁2。

生而言,「心靈」與「身體」是絕對不同的概念,「心靈」的「自覺」與「不自覺」皆統攝著心靈主體對生命存在的種種看法,「心靈」的活動實是從「感通」於外在世界而成就不同的「境界」,「心靈」的概念內容是遠遠豐富或超越於「身體」的概念內容,這樣,「身心問題」的處理之關鍵便不在於對這兩個概念的理解,而是思考兩者的關係。兩人對於「心靈」與「身體」概念的理解之分別不單止於對大腦神經科學的研究與理解,更大的主要差別在於兩人對於「心靈」理解的差異,塞爾對「心靈」的思考是從心智現象與心理現象來說,而唐君毅先生對「心靈」的思考卻是以其為「既超越又內在」的主體來看,其言:「依於人之直覺此主體之存在,為其一切活動之相續之原,而又超越於其已有之一切活動之外而起者。」[65]這樣對「心靈」的理解明顯地已不同於以知識論為主的思想架構,而是側向於形而上的方向說「心靈」。如此一來,兩人對於「身心問題」思考的分別則可以說是從「知識論」及「形上學」不同進路而言。當然,「身心問題」究竟是屬於「形上學」還是「知識論」的問題呢?從笛卡兒的「身心二元論」來說,正是其形上學思想而影響到他對於「身心問題」的知識論思考。「身心問題」在西方哲學的發展正是從「形上學」而走向「知識論」方向,而唐君毅先生在「心靈九境」的論述卻把「身心問題」返回「形上學」的思考,卻又不重蹈西方「身心二元論」之覆轍,這正好是其「心靈九境」理論的殊異之處。

(二) 對於「因果關係」的理解

對塞爾來說,「因果關係」並不能只是清晰性與簡單性的邏輯規律或時間之次序生發關係。塞爾曾指出「因果關係」的三項特徵:1.「因

---

65 唐君毅:《生命存在與心靈境界(下)》,頁243。

果關聯本身不是可觀察的。我們可以觀察到因果的規律性，也就是說，我們可以觀察到事件的特定類型的有規律序列，在其中特定類型事件之後跟隨著另一種類型的事件，但除了規律性，一個人不可能觀察到事件之間的因果性聯係」；2.「只要存在一對關聯為原因和結果的事件，該事件對就必定會例證某種一般性的規律」；3.「因果規律性不同於邏輯規律性。有許多的規律性甚至都不是因果規律性的可能候選者，因為所討論的那些現象是邏輯上相關的」。[66]即是說，塞爾的「因果關係」說明至少表達了「物理世界」的「因果關係」僅在其規律性上展示出因果效力，在「心靈世界」的「心靈因果關係」（Mental causation）中則是顯著不同的。塞爾認為：「當我們參與意願性的人類行動時，我們通常都是在理由（Reasons）的基礎上參與它們的，而這些理由也在解釋我們行為過程中在因果方面發生著功用。」[67]，至於甚麼是理由呢？塞爾說是「合理性」（Rationality）：「人類意向性的運作需要合理性成為整個系統的結構的和建構性組織原則。」[68]

對唐君毅先生來說，「因果關係」是複雜的，是需要兼具邏輯的關係與經驗的關係，其說：「完滿之因果理論之形成，首待於吾人之知一般所謂因能生果，或因有生果之『功能』之義乃不可廢者。對此能或功能之義之理解，則初要有一消極的理解，而非積極的理解，然後能將此因果關係，兼視為經驗事實的關係，與理性的邏輯的關係。」[69]唐君毅先生之所以要求「因果關係」應該兼及經驗事實與理性的邏輯的關係的理由，在於他認為「因果關係」實包含「目的與手段」之間這一經驗事實的關係。而所謂「消極的」理解，乃在於對

---

66 塞爾：《意向性：論心靈哲學》，頁116-117。
67 塞爾：《心靈導論》，頁187。
68 塞爾：《心靈導論》，頁189。
69 唐君毅：《生命存在與心靈境界（上）》，頁195。

「因果關係」採取一間接性的影響來說，廖俊裕先生綜述唐君毅先生這一種想法而言：「一般的因果理論是因果為直接關係，因包含著果之義而直接積極生出果，但上文（按：即唐君毅先生對黑格爾等的形上因果理論之析論）已明言這樣的思路有一些困難，唐先生乃因和果非直接的邏輯關係，乃是間接的邏輯關係著手，此中前有的因，之所以能生出後來的果是因為前有的因有一消極的功能作用，來阻止或排斥妨礙此果出現事件的產生，於是乃為此果出現的『開導因』」[70]。如此，唐君毅先生乃以配合中國思想中的陰陽乾坤思想來發展出「因化果生」的因果關係理論。

對於「因果關係」的理解是處理「身心問題」的關鍵。「身心問題」的其中一個關鍵難題是：物理的過程到底如何引起心靈過程的呢？此即為「因果關係」的問題。塞爾和唐君毅先生兩人對於「因果關係」的思考自有其不同的解決方案，然兩者在進路入手上同樣地認為「因果關係」不應該只限於理性的邏輯關係，還至少考慮到經驗層面的情況，兩者同樣得出的結論是「因果關係」並不是直接的、簡單的。至於對「身心問題」的解決方案上，塞爾指出「心靈的因果關係」實際是取決於「合理性」的自覺意識；唐君毅先生則以「因化果生」的間接的、消極的影響來說，指出「感官活動」與「感覺活動」的關係實是此感官活動有去除感覺活動產生的障礙，而後此感覺得依其功能而自生。單以「因果關係」的理論效力來看，唐君毅先生的「因化果生」理論實是較塞爾的「心靈的因果關係」為大，理由是唐君毅先生的「因化果生」理論應用範圍遠較塞爾的為廣，是以唐君毅先生雖仍然視「身」、「心」為一異類異質的不同範疇，但卻仍能以其「因化果生」理論去解決「身心問題」。

---

70 廖俊裕：〈論唐君毅之「客觀境界」〉，頁139-140。

(三) 對於「世界」的理解

對「世界」理解為「實在的」是塞爾和唐君毅先生的一個共同理論預設。塞爾早已明言自己對於「實在」的觀點是「外部的實在論」（external realism），他甚至把這種說法看作為其學說的「背景性的」預設前提，他說：「第一個預設前提認為有一個不依賴我們而獨立存在的實在世界，我想將之稱為『外部的實在論』。稱它為『實在論』是因為它斷定實在世界的存在，而『外部的』是把它與其他種類的實在論——例如有關數學對象的實在論（數學的實在論），或者有關倫理事實的實在論（倫理的實在論）——加以區別。」[71]「生命存在」的思考是唐君毅先生「心靈九境」理論的一個預設性命題。唐君毅先生在闡釋《生命存在與心靈境界》書名時即言：「生命即存在，存在即生命。若必分其義而說，則如以生命為主，則言生命存在，即謂此生命為存在的，存在的為生命之相。如以存在為主，則言生命存在，即謂此存在為有生命的，而生命為其相。」[72]「生命是存在的」或「存在的是生命的」，正是唐君毅先生的基本主張，而他更明言著《生命存在與心靈境界》的要旨實為以「生命存在」為始點，進而達致「真實之存在」為終點：「今著此書，為欲明種種世間、出世間之境界（約有九），皆吾人生命存在與心靈之諸方向（約有三）活動之所感通，與此感通之種種方式相應；更求如實觀之，如實知之，以起真實行，以使吾人之生命存在，成真實之存在，以立人極之哲學。」[73]對於視「世界」為「實在的」預設前提，可以展示出兩人對於「身心問題」的解決並不是玄虛的，乃是本於真實的、經驗的可行方向而設想，也可以發現兩人的思想方向特質。

---

[71] 塞爾：《心靈、語言和社會——實在世界中的哲學》，頁13。
[72] 唐君毅：《生命存在與心靈境界（上）》，頁1。
[73] 唐君毅：《生命存在與心靈境界（上）》，頁1。

五　結論：唐君毅先生「性情的形上學」之思考方式

　　總的來說，作為哲學的經典問題：「身心問題」，西方哲學史中一直有著各種不同的處理方案，尤其是近代的心靈哲學中經歷了唯心主義、唯物主義、功能主義等的不同論說，理應已能容易被解答，不過，從塞爾及唐君毅先生的說法來看，「身心問題」著實涉及幾個重要的觀念範疇，致使它一直仍然為當代的分析哲學、心靈哲學等的哲學家之長期爭論。

　　從一個比較的觀點來看，塞爾對於「身心問題」的解決乃是一種「知識論」式的、科學性的及外在實在論式的解決方案。然而，以唐君毅先生的思想看來「身心問題」，則其解決方案卻是一種「形上學」式的、情理合一的及真實存在式的解決方案。何以唐君毅先生會作出以這種形式的思考呢？此乃因唐君毅先生的「心靈九境」理論實是一種「性情的形上學」之思考，冼景炬教授指出：「唐先生要在《生命存在與心靈境界》達致的，就是回復西方蘇格拉底所奠立的理性主義，由知識通德性，再以知識與德性之貫通開創一兼含道德學與形而上學的理想主義，這個理想主義，唐先生稱為『性情的形上學』。『性』是指心靈所具之理性，『情』是指心靈依理性與境相感通而生之好惡、惻隱、不安、憂慮、憤悱等等的感情，此即《中庸》所說的『中節』之情。唐先生所說的情理合一的經驗，也就是性情的顯現。」[74] 此中「性情的形上學」也正好展示於其對「身心問題」的思考，即對「心靈」的思考既是「形上學」式的，也是從「心靈」的「自覺」來說起。

　　至於評價唐君毅先生這套「性情的形上學」為「身心問題」作出

---

[74] 冼景炬：〈唐君毅先生的哲學思考方式〉，載於《唐君毅思想國際會議論文集（I）》（香港：法住出版社，1990年），頁143-144。

的解決方案,至少可以視為有別於當代心靈哲學之發展的「知識論」式的解決方案,而成功地展現出一種「形上學式」向度,此亦足見唐君毅先生「心靈九境」的理論效力。彭文本先生曾言:「唐君毅的『心靈九境』理論是當代新儒家最具創意的代表理論之一,它的理論效力到目前為止仍然未真正被嚴肅的對待,『天德流行境』的建立可以算是儒家傳統價值對抗西方的『歸向一神論』傳統與印度『我法二空境』的經典之作。」[75]本文十分認同彭文本先生說法,唐君毅先生的「心靈九境」理論是一個富有創發性的理論系統,其理論效力是值得被研究的項目,本文對於「身心問題」的考察正是以唐君毅先生的「心靈九境」為參考,發現其理論雖不是直接探討「身心問題」,但卻從中當可以找到相對於當代心靈哲學的發展,而能為「身心問題」找到解決方案,這正好是印證唐君毅先生的「心靈九境」的理論效力。

---

75 彭文本:〈唐君毅論「個體的自我」〉,載於《哲學與文化》第卅六卷第八期,2009年8月,頁97。

第二章
唐君毅先生論「宗教精神」
——與田立克（P. Tillich）的「終極關懷」之比較

> 唯吾人所嚮往之新宗教精神，雖異於人類過去之宗教與宗教精神，然吾人對一切人類過去之宗教聖人，皆不排斥，且當肯定其特殊之價值，而兼承認之。
>
> ——唐君毅：《中國文化之精神價值》[1]

一　引論：「宗教」作為當代新儒家的思考課題

「宗教」（religion）作為人類文化中的一種現象，學術界素來已有從不同層面或不同範疇作出種種的討論，如宗教社會學、宗教心理學、比較宗教學等。然而，對於當代新儒家來說，[2]「宗教問題」的思考或討論卻是關乎於儒學現代化之可能，甚至是中國哲學思想能否成為「活的哲學」的關鍵。[3]唐君毅先生等在〈中國文化宣言〉[4]中特

---

[1] 唐君毅：《中國文化之精神價值》，《唐君毅全集》第九卷（北京：九州出版社，2016年），頁361。

[2] 對於「當代新儒家」的指涉群體，本文依劉述先先生的「三代四群」說法，詳見劉述先：《論儒家哲學的三個大時代》（香港：中文大學出版社，2008年），頁191-193。

[3] 此處所謂「活的哲學」概念乃借用勞思光先生的說法，勞思光先生指出：「『活的哲學』本涉及兩面的意義，即是學院哲學的意義與一般文化功能的意義。」（勞思光：〈中國哲學研究之檢討及建議〉，《虛境與希望——論當代哲學與文化》〔香港：中文大學出版社，2003年〕，頁13。）勞思光先生認為對「中國哲學」的研究態

別提出「宗教精神」一概念,明言中國文化雖然並未有如西方形式下的宗教文化傳統,卻仍然具有「宗教性之超越信仰」,[5]「宗教精神」概念的提出旨在證明在中國文化確實有內在的精神生活,即中國的心性之學之傳統。然而,為甚麼要從「宗教精神」來明證中國文化具有內在的精神生活呢?〈中國文化宣言〉是針對於以西方思想為學術背景從事中國文化研究者為對象,其說法大抵從中西文化之比較層面而立論,據他們的理解,西方文化的精神生命之核心即是「宗教」。[6]

關於「宗教問題」的思考,當代新儒家的人物在〈中國文化宣言〉

度,需要從「精巧性」(即學院哲學的意義)及「有效性」(即一般文化功能的意義)來檢討及發揮,才能夠讓「中國哲學」的研究並不停留於哲學史(已死的哲學)的層面,進而成為對現世代具有發揮效力的「活的哲學」。

[4] 此〈中國文化宣言〉,即牟宗三、徐復觀、張君勱及唐君毅:〈為中國文化敬告世界人士宣言──我們對中國學術研究及中國文化與世界文化前途之共同認識〉之簡稱。本文所據之文本收錄於《唐君毅全集》第九卷。下文僅以〈中國文化宣言〉簡稱。另外,從〈中國文化宣言〉的說話來看,當代新儒家是刻意論述「中國文化」(尤其是當中核心的中國哲學思想)為「活的文化」,其言:「我們首先要求:中國與世界人士研究中國學術文化者,須肯定承認中國文化之活的生命之存在。」(〈中國文化宣言〉,頁7。)當然,前註提及勞思光先生所說的「精巧性」與「有效性」正是從另一途徑來肯認「中國哲學」(即〈中國文化宣言〉所述的中國民族之客觀的精神生命的核心乃是中國之思想或哲學)是一「活的哲學」之可能。

[5] 唐君毅先生等在〈中國文化宣言〉指出:「在中國,則由其文化來原之一本性,中國古代文化中,並無一獨立之宗教文化傳統,如希伯來者,亦無希伯來之祭司僧侶之組織之傳統,所以當然不能有西方那種制度的宗教。但是這一句之涵義中,並不包含中國民族先天的缺乏宗教性的超越感情,或宗教精神,而只知重視現實的倫理道德。……我們世界人士研究中國文化,勿以中國人只知重視現實的人與人間行為之外表規範,以維持社會政治之秩序,而須注意其中之天人合一之思想,從事道德實踐時對道德之宗教性的信仰。」(唐君毅等:〈中國文化宣言〉,《唐君毅全集》第九卷,頁14-17。)

[6] 唐君毅先生等說:「西方文化之統,則因現實上來源之眾多,難以建立,於是乃以超現實世界之宗教信仰中之上帝,為其統。由希伯來宗教與希臘思想、羅馬文化精神之結合,乃有中古時代短期存在的神聖羅馬帝國之統。」(唐君毅等:〈中國文化宣言〉,《唐君毅全集》第九卷,頁11。)

後，各自也有不同的回應。牟宗三先生的「判教」工作較為矚目，而唐君毅先生對於「宗教問題」的思考也是一個別具意義的範式。唐君毅先生以「宗教精神」來衡量「宗教」意義，從「心靈」的種種運作模式作論述，肯定精神生命對「超越」的追求而成就「宗教精神」，區分「真正的宗教精神」並比較不同的宗教傳統，以「儒家的宗教精神」兼備「超越」與「內在」的一體連續（天人合一）而作為「新的宗教精神」為藍本，[7]唐君毅先生所提出的「新的宗教精神」，對儒家思想來說就是成就宗教化與現代化的可能發展；對各宗教間的比較來說就是成就寬容與化解衝突的可能思考。本文嘗試以基督教神學家田立克（Paul Tillich，又譯蒂利希，1886-1965）的「終極關懷」（ultimate concern）作比較，指出兩者相同地以文化現象、人類心智或精神狀態為探討進路，卻以不同的取徑，得出相近而不一樣的結論，田立克的「終極關懷」展示日常生活的規範或最重要的基礎在於精神層面，是「即文化而宗教」的結論；唐君毅先生的「新的宗教精神」展示世界觀或視域在於「心靈」的不同向度，從「新的宗教精神」既是「宗教精神」的向度也是回轉引歸生活實踐的方向，是「即文化而宗教，宗教而道德」的結論。至於比較兩者的理由有二：其一，從思索傳統儒家思想的宗教性來看，自劉述先教授以田立克「終極關懷」作出比對討論起已有不少相關論述，唯以此比較唐君毅先生的宗教觀的並不

---

[7] 關於「宗教」的「超越」與「內在」討論，劉述先教授曾說：「我們當前極需要做的工作是，分別出宗教與偽宗教之間的界線。我認為在這裡最重要的一個判準就是對於『超越』（transcendence）的信仰與祈向。……舉凡宗教必有其『內在』（immanence）的方面，其重要性幾不下於宗教的超越祈向的方面。一個宗教之所以為一個宗教決不只是個人心裏的一些想法或感受而已！它必內在到人的生活乃至群體的生活之中。」（劉述先：〈論宗教的超越與內在〉，《儒家思想開拓的嘗試》〔北京：中國社會科學出版社，2001年〕，頁44-45。）依此，「宗教」必涵蓋「超越」與「內在」兩個層面，只是對於兩者之間的理解與衡量而構成不同的精神傳統。

多;其二,從唐君毅先生的宗教觀(「新的宗教精神」)來說,在沒有借助田立克的說法之下,卻既對傳統儒家宗教思想的新見解,也能整全地解釋儒家宗教思想的時代意義。換言之,比較兩者能對中西哲學與宗教觀有更深入或更豐富的理解。下文將分成三部分:一、田立克以「終極關懷」論述的宗教觀;二、唐君毅先生從「心靈境界」論述的宗教觀;三、比較兩者的異同。[8]

二　田立克的宗教觀:從文化到宗教的「終極關懷」

田立克是德裔美籍哲學神學家,有「存在主義神學家」的稱號,所編寫的三卷本《系統神學》更有別於傳統以創世論、基督論及救恩論等結構,而以「存有論」為分析重心,從人的理性結構、存有

---

[8] 過往已有從「終極關懷」論析儒家思想的宗教性,甚至泛論及中國哲學的宗教性質的學術討論,劉述先教授以「終極關懷」來衡量儒家思想具有「宗教」精神傳統的說法具有代表性。然而,劉述先教授也指出田立克的宗教思想與中國傳統的天人合一思想有一定距離,他說:「他(按:指田立克)認為一般人信仰的上帝,其實只是一個象徵符號,指向一超越上帝的上帝(God above God)。我們所信奉的宗教乃是有限時空的產物,不可以將之絕對化。我認為他這樣的想法在有些方面的確包含了深刻的睿識。……然而由東方天人合一的傳統來看,天道是流行於世間,田立克的上帝卻超越在世界之外,也不能通過體證而冥合,二者之間的距離是不可逾越的。」(劉述先:〈「兩行之理」與安身立命〉,《儒家思想開拓的嘗試》,頁89-90。)依此,劉述先教授明白指出「終極關懷」觀念的借用僅在於東方哲學與西方宗教對話的可能基礎或引子而已。又,有學者不同意將「終極關懷」套用於中國哲學的論述,比如潘啟聰便指出:「在學者紛紛以『終極關懷』套用在中國哲學的思潮下,筆者認為『終極關懷』與中國哲學的相異之處實在不可不察。以筆者曾閱覽的資料而言,大多數現存研究屬於應用性的層面。就田立克『終極關懷』這概念對於研究中國哲學之適用性,相關的反思性研究可謂少之又少。」(潘啟聰:〈當代中國哲學與田立克的終極關懷〉,《鵝湖月刊》第五二〇期,2018年10月,頁41-42。)僅從套用或比附作論述固然有問題,本文比較唐君毅先生與田立克對「宗教問題」思考的目的之一,即揭示當代中國哲學可以不用「終極關懷」概念仍具有獨到的「宗教」思考。

（Being）與實存（Existence，又譯存活）的架構連結至超越一切的「存有」本身（自體，即是「神論」）。然而，田立克否認「存在主義神學家」的稱號，他認為所謂「存在主義」只是德國思想局勢的產物，存在主義反而讓他注意到實存的問題，從而改進或重整基督教的神學思想。[9]

田立克的宗教觀以「終極關懷」為核心概念。田立克說：「宗教，就這個詞的最廣泛和最根本的意義而言，就是終極關懷。」[10]所謂「終極關懷」是指人的精神生命對某事或某物所呈現無條件信服的態度，田立克以「成就」（Success）作例子說明，他說：「在競爭激烈的西方社會中，很多人把『成就』奉為神明，而『成就』也的確具備了終極關懷的所有特性：它要求人們無條件地臣服於它的規矩之下——即使人們必須為此付出相當大的代價，例如：犧牲真誠的人際關係、個人信念和以繁衍後代為目的的性關係。它對人們施加的威脅是社會地位與經濟地位的敗落，它的承諾（和所有類似的承諾一樣籠統）是為人類生活帶來滿足感。」[11]如此，田立克所說的「宗教」是以個人的「終極關懷」為特徵，當一個人對某事或某物呈現無條件信服的態度，這就是他的「宗教」，而某事或某物的出現皆源於文化生活，田立克的「宗教」分析遂由文化生活開始。田立克作出進一步辨識，指出「宗教」區分為廣義與狹義，狹義的「宗教」是各種具有教相（具教義、教團、教儀等）、傳統意義的「宗教」，而廣義的「宗教」卻是從各種文化生活裡所呈現的精神性特徵，即區別於傳統意義的「宗教」，以

9　田立克在《文化神學》（*Theology of Culture*）即有專文討論「存在主義」問題。

10　Paul Tillich, *Theology of Culture,* New York: Oxford University Press, 1959, p.7-8. 田立克：《文化神學》中譯本，何光滬編《蒂利希選集》上冊（上海：上海三聯書店，1999年），頁382。

11　Paul Tillich, *Dynamics of Faith,* New York: Harper & Brothers, 1957, p.3.田立克：《信仰的動力》中譯本（臺北：桂冠圖書公司，1994年），頁5。

個人對文化生活中的某事某所具有的「終極關懷」態度為特徵。[12]然而，究竟在「文化生活」中的某事或某物如何能呈現出具有「終極關懷」呢？又，這樣的「宗教」怎樣防範「偶像崇拜」（Idolatry）呢？前者的回應在於「宗教象徵理論」（Religious symbol）；後者的答覆就是「歷史宗教」（Historical religions）、「原初宗教」（Primal religions）與「偽似宗教」（quasi-religions）的區分。[13]

（一）「宗教象徵理論」的文化生活詮釋

「宗教象徵理論」是田立克的揭示文化現象具有「宗教」（終極關懷）的思考。他說：「宗教是文化的本體，文化是宗教的形式。」[14]田立克指出「語言」（language，包括有聲或無聲的）就是文化創造的基本，而文化創造正是表述「終極關懷」的載體。如果「語言」作為具體的文化媒介，則文化生活就是以「語言」為基礎。依此，田立克透過五個步驟展示「語言」中所含有「宗教象徵」的意涵：[15]

其一，「語言」都是「記號」。「記號」可區分為「符號」（sign）與「象徵」（symbol），「符號」是由人類所創造而具有指物的作用；「象徵」則是人類集體地具有參與其所指涉的實在或力量（如國旗）。

---

12 田立克：《文化神學》中譯本，何光滬編：《蒂利希選集》上冊，頁382-383。
13 以「偽似宗教」翻譯「quasi-religions」是依據劉述先教授的說法，他指出：「田立克是採取一種策略，指明『宗教』不是離開一般人那麼遙遠的東西，既然人人都有終極關懷，那就人人都有宗教。但他自己也很清楚，拜金主義、國家主義、共產主義都不是一般意義下的宗教，故此他以『quasireligions』一詞來形容這些信仰，我以『偽似宗教的』來譯這一詞，陳君認為不『準確』，改譯為『準宗教的』。殊不知這是田立克的英文用詞不準確，不是我的意譯不準確。田立克的原意確定是偽似宗教，看他舉的那些例子就知道。中文的『準』有預備階段的涵義，但拜金主義、國家主義等甚麼時候可以真正升格為真正的『宗教』呢？」（劉述先：〈對於終極關懷與儒家宗教性問題的回應〉，《儒學的復興》〔香港：天地圖書，2007年〕，頁293。）
14 田立克：《文化神學》中譯本，何光滬編：《蒂利希選集》上冊，頁412。
15 田立克：《文化神學》中譯本，何光滬編：《蒂利希選集》上冊，頁421-432。

其二,「象徵」的作用。「象徵」是具有「展示實在層次」(opening up of levels of reality)的作用,所謂「實在層次」可區分成外在與內在的,外在的就是外在於個體的力量(如權力);內在的就是內在於個體的力量(如情感,田氏的用語是「靈魂」〔soul〕)。然而,「象徵」的產生是「群體無意識」,即具共識地認同而產生共鳴才能達成「象徵」的作用。如此,「象徵」即是能展現具「實在層次」力量的記號。

其三,「宗教象徵」的本質。「宗教象徵」是「象徵」的最深層次的一種,因為它展示了人類內在(靈魂)最深度的體驗,就是對上帝、神秘力量或不可知名狀態的體會。田立克指出:「宗教象徵也展示一種實在層次,這種實在層次如果不為宗教象徵所展示就根本不會顯現出來,而是深藏著。我們可以將這種層次稱為實在本身的深度。實在本身的深度是所有別的維度和所有別的深度的基礎,⋯⋯根據我們有關象徵的基本定義,象徵本身介入了神的神聖性。但介入不是同一,象徵本身不是神,那個超越一切的東西超越了神的每一種象徵。」[16]換言之,「宗教象徵」是揭示人類內在的「神聖性」。

其四,「宗教象徵」的層次區分為「超越層次」(超越我們所接觸的經驗實在的層次)與「內在層次」(我們在與實在接觸中所發現的層次)。「超越層次」的「宗教象徵」即是「上帝」;「內在層次」的「宗教象徵」即是在時空中呈現的上帝,兩者的關係正好解釋具體宗教(基督宗教)的教義與教儀的意涵,並且,能確切地以「象徵」意義來肯定人與「終極存在」(即上帝)能有關聯性,以致祈禱具有意義的可能,田立克說:「假如上帝僅僅是『終極存在』,那麼我們就不能與上帝相通。但是,在我們與上帝的聯繫中,我們是以自身所是的最高層次——人——與上帝接觸的,因此,在敘說上帝的那種象徵性形

---

[16] 田立克:《文化神學》中譯本,何光滬編:《蒂利希選集》上冊,頁425。

式裡，我們既獲得了這樣一種東西，它無限地超越我們對作為人的我們自身的經驗；同時我們又獲得那樣一種東西，它如此適合於我們作為人的存在，以至於我們稱呼上帝為『你』並且可以向上帝祈禱。」[17]

其五，「宗教象徵」的真實性是從產生於它們的宗教環境而成。「宗教象徵」並不能透過科學或歷史研究來取消，因為它是從產生象徵的環境而肯定，「宗教象徵」僅是「象徵」而推進至「終極」的向度。田立克指出：「宗教教義和宗教儀式都不可能是終極的。假如基督教要求在自己的象徵中擁有一種優於任何其他真實性的真實性，那麼便是十字架象徵，在這種象徵中，耶穌的受難被表達出來。」[18]田立克透過「宗教象徵理論」，從文化創造的角度（語言的符號性與象徵性作用）論述人所具有的「宗教象徵」，並深藏在內的「終極關懷」意義。

田立克以「宗教象徵理論」的闡釋，展示「宗教」的意涵在於「終極關懷」，「宗教」並不止傳統意義的、狹義的、具有教相、（具教義、教團、教儀等）的「宗教」，而是透過人類在各種文化活動中展示的「終極關懷」來衡定，尤其是以「符號—象徵」的區分所呈現的「宗教感」。

（二）「偽似宗教」的辨識

如果從「終極關懷」來討論「宗教」，則只要個人或群體對於某事物具有無條件地全情投入，或找著能被最深層地賦予「宗教感」的事物，也能夠被稱為「宗教」。這樣的「宗教」定義，至少有兩點需要再作說明，即：「歷史宗教」、「原初宗教」與「偽似宗教」的區分。

其一，現存的「宗教」討論能夠廣泛地延伸。所謂「歷史宗教」

---

17 田立克：《文化神學》中譯本，何光滬編：《蒂利希選集》上冊，頁427。
18 田立克：《文化神學》中譯本，何光滬編：《蒂利希選集》上冊，頁432。

即既有具有聖典及組織傳承的「宗教」（如基督教、佛教等）；所謂「原初宗教」即沒有聖典或具規模組織的「宗教」（如印第安人、澳洲原住民等），而宗教學者如史密斯（H. Smith）在《人的宗教》便是採用田立克觀念而分別論述「歷史宗教」與「原初宗教」。[19]

其二，田立克提出「偽似宗教」（quasi-religions）的辨識，作為防範「偶像崇拜」（包括國家主義或個人崇拜）的問題。田立克說：「當今世界諸宗教相遇的特徵，在於『偽似宗教』對『真正的諸宗教』（religions proper）的攻擊。這一攻擊主要的武器是科技及其繁多的技術革命。它透過世俗化（secularization）摧毀文化與宗教的舊傳統。」[20] 田立克特別指出法西斯主義及共產主義是以世俗化的價值觀作出自我聖化或絕對化，從而等同於能被賦予「終極關懷」態度的信仰。辨別「偽似宗教的」與「真正的諸宗教」的方案是區別「終極關懷」的「對象」。首先，田立克以「終極關懷」討論「宗教」時作出的區分，從「終極關懷」的「主體」來看，個人或群體只需要對某事物作出無條件的投入就可以具有個人或群體的「宗教」，如金錢、偶像等也可以成為個人的「宗教」。其次，從「終極關懷」的「對象」來看，如果僅是以有限性的事物當作無限性的話，則僅是「偽宗教的」。所謂「有限性」即「宗教象徵」僅具有「內在層次」而忽略「超越層次」。田立克甚至認為，如果教會僅是以教義、教儀作為「終極關懷」的對象，實則是退至「偶像崇拜」的層面，即是「偽宗教的」而已。

---

19 史密斯（H. Smith）、劉安雲譯：《人的宗教》（海口：海南出版社，2001年）。
20 Paul Tillich, "Christianity and the Encounter of the World Religions," *Tillich Paul, Main Works/Hauptwerke 5*, ed., Carl Heinz. Ratschow, p.295.轉引自張哲民：《保羅‧田立克的文化神學方法及其宗教學應用》（新北：天主教輔仁大學博士論文，2012年），頁177。

綜言之，田立克以「終極關懷」界定「宗教」，把「宗教」的意義從「人神關係」的論述推衍到文化的各種現象，至少具有宗教內及宗教間對話的意義。在宗教內就帶來對基督宗教傳統的批判，提出「新存在」（New Being）的可能，[21] 也成就各宗教之間的對話可能等；在宗教以外就承認「非信徒」也具有宗教經驗，甚至所經驗的是「超越上帝的上帝」（the God above God），即並非傳統的「上帝」觀念。[22]

三 唐君毅先生的宗教觀：從文化到宗教，從宗教而道德的「新的宗教精神」

唐君毅先生是當代新儒家的重要人物，不論學術成就或教育工作都具有重要的地位。唐君毅先生在早期思想階段已對「宗教問題」作顯題式的討論，這種關注幾乎終生未有停頓。早在一九三六年（27歲）即發表〈中國宗教之特質〉一文，直至一九七七年出版的《生命存在與心靈境界》第二十九章中有「宗教信仰在生活中之地位」、在〈後序〉中也有「宗教信仰與客觀的形上學之價值」等的討論，差不多橫跨四十多年的學術生涯，彭國翔先生曾遍檢唐君毅先生的著作後指出：「唐君毅自覺地關注和討論宗教問題，從其二十多歲開始，幾

---

21 田立克說：「基督教就是有關以耶穌面貌出現的新造物、新存在、新實在的信息，耶穌正是因此而且也僅僅是因此才被叫作基督的。……我們屬於舊造物，而基督教向我們提出的要求則是，我們也要參與新造物，我們已在我們的舊存在中認識了我們自身，而此刻我們也要自問，我們是否在我們自身也體驗到新存在的一種東西。」（田立克：《新存在》，何光滬編：《蒂利希選集》下冊，頁716。）
22 田立克說：「敢於把無意義納入自身的勇氣需要以它與存在根基的關係為前提，我們已把這種關係稱之為『絕對信仰』，它沒有特別的內容，但不是無內容。絕對信仰的內容就是『超越上帝的上帝』。那種敢於把極端的懷疑即對上帝的懷疑承擔起來的信仰，以及作為這種信仰結果的勇氣，超越了關於上帝的有神論觀點。」（田立克：《存在的勇氣》，何光滬編：《蒂利希選集》上冊，頁284。）

乎一生不斷。」[23]

　　唐君毅先生的宗教觀以「宗教精神」為重要觀念。唐君毅先生說：「吾人論宗教，自始不重自宗教之具體的信仰內容著眼，而自人依於其超越性而生之宗教的精神要求上著眼。一宗教之價值與地位，唯由其能滿足人之此宗教精神要求而見。」[24]所謂「宗教精神」即是人類精神生命中最重要的表現，是依於人所具有對超越性要求而生的精神表現。由此，唐君毅先生遂從精神生命的各種表現（即文化生活）作出型構的分析，指出「心靈」是構造種種精神生命型態的拱心石，從各各不同的精神生命型態肯定「宗教精神」的重要，再區分「世俗的宗教精神」與「真正的宗教精神」，並比較不同宗教精神的形態，指出「儒家宗教精神」的殊異處，進而建立「新的宗教精神」。

（一）「心靈境界」（心靈九境）理論

　　唐君毅先生從「心靈」的種種作用而討論「宗教精神」。唐君毅先生在《生命存在與心靈境界》指出「心靈」具有肯定「生命」之動態發展「存在」的作用，而「心靈」就是人類的思維特徵，唐君毅先生指出：「『心』自內說，『靈』自通外說。合『心』『靈』為一名，則要在言心靈有居內而通外以合內外之種種義說。然人有生命存在，即有心靈。則凡所以說生命或存在或心靈者，皆可互說，而此三名所表者，亦可說為一實。」[25]即是說，「心靈」所具有的「居內而通外」的

---

23 彭國翔：〈唐君毅論宗教精神〉，《儒家傳統的詮釋與思辨》（武漢：武漢大學出版社，2012年），頁298。
24 唐君毅：《中國人文精神之發展》，《唐君毅全集》第十一卷（北京：九州出版社，2016年），頁312。
25 唐君毅：《生命存在與心靈境界（上冊）》，《唐君毅全集》第二十五卷（北京：九州出版社，2016年），頁2。

特性，讓「生命」與「存在」得以同義，以「一實」來並提「生命」、「存在」與「心靈」即是以「心靈」來貞定「生命存在」，所謂「貞定」是指現實生命的存在狀態就是由「心靈」作為衡量，「心靈」正是生命種種的實存狀態的依據。

唐君毅先生從「心靈」的「感通」作用而論「心靈境界」。唐君毅先生說：「人謂知與情意有別，乃自知對境有所感通，而不必對境有所感受、應應說。感受是情，感應是意志或志行。心靈似必先以其知通於一境，乃受此境，而應之以意或志行。知、情、意，雖皆屬人心靈生命自體之活動或用，而其為用與性相，固不同。大率知之活動，能知人自己之心靈自身與他物之體、相、用，而不能改變之；情意之行之活動，則可對其他人物或自己之心靈之自體，更有一作用而變之。此即知行二者之不同。」[26]依此，「心靈」所具有「居內而通外」在於「感通」的作用。「感通」可以區分成「感」與「通」二義。所謂「感」意味著感受、感應、感情，由感受與感應來看，則涉及心靈生命的知、情、意等活動。所謂「通」著重的是在心與所對的境彼此的關聯、交接、有合乎於「感」，相應於「感」的往來作用，「通」亦涉及不同境界之間的上下、升降、去返等的交通，有自通與兼通的作用。[27]唐君毅先生所說的「感」與「通」具有互相涵蘊的意義，由「感」的接受與回應而「通」於內外不同的「境」。扼要來說，「感通」是「心靈」對應於「境界」的獨特能力，兼具「超越」、「自覺」、「貫通」及「理性」等的涵義。至於所謂「境界」就是從

---

26 唐君毅：《生命存在與心靈境界（上冊）》，頁12。
27 唐君毅先生說：「所謂心靈之自覺之活動之實義，只是其活動之互相透明之別名。在此互相透明處，諸活動即有互貫通而互存互在之意義。」（唐君毅：《生命存在與心靈境界（下冊）》，《唐君毅全集》第二十六卷（北京：九州出版社，2016年），頁332-333。）

「心靈」的「感通」作用而產生的種種世界觀或視域。[28]唐君毅先生依於心靈活動（感通）的方向（「橫觀」、「順觀」及「縱觀」，即心靈活動的「能」）及事物的面向（「體」、「相」、「用」，即事物的「所」）的相互交融之下，再從觀客體、觀生命的主體及觀超主客體的自體作出綜觀，確認「心靈境界」為九境。[29]從觀客體、觀生命的主體及觀超主客體的自體的次序論述，則依於心靈的不自覺、自覺至反思自覺的過程立論，唐君毅先生說：「人之觀其生命存在與心靈及其所對之世界或境界，初必視其所對之世界或境界，為一客觀存在之世界；次乃視此客觀存在之世界，屬於一主觀之心靈；再次乃謂有一超主觀心

---

28 唐君毅先生說：「言心靈之境，不言物者，因境義廣而物義狹。物在境中，而境不必在物中，物實而境兼虛與實。……此境界一名，初出自莊子之言境。佛家唯識宗以緣緣為境界依。所緣即心之所對、所知，則境界即心之所對、所知。此所緣在印度之本義，當近於西方哲學中所謂對象（Object）之義。但西方哲學中之對象一名，初涵為心之外向、向前所對之實象之義。而中國之境界之原義、則兼通虛實，於義為美；與西方之世界（World）或眼界（Horizon）之辭，其義為近。」（唐君毅：《生命存在與心靈境界（上冊）》，頁2。）依此，唐君毅先生所說的「境界」亦可以當作世界觀或視域而論。

29 唐君毅先生說：「心靈活動與其所對境之種種，有互相並立之種種，有依次序而先後生起之種種，有高下層位不同之種種。此互相並立之種種，可稱為橫觀心靈之種種；依次序而先後生起之種種，可稱為順觀心靈活動之種種；有高下層位不同之種種，可稱為縱觀心靈活動之種種。凡觀心靈活動之體之位，要在縱觀；觀其相之類，要在橫觀；觀其呈用之序，要在順觀。以空間之關係喻之，橫觀之並立之種種，如左右之相斥相對；順觀之種種，如前後或先後之相隨相繼；縱觀之種種，如高下之相承相蓋。綜觀此心靈活動自有其縱、橫、順之三觀，分循三道，以觀其自身與其所對境物之體、相、用之三德，即此心靈之所以遍觀通觀其『如何感通於其境之事』之大道也。」（唐君毅：《生命存在與心靈境界（上冊）》，頁6-7。）又言：「上文既說順觀、橫觀、縱觀之義及體、相、用之義，即可更說此書之旨，不外謂吾人之觀客體、生命心靈之主體與超主客體之目理想之自體──此可稱為超主客之相對之絕對體，咸對之有順觀、橫觀、縱觀之三觀，而皆可觀之為體，或為相，或為用。此即無異開此三觀與所觀三境之體、相、用，為九境。」（唐君毅：《生命存在與心靈境界（上冊）》，頁28。）

靈與世界，統於此主客之上，或更超於主客之分別之外，以通貫此主與客、心靈與其世界。此即吾人之論生命存在與心靈之境界，所以開為次第九重而說，其中之初三為客觀境，次為主觀境，後為超主客境之故也。」[30]

唐君毅先生將「宗教精神」的討論列入「超主客觀境」，「超主客觀境」是形上學的觀點，意味著肯定有一超越的原則或依據統攝主客兩面，即是人對其存在意義之追求，亦是依據於其經驗與體驗而肯定。由此，在「超主客觀境」所探討的「歸向一神境」、「我法二空境」及「天德流行境」則可以說成是對於「超越性」層面的追求，讓生命的存在賦予一絕對的價值，是以唐君毅先生明言這是「超越之信仰」，而此「信仰」對我們有轉化生命、影響行為的教化作用，是以亦為「生活生命之教」。唐君毅先生說：「在此三境中（按：「歸向一神境」、「我法二空境」及「天德流行境」），知識皆須化為智慧，或屬於智慧，以運於人之生活，而成就人之真實價值之生命存在；不同於世間之學之分別知與行、存在與價值者。其中之哲學，亦皆不只是學，而是生活之教。」[31]扼要而言，唐君毅所論析的「宗教精神」是源於人的超越性追求，而非僅從現實的角度分析宗教意識。

「宗教精神」的觀念仍可以作進一步分析，即辨析對「超越性」追求的理由。唐君毅先生依此區分「世俗的宗教精神」與「真正的宗教精神」，並認為「真正的宗教精神」型態以基督教、佛教及儒家思想為代表，更指出「儒家的宗教精神」是建立「新的宗教精神」的關鍵。唐君毅先生認為「世俗的宗教精神」僅是由所信仰而得到生命的

---

30 唐君毅：《生命存在與心靈境界（下冊）》，《唐君毅全集》第二十六卷，頁197。「心靈九境」依序為：萬物散殊境、依類成化境、功能序運境、感覺互攝境、觀照凌虛境、道德實踐境、歸向一神境、我法二空境及天德流行境。
31 唐君毅：《生命存在與心靈境界（上冊）》，，頁31-32。

寄託與歸宿,加強了生活意味與勇氣的意志,如果基督教信仰者僅認定是從上帝得到保障,或祈求得到回應與幫助的話,則只算是「第二義以下」的「宗教精神」;而「真正的宗教精神」是深切感受到自身的有限性,追求超越層面的力量所作出種種的道德文化之實踐。從「超主客觀境」來看,這正是「真正的宗教精神」,唐君毅先生更明言「真正的宗教精神」在基督教及佛教最為明顯表現。[32]

(二)「新的宗教精神」

唐君毅先生論述「真正的宗教精神」時指出「儒家的宗教精神」別具獨特處。「儒家的宗教精神」與基督教、佛教同樣地有感於自身的有限性、無力感而追求與嚮往超越層,卻由於對自身道德心靈的自覺上同樣具有肯定而得以擴充,由此而特別著重能信者的道德心靈自覺,並直接連結於道德生活的實踐。[33]用中國傳統的話來說就是「天

---

[32] 唐君毅先生說:「我們所謂真正之宗教精神,是用來簡別世俗流行的所謂宗教精神之意義的。世俗流行的宗教精神之意義,或是指一種堅執不捨,一往直前的意志。或是指一種絕對的信仰、絕對的希望。或是指一種人對於其所信仰、所希望實現的目標之達到,有一定的保障之感。……此三義之宗教精神,表現在一般宗教生活之本身,即為一信仰神之愛吾人,救主願賜恩於吾人,信仰吾人之將蒙恩而得救;信仰吾人只要真向神祈求,神即能助吾人之成功而得幸福。……一般人之相信宗教,亦恆是依此意義而相信宗教。但是此宗教精神之意義,只是第二義以下的。……我們所要指出的真正的宗教精神,是一種深切的肯定人生之苦罪之存在,並自覺自己去除苦罪之能力有限,而發生懺悔心,化出悲憫心;由此懺悔心悲憫心,以接受呈現一超越的精神力量,便去從事道德文化實踐之精神。此精神在世間大宗教中皆有,而原始佛教基督教更能充量表現之。」(唐君毅:《人文精神之重建》,《唐君毅全集》第十卷〔北京:九州出版社,2016年〕,頁9-10。)

[33] 唐君毅先生說:「儒家之教中並非不包含信仰,而是其言信仰,乃重在能信者之主體之自覺一方面,而不只重在所信之客體之被自覺的一方面。儒家由重此中之能信之主體自覺,而重此主體之實踐其所信,由行道而成德,以建立其為賢為聖之人格於天地之間。」(唐君毅:《中華人文與當今世界(下冊)》,《唐君毅全集》第十四卷〔北京:九州出版社,2016年〕,頁55。)

人合一」，即「超越層」與「內在層」是一體連續。依此，唐君毅先生特別認同「儒家的宗教精神」，在「心靈境界」理論中更以儒家宗教精神為主導的「天德流行境」能兼具「歸向一神境」、「我法二空境」。[34]既然「儒家的宗教精神」具有獨特的特質，唐君毅先生更提出「新的宗教精神」的構思，「新的宗教精神」有兩個意涵：

其一，從傳統中國文化的宗教精神發展而成能兼融其他的「宗教精神」，即縱向地發掘「儒家的宗教精神」中「天人並祀」。唐君毅先生說：「吾人必須於上帝之崇敬外，包括中國傳統宗教精神中所有之對人格世界之人物，如祖宗、師與聖賢之崇敬，並須取中國古代之兼祭天地之意，以真表示一肯定神之先於人間，亦肯定其後於人間，對人間加以覆載，使人間天上化之精神。吾人所嚮往之新宗教精神，必須由吾人傳統宗教精神以長出，而不能外襲。由此長出之宗教精神，且將正為一佛教、基督教精神之融合。」[35]

其二，讓「儒家的宗教精神」回復至「由知而信，信而顯行」的日常生活之中，即橫向地擴展「儒家的宗教精神」中「禮樂潤澤自然生命」。唐君毅先生說：「弟因覺今日講學，不能只有儒家哲學，且須

---

34 唐君毅先生說：「此所謂天德流行境，要在以赤縣神州之中國儒家之言道德實踐之勝義，乃以人德之成就，同時是天德之流行而說。中國道家之言道德之義，亦有可屬此一型之思想境界者，……此所謂天德流行境，乃於人德之成就中，同時見天德之流行，故同時為超主觀客觀之境。」（唐君毅：《生命存在與心靈境界（下冊）》，頁117）又說：：「吾書即更明於此二型宗教思想中之種種超越的信仰，亦視之為人所當有，而亦以之為出於人之性情與理性思想之所要求；唯只當使之為存於心之陰一面，而不當使之存於心之陽一面，即只取其消極的自卑俗拔起，與破除斷見之意義，以成此當然者無不可成實然之信仰；而不重其積極的意義，以使人只作希高慕外之想，而忽其在當前境中之盡性立命之事此則擴大中國傳統思想之核心中所放射之義，以攝此二型宗教思想之說，以發展此中國傳統思想之論也。」（唐君毅：《生命存在與心靈境界（下冊）》，頁375-376。）

35 唐君毅：《中國文化之精神價值》，頁361。

有儒教。哲學非人人所能，西方哲學尤易使人往而不返，而儒教則可直接之日常生活。在儒為教處，確有宗教之性質與功能，故曾安頓華族之生命。而今欲成就其為教，必須由知成信，由信顯行，聚多人之共行以成一社會中之客觀存在——如社團或友會（友會之名較好），此客觀存在，據弟所思，尚須有與人民日常生活發生關係之若干事業。此蓋凡宗教皆有之。唯有此業，而後教之精神乃可得民族生命之滋養，而不致只成為孤懸之學術團體，此諸事業即屬於儒家所謂禮樂者。禮樂乃直接潤澤成就人之自然生命。人之自然生命之生與婚姻及死，皆在禮樂中，即使人之生命不致漂泊無依。」[36]

綜言之，唐君毅先生以「宗教精神」來討論「宗教」，把「宗教」的意義從「心靈」的種種運作模式而論述，肯定精神生命對「超越層」的追求，成就「宗教精神」後，再區分「真正的宗教精神」，而以「儒家的宗教精神」兼備「超越層」與「內在層」的一體連續（天人合一）作為「新的宗教精神」的藍本。「新的宗教精神」的論述是對儒家思想是成就宗教化與現代化的可能發展；也成就寬容與化解各宗教間的衝突之可能思考。

四　結論：非以「終極關懷」論「宗教」

唐君毅先生以「宗教精神」討論「宗教問題」而帶出「新的宗教精神」的構想；而田立克以「終極關懷」討論「宗教問題」則指出「新存在」的可能。兩者的思考的異同處可分從三點討論：

其一，相近模式的思考進路：兩者都是對肯認或檢視存在的文化現象作為討論「宗教」的基礎，田立克直接以文化生活來討論「宗

---

[36] 唐君毅：〈致牟宗三〉一（一九五四年八月九日），《書簡》，《唐君毅全集》第三十一卷（北京：九州出版社，2016年），頁118-119。

教」，而唐君毅先生則肯認現實文化生活中的各種形態，包括世俗宗教；並且，兩者對於文化生活的形成皆以分析人類的心智狀態而認定「宗教」的意義，唐君毅先生以「心靈」的「感通」作用為論述基調，田立克則從「初始關懷」至「終極關懷」的態度為討論要點；再者，兩者都依於「超越層」與「內在層」的關係而衡定「宗教象徵」或「宗教精神」的意義。

其二，不同取徑的思辨特色：田立克以「宗教象徵理論」而揭示文化生活中的「終極關懷」的態度，而「宗教象徵理論」涉及群體間的不同文化現象，以群體的文化差異指出「宗教感」的不同，更由「超越層」與「內在層」的距離來解釋文化現象中的「宗教感」，如宗教教儀或藝術創作等，貫徹從文化或群眾的廣度來討論「宗教」；唐君毅先生則從「心靈境界」的人類思維運作展示文化生活的不同，而「心靈境界」理論則涉及個體自身的不同世界觀或視域，「宗教精神」源於個體對於「超越層」的追求，從「超越層」與「內在層」的一體連續展示道德或生活的理性化，徹底地以個體的深度來討論「宗教」。

其三，相異結論的思想用心：田立克以「終極關懷」來討論「宗教」在文化現象的可能，從而開展文化神學乃至系統神學的新架構，並開啟宗教之間的對話基礎。田立克的「終極關懷」展示日常生活的規範或最重要的基礎在於「宗教感」，文化生活的最深層意義在於「宗教」，得出「文化而宗教」的結論。唐君毅先生則以「新的宗教精神」肯認「儒家的宗教精神」，從而展示「儒教」發展的方向。唐君毅先生的「新的宗教精神」卻展示世界觀或視域在於「心靈」的不同向度，從「新的宗教精神」既是「宗教感」向度卻也是回轉引歸生活實踐的方向，文化生活的最深層意義固然在「宗教」，更重要的是能夠回轉至道德生活的實踐，得出「文化而宗教，宗教而道德」的結論。

田立克以「終極關懷」作為討論「宗教」的核心，借助田立克的

觀點可以衡定儒家思想乃至古代中國哲學思想具有「宗教」成分，這是由劉述先先生首先引起的討論。然而，討論傳統中國思想的「宗教」也不必然地要以「終極關懷」為重心，唐君毅先生討論「宗教問題」以「宗教精神」為要義，從思維模式的結構突顯對「超越性」的追求具有普遍性，論證傳統中國思想亦具有「宗教」成分，甚至構想「新的宗教精神」展示「宗教」從「儒家的宗教精神」回復至「由知而信，信而顯行」的日常生活之中，實現「合哲學、宗教、道德為一體」的思考取向，這正是兩者的重要差異。

　　最後謹引述唐君毅先生的話作結語：「儒者合形上學之信心，與道德之實踐之天人合一之學之教。然其核心義，則在吾人上所言之由此心本原或本心本性流出之惻怛等情。此即中國儒者所謂性情之際，亦天人之際之學之教，而非西方理性主義、理想主義之所能及。以西方之理性主義、理想主義者之理性之思想，皆尚未能直順此惻怛之情而思，以情理之如如不二，為其思想之歸止，以成其內心之信，再充內形外，以成盛德大業；更即此德業成信，以使情理與信及德業相輔為用，以合哲學、宗教、道德為一體，以成一學一教之道也。」[37]

---

[37] 唐君毅：《生命存在與心靈境界（下冊）》，頁374。

第三章
論唐君毅先生對荀子「性惡善偽」的詮釋

> 唯是即哲學思想之發展，以言哲學義理之種種方面，與其關聯之著。故其論述之方式，亦可謂之即哲學史以言哲學，或本哲學以言哲學史之方式也。
>
> ——唐君毅：《中國哲學原論（原性篇）》[1]

一　引論：從牟宗三先生的荀子學說起

《荀子》提出「性惡」之論，自唐宋以後便一直被邊緣化於儒學傳統，甚至在被定位為「準異端」。[2]牟宗三先生的說法可足為代表。牟宗三先生指出荀子言「性」乃從動物之自然生命來說，而所謂「性惡」則在於對動物之自然生命無所節制而成。牟宗三先生也指出荀子

---

[1] 唐君毅：《中國哲學原論（原性篇）》，《唐君毅全集》第十八卷（北京：九州出版社，2016年），頁4。

[2] 劉又銘說：「由『天人相分』、『性惡』到『以人制天』、『化性起偽』，再到『隆禮義』、『法後王』，這似乎是《荀子》書中一個明顯可見，無可爭議的基本理路。當代許多學者（以牟宗三、蔡仁厚為代表）循著宋明理學主流程朱、陸王學派的足跡，就著這個理路做了進一步的詮釋，比程朱、陸王學派更精微更縝密也更深入地論斷，判定了荀子哲學的準異端性格，並且產生了廣大、普遍的影響力。」（劉又銘：〈荀子的哲學典範及其在後代的變遷轉移〉，載於《漢學研究集刊》第三期，2006年，頁34。）

雖然說「性惡」，但也在人的自然生命中揭示出還有高一層次的「天君」（智心），並提出「以心治性」（性惡善偽）的可能，他說：「他（按：荀子）於『動物性之自然』一層外，又見到有高一層者在，此層即心（天君），故荀子于動物性處翻上來，而以心治性。……荀子於心，則只認識其思辨之用，故其心是『認識的心』，非道德的心也；是智的，非仁義禮智合一之心也，可總之曰以智識心，不以仁識心也。」[3] 依此，牟宗三先生進一步指出荀子的「以（智）心治性」（性惡善偽）的內涵實在是經驗論與實在論的，可謂迥異於孔、孟的傳統。牟宗三先生的推論是：荀子僅以「智心」作對治「性惡」，並非以「智心」本身來作對治「性惡」，而是通過「禮儀法度」作準則；而「禮義法度」是聖人之積習而成（即偽），聖人之偽又決不是由內在的仁義作根據，則其根據只會是「智心」對於事物變化之「自然之理」的觀察，如是，『禮義之統』雖是道德的，而底子實義卻只是自然主義。[4]

3　牟宗三：《名家與荀子》，《牟宗三先生全集》第二冊（臺北：聯經出版事業公司，2003年），頁194-195。

4　牟宗三：《名家與荀子》，頁196。另外，既然荀子學迥異於孔、孟之傳統，為何牟宗三先生仍然大費周章來論析《荀子》呢？此即牟宗三先生著述《荀子大略》的目的問題。對此，東方朔先生指出牟宗三先生著《荀子大略》一書乃與其「外王三書」（即《歷史哲學》、《道德的理想主義》和《政道與治道》）具有相同的用心，即：本於中國的內聖之學以解決外王問題。其言：「牟先生之作《荀子大略》有其明確的問題意識，其一，是試圖對宋明儒者因荀子『不識性』而對其思想所顯之客觀精神之意義不予尊重的現象加以點發；其二，即是對當時荀子學研究的不滿，所謂『民國以來，講荀子者，惟對其〈正名〉篇尚感興趣，至於其學術之大略與精神之大端，則根本不能及』，而對於荀子所言之『禮義之統』的意義，則尤其不能相應。不難看到，上述兩個方面對於中國文化的未來開展，尤其對『下端的撐開』具有不可忽視的重要性。……我們認為，牟先生本書所表達的思想與其『外王三書』有著相同的發願，共同的關懷，今日讀之仍讓人怦然心動，而所以有此心動者，則在於牟先生所指點的時代課題，到今天，似乎多少有些被旁落的意味。」（東方

牟宗三先生的說法固然有紮實整全的文本理解與嚴謹細緻的哲學思辨,然而,其認為荀子在「以心治性」(性惡善偽)的「心」乃「智心」,或聖人之偽,其外在之底子是自然主義,卻未必為唐君毅先生所認同,唐君毅先生乃認為荀子只在於「統類心」的限制下而未能直說「人心之性善」或「欲為善」而已,其言:「然荀子之所以不說人心之性善者,則以彼說人之欲為善,不過『可以為善』,如『塗之可以為禹』。可以為,未必實為,則欲為善不必實善,故終不說人心之性善。」[5]換言之,牟宗三先生判別荀子言「善」之根據乃一種外在的經驗論與實在論,而唐君毅先生卻認為荀子言「善」之根據乃在「心」之能「知」道並「行」道,這正是唐君毅先生詮釋荀子「性惡善偽」的殊異處。

究竟唐君毅先生如何詮釋荀子的「性惡善偽」,從而指出其「人心之性善」呢?本文認為:唐君毅先生指出荀子的思想中心在於「心」,即其所謂「統類心」,此「統類心」具有「認知」與「意志」的能力,荀子憑此「心」的能力而能達致「化性起偽」,成就「善偽」。[6]唐毅君先生這一詮釋取向,雖然能把荀子的價值根源(善的根據)收歸於「心」的觀念內,並把荀子的邏輯與經驗論的意味也全繫於「心」的概念內,但卻有「統類心」概念上的曖昧不清的問題,即:「統類心」固然具有「認知」的能力,然其所具有的「意志行

朔:《合理性之尋求:荀子思想研究論集》(臺北:臺灣大學出版中心,2011年),頁439-454)

[5] 唐君毅:《中國哲學原論(導論篇)》,《唐君毅全集》第十七卷(北京:九州出版社,2016年),頁98。

[6] 唐君毅先生曾言:「荀子之心,即只在第一步為一理智心,而次一步則為一意志行為之心。此意志行為之心,乃能上體道而使下貫於性,以矯性化性者。」(唐君毅:《中國哲學原論(導論篇)》,頁99。)

為」的能力又是怎樣一回事呢？此處仍未能論析得清楚透澈。[7]本文即試以唐君毅先生對荀子「性惡善偽」的詮釋為脈絡，析論以「統類心」作為理解荀子「性惡善偽」的作用及問題。另外，本文也會嘗試從當代荀子學的詮釋中的「性」、「偽」、「心」等概念的討論，論析唐君毅先生對荀子「性惡善偽」之詮釋作出可能發展與作進一步討論。

二　唐君毅先生對荀子「性惡善偽」之詮釋

（一）唐君毅先生論荀子的「性惡」

唐君毅先生詮釋荀子的「性惡」乃先把荀子的「性」定為「待變化者」，再從「性偽二分」的架構和「欲轉化之」的辯證思維來衡定荀子言「性惡」的意義和取向。

唐君毅先生據〈正名篇〉所言：「生之所以然者謂之性，性之和所生，精合感應，不事而自然謂之性。」和〈性惡篇〉說：「性者，天之就也。……不可學，不可事，而在人者謂之性。」兩段文字，指出荀子言「性」本無善惡之義，僅屬於自然之天性，其言：「荀子之言性，乃分出此心之慮積能習，一切待學待事而成者，而屬之於人偽；而唯以天之就之不可學不可事，而自然者，方屬之於天性。然此一分別中，固未涵性必惡之義也。」[8]

既然荀子言「性」初並無惡之義，其又何以言「性惡」呢？唐君毅先生認為荀子言「性惡」實質是相對於「人之偽」來說，即荀子的「性惡」僅從「性偽二分」的對照而顯見的。唐君毅先生說：「吾今

---

[7] 東方朔先生即形容唐君毅先所說的「統類心」為「頗為曖昧」的概念。東方朔：《合理性之尋求：荀子思想研究論集》，頁178。

[8] 唐君毅：《中國哲學原論（原性篇）》，《唐君毅全集》第十八卷，頁39。

之意,以為荀子所以言性之惡,乃實唯由與人之偽相對較,或與人之慮積能習,勉於禮義之事相對較,而後反照出的。故離此性偽二分者所結成之對較反照關係,而單言性,亦即無性惡之可說。」[9]

然而,這種「性偽二分」的說法如何對較反照出「性惡」呢?唐君毅先生認為「人之偽」即是「人之慮積能習所依之禮義文理之理想」,而「性惡」即是「未轉化之現實」;相對於「禮義文理之理想」,「未轉化之現實」便成為一種「不善而惡」。換言之,唐君毅先生認為荀子言「性之惡」實際乃是相對於「道德文化上之理想主義」而已。其言:「此中性偽所結成之對較反照關係,實即在人之慮積能習所依之禮義文理之理想,與此理想所欲轉化之現實間之一對較反照關係。……荀子之性惡論,不能離其道德文化上之理想主義而了解。」[10]

荀子的「性惡」實質是從「性偽二分」的對照而顯見。那麼,唐君毅先生如何從荀子的思想中析論出「性偽二分」的想法呢?唐君毅先生乃是據〈性惡篇〉的詮釋以證「性偽二分」架構。〈性惡篇〉有言:「然則從人之性,順人之情,必出於爭奪,合乎犯分亂理,而歸於暴;故必將有師法之化,然後出於辭讓,合於文理,而歸於治。」依此,「從人之性」終會「歸於暴」;「師法化之」才能「歸於治」。按〈性惡篇〉對善惡的界定:「凡古今天下之所謂善者,正理平治也,所謂惡者,偏險悖亂,是善惡之分也已。」善惡之分乃據於治亂之別,既然順「人之性」則暴;依「生於偽」則治,「性偽二分」似乎顯而易見。唐君毅先生即認為:「性之所以為惡,乃由人生而有好利之性等,則必使禮義辭讓亡之故;故人欲歸於文理辭讓,必化性而後可。此即一禮義文理與性間之『順此則違彼,順彼則違此』互相對較

---

9 唐君毅:《中國哲學原論(原性篇)》,頁39。
10 唐君毅:《中國哲學原論(原性篇)》,頁39-40。

對反之關係也。故禮義文理善,則性必不善而為惡。」[11]除了從善治惡亂的關係來說「性偽二分」,唐君毅先生又從〈性惡篇〉所言:「今之人,化師法,積文學,道禮義者為君子;縱性情,安恣睢,而違禮義者為小人。用此觀之,然則人之性惡明矣,其善者,偽也。」指出成君子與為小人之別在於一對反關係,此對反關係也是本於「性偽二分」的架構。換言之,唐君毅先生其實是從荀子言善治惡亂之分與君子小人之別,來論證「性偽二分」,從而認定荀子言「性惡」乃是依於此架構而說。

除從「性偽二分」的架構詮釋荀子言「性惡」之外,唐君毅先生又從「欲轉化之」的辯證思維來詮釋荀子「性惡」之說。〈性惡篇〉有言:「夫薄願厚,惡願美,狹願廣,貧願富,賤願貴,苟無之中者,必求於外。故富而不願財,貴而不願勢,苟有之中者,必不及於外。用此觀之,人之欲為善者,為性惡也。」正在於「人之性」沒有「善」才會「欲為善」,這種「欲為善」就正是「惡」的意思,對這種「欲轉化之」的說法,唐君毅先生解釋說:「人之欲為善,正孟子所持之以言性善者。如由人之能欲義甚於生,即孟子之所以證性善也。……今荀子乃緣此人之欲善,以言性惡,正見其唯在『人所欲之善』與『其現實上之尚無此善』,二者互相對較對反之關係中,以所欲之善為標準,方反照出其尚未有善之現實生命狀態之為惡;正如人唯因有貴者在其意念中,而為其所慕,乃自知其為賤者是也。」[12]換言之,僅說「不善為惡」或「未善即惡」來理解荀子的「性惡」還是不充分的,荀子「性惡」的實義乃是以「欲善」並且「現實上尚未善」的對反關係來理解,「欲善」之意雖可算作「善」,但現實上尚未

---

11 唐君毅:《中國哲學原論(原性篇)》,頁40。
12 唐君毅:《中國哲學原論(原性篇)》,頁41。

有所欲達之「善」，則仍不能算作「善」，甚至反照而應稱為「惡」。唐君毅先生更直言荀子對「欲轉化之」的認識比較孟子更為深切：「此所欲轉化者，對吾人之道德文化理想所在之禮義言，即為一負面者。故前者為善，後者即為不善而為惡。此非謂離此人之理想，人之天性之能自稱為惡也。在此人已有此一道德文化理想之情形下，對此理想之實現，必待於人對於其現實生命之狀態能有所轉化之義，荀子之所認識者，實較孟子為深切。」[13]

綜言之，唐君毅先生詮釋荀子的「性惡」，乃從「性偽二分」的架構而論證。「性惡」乃是對較對反照於「善偽」來說；從「欲轉化之」的辯證思維，則見「性惡」乃在於相對於道德文化理想的現實狀態而當作「不以之為善，當以之為惡」。

（二）唐君毅先生論荀子的「善偽」之根據：統類心

唐君毅先生並未有特意詮釋荀子的「善偽」，卻有從荀子思想的整體詮釋其能達致「正理平治」（善）的「人文統類之道」系統。唐君毅先生說：「荀子言聖王，則重在盡倫盡制，以成客觀人文之統類，則非重在一一具體之事，亦非只重在心，而重心之知通統類，行成統類，使世由偏險悖亂，而致正理平治，以成就人文世界之一一具體事，使皆合於禮義，而後人得最為天下貴。」[14]又有從析論荀子思想非以「性惡」為主而應該以「心」為其思想核心。唐君毅先生說：「直接由荀子之言性惡之理論，則只證明荀子之視性為待變化者。然其所以當變化之理由何在，及變化之力之自何來，與荀子整個政治文化之思想，全不能由其性惡觀念以引出。則謂荀子之思想中心在性

---

13 唐君毅：《中國哲學原論（原性篇）》，頁42。
14 唐君毅：《中國哲學原論（原道篇卷一）》，《唐君毅全集》第十九卷（北京：九州出版社，2016年），頁342。

惡，最為悖理。以吾人之意觀之，則荀子之思想之核心，正全在其言心。」[15]依此而說，唐君毅先生雖未有特意詮釋荀子的「善偽」（尤其是「偽」的意義），但實已從「人文統類之道」開展了「善偽」的架構，更從「統類心」來確立了「善偽」的根據。對應於「以心治性」的說法，唐君毅先生所提出的「統類心」如何對治於「性惡」，則「統類心」怎樣達致「化性起偽」呢？唐君毅先生先提出荀子思想系統的核心在於心，而荀子「心」的特徵在於「知通統類」（即知類〔辨類〕與明統〔知統〕之義），即能夠「知道之為道」與「心能自作主宰」的作用，從而對治於「性惡」。唐君毅先生說：「在荀子，則就心之前治人性之惡，而在人生所表現之力量看，便覺心能升亦能降，能知道中理而欲善，亦可不知道中理而不欲善。」[16]然而，究竟唐君毅先生以甚麼理由論證荀子的「心」為「統類心」呢？「統類心」實際上依甚麼的步驟來致「化性起偽」呢？

唐君毅先生屢屢提及荀子之學的核心乃在於「心」，其言：「荀子言人為之事與善行善德之所以成，在人之能用其天官與天君之心，而心為天官之主。故荀子之學要在教人用心以知道行道。」[17]又說：「以吾人之意觀之，則荀子之思想之核心，正全在其言心。」[18]對於荀子的「心」之義，唐君毅先生提出以「統類心」作標識。所謂「統類心」，即此心具知類與明統之義。唐君毅先生以〈解蔽篇〉為主的文本詮釋，及從孟、墨、莊所言「心」義的比較之下，而認定荀子的「心」為「統類心」。

首先，唐君毅先生之所以言荀子的心為「統類心」，在於〈解蔽

---

15 唐君毅：《中國哲學原論（導論篇）》，頁91。
16 唐君毅：《中國哲學原論（原道篇卷一）》，頁98。
17 唐君毅：《中國哲學原論（原道篇卷一）》，頁346。
18 唐君毅：《中國哲學原論（導論篇）》，頁91。

篇〉言心既重於「心之虛靜」，又重於「心之能一」，即「虛壹而靜」也。〈解蔽篇〉有言：「人何以知？曰心。心何以知？曰虛壹而靜。心未嘗不臧也，然而有所謂虛；心未嘗不兩也，然而有所謂一；心未嘗不動也，然而有所謂靜。……虛壹而靜，謂之大清明。」

依此，唐君毅先生乃分述「心之能一」與「心之虛靜」的兩種特質而論「統類心」：

其一，「心之能一」在於「心」不單是指能專精於一事或一物，更能統攝數種一事或一物而作一類別以一貫統。唐君毅先生說：「而其能一，則見於其能『不以夫一害此一。』其不以夫一害此一，一方使心能專於一事，如為農、為工、為商；一方亦能使人專精於道，『不能此三技，而可治三官。』故人心之一於道，即能贊稽物。此一於道，以贊稽物之心，即為一純粹之統攝數一而貫之之心。」[19] 所謂「以贊稽物」意即能按不同類別的事物而各歸其位。不過，究竟依甚麼標準而作歸類綜攝呢？這就涉及唐君毅先生說荀子言「心之虛靜」。

其二，「心之虛靜」的「虛」，即謂「心」能不以已有的識見妨害容納各種新的知識或道理，此即「不以所已臧害所將」之義；「心之虛靜」的「靜」，即謂「心」處於一種心靈擺脫幻想或夢境、如平靜的水之狀態，此即「不以夢劇亂知」之義。在「心之虛靜」的功能下，就能「知」道。唐君毅先生說：「唯以人心能虛能一，又能不以夢劇亂知而靜，故人心能大清明以知道。而荀子之所謂知道者，……此整個是一對於萬物萬事各得其位，而通於度上，兼加以綜攝貫通之心。此中不只有一類事物，為吾人之所知，而是吾人之心之同時肯定各類事物，求知各類事物，而心為各類事物之知所輻輳。依於心『處於今而論久遠，坐於室而見四海』之大，更知進而求『以類度類』，

---

[19] 唐君毅：《中國哲學原論（導論篇）》，頁94。

而能『以微知明』,『以一知萬』,『以近知遠』『古今一度』,則可直下在人之當下之心中攝天下古今之『仁義之統』(即德性之統),『詩書禮樂之分』(即人文之類)於其內,以成『天下之大慮』,『長慮顧後而保萬世』,如其榮辱篇所言。心之大慮,即包裹宇宙大理或道而制割之之『大慮』。」[20]從「未得道而求道者,謂之虛壹而靜」來說,唐君毅先生乃謂荀子的「心」實為「統類心」,意即謂從「一」言其能知類;從「虛靜」言其能明統諸類之理。唐君毅先生言:「荀子此處所言之統類心,所以能統攝多類事物,而制割大理,為道之工宰;其關鍵正在荀子之心,一方為能依類以通達之心,一方又為至虛之心。以其心能虛,故能知一類事之理,又兼知他類事物之理,而綜攝之,心乃成統諸類之心。」[21]

其次,從孟、墨、莊所說的「心」與荀子所言的「心」作比較之下,突顯出荀子的「心」乃為一「統類心」。[22]

從與墨子的「心」之比較來看,荀子的「心」同樣具有重「知」與外接於物的一面,由此而有重辨於類與明類,荀子即有所謂「心有徵知」,從辨於類與明於類的特質來看,更有著重於理由以及推論的明辯,是以荀、墨皆特重於論辯。然而,荀子的「心」之「知」還是

---

20 唐君毅:《中國哲學原論(導論篇)》,頁94。
21 唐君毅:《中國哲學原論(導論篇)》,頁95。
22 荀子的思想實有從戰國時期的非儒家思想中吸收可資發展儒家思想的思想,也有回應當時非儒家思想對儒家思想責難的說法。孫偉先生指出:「從《荀子》和其他文本的詳細比較分析中,我們能夠看出荀子和這些非儒學派思想家在一些重要問題上的相似點,以及這些非儒學派思想是怎樣被荀子用來發展儒家學說,使之能夠更加適應時代的需要,從而更有效地實現儒家的道德和政治理想。……荀子不僅繼承了儒家的傳統,而且將其他學派傳統,如道家、墨家和法家融合入自己的哲學。」(孫偉:《重塑儒家之道──荀子思想再考察》〔北京:人民出版社,2010年〕,頁1-2)從比較各家思想而顯出荀子的「心」之特殊性這一角度來看,唐君毅先生論荀子之「心」為「統類心」似乎更有突顯出荀子對非儒家思想的吸收與回應的理論效果。

有別於墨子的「心」，荀子的「心」還兼具有自作主宰之義，從而為一「明統心」。唐君毅先生說：「荀子之言心，畢竟有大異於墨莊者，則在言心之知，不只是一知類心，而兼是一明統心。荀子言心，亦不只為一理智心及有實行理智所知者之志之心，如墨子之所說；而實為一能自作主宰心。」[23]

從與莊子的「心」之比較來看，荀子的「心」同樣具有重「虛靜」的治心工夫之一面，莊子有人心道心之分，荀子同樣有心的中理不中理之別。可是，荀子的「心」不止重「虛靜」的一面，還重於「壹」的工夫，即心作為自作主宰的工夫，更能「出令而無所受令」，持統類或建立社會的統類秩序。唐君毅先生說：「荀子言心之『虛靜』之工夫，必與『壹』之工夫相連。而荀子之虛壹而靜之工夫，則又不只成就一個靈臺之光耀，且為本身能持統類秩序，以建立社會之統類秩序，以成文理之心。」[24]

從與孟子的「心」之比較來看，荀子的「心」同樣言養心治性之工夫，孟子言思誠的工夫以養浩然之氣並化道謂聖，荀子也有所謂「養心莫善於誠」的工夫及「神莫大於化道」的境界。但是，荀子特重「性之惡」與「心性分言」，在養心的工夫上即從治性、解蔽、澄清而守道，更特重心之「知」的一面。唐君毅先生說：「孟子之言心，只重對心之直養工夫，以使此心性之流行，如源泉混混，不舍晝夜。荀子言性惡，言人心之危道心之微，言心術公患，在有所蔽惑而淪於昏濁。故荀子言養心，特重自加澄清之工夫，以使『湛濁在下，而清明在上』，堪能知道而守道。」[25]

綜言之，唐君毅先生說荀子的「心」為「統類心」，固然有從

---

23 唐君毅：《中國哲學原論（導論篇）》，頁92。
24 唐君毅：《中國哲學原論（導論篇）》，頁92。
25 唐君毅：《中國哲學原論（導論篇）》，頁92。

《荀子》中諸其具有「知類兼能明統之心」的根據。然而，唐君毅先生說荀子的「心」為「統類心」也有從墨、莊、孟等言的「心」作比較而說，一方面特顯荀子「統類心」之特殊處；一方面也顯出荀子言心乃吸納前者之說並有所增益。唐君毅先生曾說：「荀子之言心，正是一方有類於前三家之說，則又有所增益。其論心之所以為心，與修養此心之工夫，皆有較三家為加密處。」[26]

（三）唐君毅先生論荀子的「善偽」之可能：統類心的工夫

說明唐君毅先生言荀子「心」為「統類心」後，則還應該討論：「究竟荀子的『統類心』如何對治於『性惡』而『起偽』呢？」的問題，對此，唐君毅先生乃從「統類心」之「理智心」與「意志行為之心」兩方面而說，指出「統類心」具有「可以為善去惡的能力」，並能「知道、體道而行道」。

唐君毅先生認為，緣於荀子的「統類心」具有「理智心」一面，其根本性質在「知道」，在「通統類」，致使「心」僅從「知」與外接物而統類，加以實踐下才能得「善」，「心」不能直接說「欲為善」，只能欲求「知道」；又因荀子的「統類心」具有「在外觀心」的特性，即唐君毅先生所言：「其所謂心，乃以智為主。智之為智，即可宛若自立於此心外，以觀此心與其外者之關係。……則只依智觀心，必不免將心與其外之人性之惡之關係，相對而觀。」[27]依此來說，荀子僅能言「心」可以為「善」，而在實際上未能必然地為「善」，遂不能直言「心善」，是以唐君毅先生認為荀子的「統類心」僅能言具有「可以為善去惡的能力」，而未敢輕言「心善」，即不一定必然地為「善」。此即唐君毅先生所說：「荀子之所以不說人心之性善者，則以

---

26 唐君毅：《中國哲學原論（導論篇）》，頁92。
27 唐君毅：《中國哲學原論（導論篇）》，頁99。

彼說人之欲為善,不過『可以為善』,如『塗之可以為禹』。可以為,未必實為,則欲為善不必實善,故終不說人心之性善。」[28]

唐君毅先生認為,由於荀子的「統類心」也具有「意志行為之心」一面,其根本性質在「能自作主宰」,此「能自作主宰」之義在於能從「知道」的作用,再作「主宰」以轉化「性」,從而達致「善」。唐君毅先生認為這一「能自作主宰」的作用能引申出荀子的「心」具有一「向上之能」,而這一「向上之能」實又能從荀子言「人之欲為善」來論證出來,唐君毅先生說:「《荀子・性惡篇》,承認『人之欲為善』。夫人性既惡,欲為善者誰耶?則此只能是指人心之自有一超拔乎惡性,以求知道中理而為善之『能』也。此處豈不是反證人心之性善耶?」[29]當然,由於荀子囿於「統類心」的「在外觀心」之特性,他並未能實言此中的意涵:「心善」。可是,唐君毅先生一再指出荀子雖不直接言「性善」,卻言為善之「能」,這種「能」遂由荀子的「統類心」而開展出一套由「致誠而明」的為「善」之工夫。其言:「荀子雖未嘗明言心善,然循荀子所謂心能自作主宰,自清其天君,以知道體道而行道上說,則仍不得不承認荀子之所謂心有向上之能,如上所說。所謂向上之能,乃由下直升,至其所謂性情之上,以知統類之道;而實行此道,以轉而制化性,以成善行者。由是而荀子之心,即只在第一步為一理智心,而次一步則為一意志行為之心。此意志行為之心,乃能上體道而使之下貫於性,以矯性化性者。」[30]

唐君毅先生從「統類心」的「理智心」,一面言荀子能說「心」具有「知道」的可能;從「統類心」的「意志行為之心」,一面言荀子能說「心」具有「體道並行道」的可能。至於「統類心」是以怎樣

---

28 唐君毅:《中國哲學原論(導論篇)》,頁98。
29 唐君毅:《中國哲學原論(導論篇)》,頁98。
30 唐君毅:《中國哲學原論(導論篇)》,頁99。

的具體工夫來作出「化性起偽」的效果呢？以「誠」的工夫為例，[31] 荀子乃在於對自然之性的深切理解（積累），從而轉化自然之性以達致所謂「天德」的境界。唐君毅先生說：「於是荀子養心之道，遂不似孟子之重念念充達，要在念念積累，以使之趨於堅固。荀子之言誠，亦不似孟子之重在直繼天道之誠而思誠，以為人道之反身而誠。而要在由知道而守道行道，以措之於矯性化性之行。而此誠之工夫，則為致誠固誠篤之工夫。由誠固誠篤之工夫之彰著，而人之精神即下化自然之性，而心之知道之知，亦下貫而條理此自然之性，此知之明，亦徹於此自然之性。故孟子之思誠，乃直明此誠。荀子之致誠，乃由致誠而明。」[32]

綜言之，唐君毅先生論荀子言「善偽」之可能，先從荀子思想重心乃在於「心」，以荀子言「心」既重於「心之虛靜」，又重於「心之能一」，而說其為「統類心」；在「統類心」的既重「知道」又重「通統類」的「理智心」之特性下，荀子並不能直說「性善」，僅能表達出可以為善的「能」，且這種為善的「能」只算是一種潛能，而未必是「實能」；荀子遂以「統類心」的「意志行為之心」的特性（主宰性）來「知道、守道、行道」，並制措來矯性化性，成善行。

（四）唐君毅先生詮釋荀子「性惡善偽」之特色

唐君毅先生對荀子「性惡善偽」的詮釋，乃本於他一貫以「即哲學史以言哲學」（或「本哲學以言哲學史」）的進路。所謂「即哲學史

---

31 唐君毅先生論荀子以「統類心」成就「善偽」之可能，還包括多方多層的論述，尤其是從「統類心」而達致「人文統類之道」，見於唐君毅：《中國哲學原論（原道篇卷一）》，本文重點在於揭示出以「統類心」作為成「善偽」之可能，故僅略以「誠」之工夫作一例。
32 唐君毅：《中國哲學原論（導論篇）》，頁99。

以言哲學」的進路，實即：「唯是即哲學思想之發展，以言哲學義理之種種方面，與其關聯著」[33]，唐君毅先生以這一進路來展現中國哲學的義理的目的在於：「既欲見中國哲學義理有不同之型態，實豐富而多端，而又欲其合見整個中國哲學之面目，故吾書之說明中國哲學義理之道，既在察其問題之原，名辭義訓之原，思想義理次第孳生之原；而吾於昔賢之言，亦常略跡原心，於諸家言之異義者，樂推原其本旨所存，以求其可並行不悖，而相融無礙之處。」[34]這一目的具體展現了唐君毅先生對各種哲學系統的入乎其內、出乎其外的理解力和洞察力，也成就了《中國哲學原論》一書三篇六卷的宏大架構論著。然而，唐君毅先生的《中國哲學原論》不單形成一宏大架構，在個別哲學家的思想詮釋上也展現出其獨到之處，唐君毅先生自言：「吾書于每章每節，皆時具新意，以疏釋疑滯。然皆不宜斷章而直取，唯可隨文以順求，方可於此義理之天地中，得峯迴嶺轉，前路以通之趣。」[35]這種宏觀的理解與獨到的洞察可以從唐君毅先生對荀子「性惡善偽」的詮釋中窺見。

從「統類心」的詮釋來看，唐君毅先生徵定荀子的心為「統類心」固然有《荀子》文本上的根據，但更重要的是唐君毅先生「即哲學史以言哲學」的詮釋進路，宏觀地比較了孟子、墨子、莊子、荀子的「心」後，對照於三家的異同，才清楚表明荀子既有同於三家之處，更有別於三家之處。從哲學史的時序來看，荀子面對的時代課題有別於孟子，甚至對於孟子言「性善」以顯儒家思想的說法抱懷疑，荀子要回復儒家「禮義之統」，遂吸收各家之說，如莊子所言的「虛壹而靜」，然而，這樣的吸收卻不是照單全收，乃是有所增益並改造

---

33 唐君毅：《中國哲學原論（原性篇）》，頁4。
34 唐君毅：《中國哲學原論（導論篇）》，頁3。
35 唐君毅：《中國哲學原論（原性篇）》，頁9。

的，此即唐君毅先生所言:「荀子之言心,正是一方有類於前三家之說,則又有所增益。」³⁶

從「心善」或「性惡」的詮釋來看,首先,唐君毅先生從「欲轉化之」的辯證思維來詮釋荀子「性惡」之說,認為「性惡」乃在於「欲善」並且「現實上尚未善」的對反關係來理解,「欲善」之意雖可算作「善」,但現實上尚未有所欲達之「善」,則仍不能算作「善」,甚至反照於道德文化而應稱為「惡」;其次,唐君毅先生以「統類心」的「以外觀心」特點言荀子在理論上未能言「心實善」;最後,唐君毅先生以「人之欲為善」來論證出荀子的「心」具有一「向上之能」,從而引證出荀子的「統類心」除「理智心」外,還具備「意志行為之心」。這正是唐君毅先生詮釋荀子「性惡善偽」的獨到之處,也可謂是其所言「每章每節,皆時具新意」的地方。此中可見,唐君毅先生在詮釋荀子「性惡善偽」時以辯證式思考而致的獨特視角,東方朔先生曾說:「唐先生之詮釋(按:即荀子「性惡」的詮釋)頗顯獨特,也有道理,在某種意義上表現出『依義不依語』之特點,他從對人的現實生命的下墮現象的關注而認為荀子言性惡『實較孟子為深切』,想必也是有感而發。」³⁷

三 論唐君毅先生詮釋荀子「性惡善偽」之可能發展及進一步討論

唐君毅先生在詮釋荀子「性惡善偽」時,固然體大思精、深微透闢,頗能闡發荀子言「性惡善偽」的深義。然而,這是否代表唐君毅先生的詮釋可以毫無誹議之處呢?答案恐怕並不盡然。在當代荀子學

---

36 唐君毅:《中國哲學原論(導論篇)》,頁92。
37 東方朔:《合理性之尋求:荀子思想研究論集》,頁153。

的詮釋中，對於《荀子》中的「性」、「偽」、「心」等概念皆有極為豐富的討論，而這些論析實又可以對於唐君毅先生「性惡善偽」之詮釋作出可能發展與進一步討論。另外，也從唐君毅先生與牟宗三先生對於荀子「性惡善偽」詮釋的比較來看，唐君毅先生以「即哲學史以言哲學」進路詮釋荀子「性惡善偽」的合理性。

（一）從「性」與「偽」之二義來看唐君毅先生「性惡善偽」的詮釋。

關於《荀子》言「性」，當代荀子學的討論主要從〈正名篇〉的「生之所以然謂之性」與「性之和所生，精合感應，不事而自然謂之性」指出「性」具有兩層的意義。[38]馮耀明先生說：「第一個（未及物的）『性』字的用法是指人所生而有的『本始材樸』的性能（〈禮論〉），包括人的本能及生理上的基本需要；而第二個（已及物的）『性』字意義乃表示此性能在接物時『感物而動』所生之自然反應，包括由本能及生理需要而衍發出來的各種生理和心理欲望。」[39]又從〈正名篇〉言：「性者，天之就也；情者，性之質也；欲者，情之應也。」指出第一個（未及物的）「性」可稱為「情性」；第二個（已及物的）「性」則可稱為「欲性」。這一區分的重要性在於從文本的詮釋上為荀子的「性」作出合理的多樣化理解，即荀子言「性惡」自有其未為善惡可分的自然本性一面（即「情性」），也有為到作為與「偽」

---

38 關於論說《荀子》的「性」字具有兩層意義的現代學者，至少有徐復觀、梁啟雄、廖名春、梁濤、馮耀明、鄧小虎、東方朔等，至於「性」字的兩層意義之實義及兩者的關係，則各自有他們的說法，詳可參考鄧小虎：〈《荀子》中「性」與「偽」的多重結構〉，載於《國立臺灣大學哲學評論》第三十六期，2008年10月。

39 馮耀明：〈荀子人性論新詮：附〈榮辱〉篇23字衍之糾謬〉，載於《國立政治大學哲學學報》第十四期，2005年，頁170-171。

相對的一面（即「欲性」）。[40]

至於《荀子》言「偽」，學者們同樣從〈正名篇〉的「性之好、惡、喜、怒、哀、樂謂之情。情然而心為之擇謂之慮。心慮而能為之謂之偽」和「慮積焉、能習焉而後成謂之偽」指出「偽」具有兩層意義。馮耀明先生說：「相對於後一種『後成』之『偽』，前一種『偽』明顯是『先有』的。前者明顯地意指人內在的心靈活動，一種以思慮抉擇為主要活動的能力。……後一種『偽』則指思慮後經過積習過程而形成的思慮抉擇的成果及人為事功，這也就是〈性惡〉篇一再強調的『性偽之分』中的那種『偽』。」[41]依此，第一個「偽」字，依「心慮而能為之謂之偽」可稱為「能偽」；第二個「偽」字，依「慮積焉、能習焉而後成謂之偽」可稱為「積偽」。這一區分的重要性在於從文本詮釋上為荀子的「偽」作出兩重的理解，即「偽」不單是一種先天能力之「心慮而能」的「能偽」，更是可從後天累積達成之「慮積」的「積偽」。[42]依此，「能偽」作為一種先天的「心」之能力，則為達成「積偽」（禮義），此為禮義的可能根據；相反地，從「積偽」的可能學習來說，亦為「化性起偽」的思想建立了理論基礎。

依上述「性」與「偽」之二義來說「性惡善偽」。荀子言「性

---

40 東方朔直言：「將荀子言性之意涵區分為上述兩個方面，至少對於理解荀子之性惡論具有重要意義，一方面，它排除了對荀子『性』概念簡單的、直觀的理解，另一方面，它也為進一步了解荀子『化性起偽』何以可能在理論上作了必要的鋪墊。」（東方朔：《合理性之尋求：荀子思想研究論集》，頁150。）

41 馮耀明：〈荀子人性論新詮：附〈榮辱〉篇23字衍之糾謬〉，頁180-181。

42 東方朔先生曾說：「對所謂『偽』，在荀子看來，即是心在作思慮別擇之後，由『能』發動成為現實的行動，此一意義的『偽』對人來說具有先有的特點，重在表明『偽』是『一種以思慮抉擇為主要活動的能力』；但荀子又認為，經過反覆的思考鍛鍊和反覆的學習實行而產生的行為結果，也叫做『偽』，這一意義上的『偽』即明顯表現為『成果義』或『人為事功義』。」（東方朔：《合理性之尋求：荀子思想研究論集》，頁174。）

惡」並不是指未及物的「情性」而說,即對於人之性的自然本能或需要並未必然視為「惡」,「情性」之「性」僅為「本始材樸」而已;而已及物的「欲性」之「性」,則會順情性欲望傾向,不加節制下,以至於爭、亂、窮等而為「惡」,即荀子言「性惡」實是本於「欲性」之「性」而說。至於「欲性」之所以為「惡」,則特別是相對於「性偽二分」而說的。荀子言「善偽」可以區分成兩個層次而說。以思慮抉擇為主要活動的「能偽」的「偽」針對的乃是「欲性」之「性」;從反覆的思考鍛鍊和反覆的學習實行而產生的行為結果,即成為「積偽」,進而至隆禮義、起法度。依此「能偽」、「積偽」與「欲性」的對應來說,荀子所言的「性惡」即具有兩重的意義:一是從「生而有好利」、「生而有疾惡」、「有好聲色」等的無節制的、無秩序的欲望傾向說,這等是人心靈的悖亂,此即是「惡」,這是相對於「能偽」作為思慮抉擇的方向來說的「惡」;二是從「順是」欲望傾向而致「爭奪生」、「殘賊生」、「淫亂生」的悖亂於禮義,此即是「惡」,這是相對於「積偽」作為經過積習過程而形成的思慮抉擇的成果所說的「惡」。這等相對於「性偽之分」的「惡」即是〈性惡篇〉所說:「所謂惡者,偏險悖亂也」,其中的「偏險悖亂」依「能偽」與「積偽」之區分,即成為心靈的欲望傾向的無序偏亂之「惡」與具體破懷禮義的後果之「惡」。

綜言之,當代荀子學對於「性」、「偽」二義的討論,是把荀子「性惡善偽」之「性」、「偽」、「善」、「惡」等從文本的詮釋作出了細緻的概念釐清,即「情性」僅是未及物的自然本質之「性」;「性惡」是從「性偽之分」相對於「欲性」而說的「偏險悖亂」之兩種「惡」。反觀唐君毅先生對荀子「性惡善偽」的詮釋,他並未有對於「性」、「偽」作出二義的概念釐清,從當代荀子學對於「性」、「偽」二義之討論正好補足說明唐君毅先生未明晰之說。

唐君毅先生言：「以為荀子所以言性之惡，乃實唯由與人之偽相對較，或與人之慮積能習，勉於禮義之事相對較，而後反照出的。故離此性偽二者所結成之對較反照關係，而單言性，亦即無性惡之可說。」[43]先從唐君毅先生所言的「單言性」而論，認為荀子的「性」乃本無善惡可言的本質機能，是不少荀子學者所同意的（如牟宗三先生），從當代荀子學來說，則此所言的「性」實即未及物的「情性」之「性」。當然，唐君毅先生也注意到荀子所說的「性惡」是相對於「善偽」而論，是以他言荀子之「性惡」主要在於以「性偽二分」來說。再從「性偽二分」的架構而說，唐君毅先生對於「性偽二分」的理解並不是以多重的關係而言，大致來說，唐君毅先生認為「人之偽」即是「人之慮積能習所依之禮義文理之理想」，而「性惡」即是「未轉化之現實」；相對於「禮義文理之理想」，「未轉化之現實」便成為一種「不善而惡」，「性偽二分」即是從「禮義文理之理想」（善偽）與「未轉化之現實」（性惡）作為相對而說。然而，從當代荀子學來說，「性惡」是從「性偽之分」相對於「欲性」而說的「偏險悖亂」之兩種「惡」（心靈的欲望傾向的無序偏亂之「惡」與具體破壞禮義的後果之「惡」），其中「性」、「偽」雖有區分，卻並不是「性偽二分」，此固可補足唐君毅先生對「性」、「偽」義的細緻區別，然唐君毅先生從「禮義文理之理想」與「未轉化之現實」區分「性」與「偽」卻也是未為當代荀子學所注意，即唐君毅先生對於「積偽」的意義具有更深刻的思考，使相對於「積偽」的「惡」，不單止於具體破壞禮義的後果言「惡」，更在於其未能轉化而意欲轉化至「偽」的狀態也算是「惡」。如此來說，依「性偽之分」的說法，荀子所說的「惡」（偏險悖亂）則更可以深化作為三個層次：心靈欲望傾向的無

---

43 唐君毅：《中國哲學原論（原性篇）》，頁39。

序偏亂之「惡」、欲轉化達致禮義而未轉化狀態之「惡」與具體破懷禮義的後果之「惡」。

(二) 從「心之所可」的討論來看唐君毅先生「統類心」的詮釋。

關於「心之所可」，當代荀子學的討論主要據〈正名篇〉所言：「心之所可中理，則欲雖多，奚傷於治？欲不及而動過之，心使之也。心之所可失理，則欲寡，奚止於亂？故治亂在於心之所可，亡於情之所欲。」從中明確表明「心之所可」對於治亂的重要性，也強調心的主宰性。「心之所可」中的「所可」是表達出「心」具有的主宰性，此亦是〈正名篇〉言說「欲不待可得，而求者從所可。欲不待可，所受乎天也；求者從所可，所受乎心也」之意思。這種心的主宰性是相對於人的心靈欲望傾向的無序偏亂，或欲轉化達致禮義而未轉化狀態。那麼，「心之所可」究竟代表著心具有何種能力呢？又「心之所可」在討論荀子的「心」觀念中有何種意義呢？

首先，「心之所可」是對治於「情之所欲」，而「心之所可」必先具有「知」的成分。此即荀子在〈正名篇〉所說的「以所欲為可得而求之，情之所必不免也。以為可而道之，知所必出也。」其中「以為可而道之」的「可」正是「心之所可」，而「可」的考慮正在於「知」。依此，李滌生先生曾言：「『欲』出於情性，它不管可得不可得，只是盲目的反應，『可』出於心知，它是理智的選擇。欲望形成求的行為，是經過理智的選擇認可的。」[44]萬百安（Bryan W. Van Norden）也說：「荀子斷言，一個人的行為不是他的欲望所決定的，而是由他的『心

---

44 李滌生：《荀子集釋》，頁528。轉錄於東方朔：《合理性之尋求：荀子思想研究論集》，頁190。

之所可』所決定的。」[45]許多學者皆認為荀子所言的「心」明顯具有認知的特性（如牟宗三先生說「智識心」或馮友蘭先生說「知慮」），如此，「心之所可」即代表著由心的認知特性來對於「情之所欲」的衡量、考慮、決斷等智性上的選擇。然而，荀子所言的「心」是否僅具有認知的特性，則仍然具爭議的。

其次，「心之所可」是對治於「情之所欲」，而「心之所可」不僅必先具有「知」的成分，更具有「能」的成分。此即荀子在〈正名篇〉所言「所以知之在人者，謂之知；知有所合，謂之智。所以能之在人者，謂之能；能有所合，謂之能。」其中「能有所合，謂之能」的「能」是指心所具有後天積慮學習的能力，此種後天積慮學習的能力正好代表著「心」的主宰性。東方朔先生指出：「就道德修身的角度上說，荀子強調的是，『心』如何對禮義法度的『把握』，此『把握』是結合心之知、能而言，故其又有二義，亦即心不但能知、當知禮義，且能行、當行禮義，故此『知』乃『行』的基礎，而『行』即是『知』之目的，『心』所具有的道德實踐的性格十分明顯。」[46]T. C. Kline III 說：「『心之所可』可以理解為不同於如此這般欲望（desire as such）的動機機制。荀子將『所可』與『知』相聯繫，與我們描述和評價我們的內在動機以及外在情境的認知能力相聯繫……實際情形可能是，『心之所可』表示另一類動機，也許我們可以把它稱作一種『實踐判斷』（practical judgment），它既有認知，又有意動（conative）的因素。」[47]荀子言「心」具主宰性，即「心」具有自主意志的意思。

---

45 Bryan W. Van Norden, "Mengzi and Xunzi: Two View of Human Agency"，轉錄於東方朔：《合理性之尋求：荀子思想研究論集》，頁192。

46 東方朔：《合理性之尋求：荀子思想研究論集》，頁181。

47 T. C. Kline III, "Moral Agency and Motivation in the Xunzi"，轉錄於東方朔：《合理性之尋求：荀子思想研究論集》，頁194。

在〈解蔽篇〉說:「心者,形之君也,而神明之主也,出令而無所受令。自禁也,自使也,自奪也,自取也,自行也,自止也。」依此,荀子言「心」即是身體形骸的主人,也是意識的主宰,所謂「自禁,自使,自奪,自取,自行,自止」即表示心具有意志自由的特性。如此,「心之所可」即代表著由心的認知特性與主宰能力對於「情之所欲」的衡量、考慮、決斷、發動、終止等智性上與意志上的選擇。然而,荀子所言的「心之所可」是否即能達致「善」則仍是未知之數。

再者,「心之所可」是對治於「情之所欲」,而「心之所可」不僅必先具有「知」的認知成分,更具有「能」的主宰性成分,但是,這種心的認知特性與主宰能力卻並不是一定合乎「善」或「惡」,此即荀子明確地說「心之所可中理」或「心之所可失理」。那麼,「心之所可」具有甚麼意義呢?「心之所可」僅提供一個架構,此一架構可理解為:面對「情之所欲」,道德主體中欲望、認知、意志以及動機和目的之間的複雜辯證過程。[48] 而在「心之所可中理」或「心之所可失理」所言的「理」才是達致「善」或「惡」的標準,那麼,究竟「心之所可」的標準是甚麼呢?鄧小虎先生指出:「荀子的簡單答案是『道』,這當然只是一個形式的回答,因為我們可以追問『道』的內容是什麼?人怎樣可以掌握『道』等等。……作者的基本意見是,『道』並非外在於人、先於人的存在,而是人通過自我理解而構建的規範的總稱。」[49] 此義的「道」,實是從「偽」之二義來說,荀子言「心」固具有認知特性與主宰能力,其中具主宰性的「能」即包括具先天義「能之在人」的「能」與後天思慮學習義「能有所合」的「能」,依此,則符合「偽」之二義,「能偽」作為一種先天義「心」之能力,則為達成「積偽」(禮義)之可能理據;「積偽」作一種後天思慮學習義的

---

48 東方朔:《合理性之尋求:荀子思想研究論集》,頁195。
49 鄧小虎:〈《荀子》中「性」與「偽」的多重結構〉,頁15。

「心」之能力,則亦能達成「化性起偽」的依據。如此,作為「人通過自我理解而構建的規範的總稱」的「道」或「理」,則可謂既非外在於人,也不完全單憑人的自我理解而建構之禮義。

最後,在「心之所可」的架構上說,則心所具有的認知特性與主宰能力之間究竟是存在著何種關係呢?是先後的關係?是主導的關係?還是並列的關係呢?東方朔先生指出荀子對於心的意志品格的其中一層意思是:「心之意志自由的迎拒辭受乃以知為基礎,此『知』是知慮之『知』和徵知之『知』。」[50]換言之,荀子言心所具有的認知特性與主宰能力之間是一種以「知」為主導的關係。那麼,何以荀子言心的認知特性與主宰能力之間是一種以「知」為主導的關係呢?此即從荀子以「知」作為「心」的主要特徵,而其主宰能力也是從「知」的特徵來說的。〈解蔽篇〉有言:「凡以知,人之性也;可以知,物之理也。求可以知人之性,求可以知物之理。」此「可以知」正顯出荀子言「心」是屬於一能知、有知的認知心;〈解蔽篇〉再有言:「人生而有知,知而有志……心生而有知,知而有異,異也者,同時兼知之。同時兼知之,兩也,然而有所謂一,不以夫一害此一謂之壹。」由此可見,荀子言「心」雖說其為認知心,也從「有志」的選擇性及「兼知」的包容性顯示出「心」具有其主宰能力,而此種主宰能力是從「知」的「徵知」為基礎的。在〈正名篇〉說:「心有徵知。徵知,則緣耳而知聲可也,緣目而知形可也。然而徵知必將待天官之當簿其類,然後可也。五官簿之而不知,心徵知而無說,則人莫不然謂之不知。」此中的「心有徵知」主要表明「心」具有能知、能辨識、能驗證的作用,從「五官簿之而不知,心徵知而無說」則能見「心」或「天官」所具有對外物的主宰性,而這主宰性正在於「徵知」之後,

---

50 東方朔:《合理性之尋求:荀子思想研究論集》,頁188。

是以從「心之所可」的架構上說,則心所具有的認知特性與主宰能力之間是一種以「知」為主導的關係。

綜言之,當代荀子學對「心之所可」的討論,主要從面對「情之所欲」,道德主體中欲望、認知、意志以及動機和目的之間的複雜辯證過程。在這一過程中,荀子言「心」所具有的認知特徵與主宰能力並非一平衡並列的功能,實是一從認知作為主導的能力。反觀唐君毅先生言荀子的「統類心」具有「理智心」與「意志行為之心」兩方面特性的說法,實與「心之所可」的討論有若干契合之處。

東方朔先生曾表示:「此類觀點(按:即唐君毅先生所說的「統類心」)認為荀子之心能『知道、守道、以禁非道』而認定荀子之心乃是或具德性心,在理論上顯得有些粗糙。荀子之心可以知道、守道、從道,但其所守、所從乃是以『所知』為前提的,而心之『所知』是認識上的真假判斷,心之認知若不以『道』為標準,則其所知並不可靠;荀子之心的確可以作價值抉擇,但此抉擇能力須結合外在禮義法度才有其正面意義。」[51]換言之,唐君毅先生的確掌握到荀子言「心」有「意志行為之心」的要義,但此「意志行為之心」與「理智心」的關係是怎樣?唐君毅先生僅言:「荀子之心,即只在第一步為一理智心,而次一步則為一意志行為之心。」[52]那麼,所謂「第一步」與所謂「次一步」又是本於甚麼準則而釐定呢?這正是唐君毅先生未有詳細論述的地方。首先,從「第一步為理智心」與「次一步為一意志行為之心」的關係來說,從當代荀子學「心之所可」的討論中,我們可以發現荀子的「心」主要是以「徵知」為主導,而其主宰能力即是以「徵知」作為基礎,而「心之所可」即代表著由心的認知特性與主宰能力對於「情之所欲」的衡量、考慮、決斷、發動、終止

---

51 東方朔:《合理性之尋求:荀子思想研究論集》,頁179。
52 唐君毅:《中國哲學原論(導論篇)》,頁99。

等智性上與意志上的選擇。換成唐君毅先生的說法，其言的「第一步為一理智心」即是從「徵知」與「知慮」的認知特性為基礎；而其說的「次一步則為一意志行為之心」即是基於此認知特性才能展示其主宰能力的表現。依此，即可理解唐君毅先生所說的「第一步為一理智心」與「次一步為一意志行為之心」的關係實是以認知特性為基礎，主宰能力為進一步的能力。其次，從「心之所可」的討論中，更可以補足唐君毅先生未能明言「統類心」能「知道、守道、以禁非道」思想，此即「統類心」所能知、能守及以禁的「道」之意思。唐君毅先生所說的「統類心」表示其具有主宰能力，然而，此主宰能力如何能達致判別（實踐判斷）「道」與「非道」呢？此即荀子言「心之所可中理」或「心之所可失理」之問題，依當代荀子學的討論，荀子言「心」所具的主宰性之「能」即包括具先天義「能之在人」的「能」與後天思慮學習義「能有所合」的「能」，依此，則符合「偽」之二義，「能偽」作為一種先天義「心」之能力，則為達成「積偽」（禮義）之可能理據；「積偽」作一種後天思慮學習義的「心」之能力，則亦能達成「化性起偽」的依據。如此，作為「人通過自我理解而構建的規範的總稱」的「道」或「理」，則可謂既非外在於人，也不完全單憑人的自我理解而建構之禮義，此即可補足唐君毅先生所說「統類心」之能「守道、以禁非道」的思想。

（三）唐君毅先生以「即哲學史以言哲學」之方式論證荀子理論之合理性

唐君毅先生對荀子「性惡善偽」的詮釋有別於其同時代之輩，此種差異來自其「即哲學史以言哲學」的詮釋方法。然而，以這種「即哲學史以言哲學」之詮釋進路來說荀子的「性惡善偽」究竟有何種合理性呢？唐君毅先生明言其「即哲學史以言哲學」的詮釋進路，即

「唯是即哲學思想之發展，以言哲學義理之種種方面，與其關聯之著」[53]，這樣的詮釋進路即兼具對哲學思想的歷史性與融貫性的考量，而唐君毅先生對於「性惡善偽」的詮釋之合理性即在於這種歷史性與融貫性的考量。

先從唐君毅先生對於荀子「性惡」的詮釋來說，荀子言「性惡」並非單指「性」為「惡」，而是從「性偽之分」而論，即：相對於「禮義文理之理想」，「未轉化之現實」便成為一種「不善而惡」。何以唐君毅先生會以此「理想」與「現實」的相對比較而詮釋荀子的「性惡」呢？此即唐君毅先生本於「即哲學史以言哲學」的詮釋進路而立論，唐君毅先生認為中國古代言「性」並非從一客觀事物而說其普遍性、殊異性或可能性，實是從自身具體的人生理想所反省，此可從「性」字的原始意義而見[54]，而先秦諸子對於「人性」的討論即以此一哲學史之脈絡作立論。唐君毅先生說：「中國古代思想之尅就人之自身而言人性，則又始自即就人之面對天地萬物、與其人生理想，以言人性。由此所言之人性，在先秦諸子中，或為人當謀所以自節，以成德而與天地參者，如在荀子；或為人當謀所以自盡，以備萬物，上下與天地同流者，如在孟子；或為人當謀所以自復自安，以與天地並生，與萬物為一者，如在莊子。」[55]換言之，從哲學史的發展脈絡看荀子言「性惡」即本於荀子對於人生理想（禮義文理）而論，而非單從〈性惡篇〉言「所謂惡者，偏險悖亂」的後果論說「性惡」。

---

53 唐君毅：《中國哲學原論（原性篇）》，頁4。
54 唐君毅先生說：「溯中國文字中性之一字之原始，乃原為生字。近人傅斯年性命古訓辯證，嘗遍舉西周之金文，以為之證。昔賢亦素多以生釋性之言。生字初指草木之生，繼指萬物之生，而於人或物之具體生命，亦可逕指為生，如學生、先生、眾生是也。」（唐君毅：《中國哲學原論（原性篇）》，頁7。）
55 唐君毅：《中國哲學原論（原性篇）》，頁9。

再從唐君毅先生對荀子「善偽」的詮釋來說，荀子言「善偽」的根據及可能皆本於「統類心」，此「統類心」並不止於「理智心」一面，還具備「意志行為之心」一面，即：「統類心」以認知特性（理智心）為基礎，才能有主宰（意志行為之心）的能力，以致可以「知道、行道、以禁非道」。何以唐君毅先生會認為「統類心」兼具「理智心」與「意志行為之心」呢？此亦即唐君毅先生本於「即哲學史以言哲學」的詮釋進路而立論，唐君毅先生認為荀子之言「心」與「道」絕非全無關係，其言：「道如只為一所知之對象，則既知之，即可完成吾人之知識，人應只有所謂知道，而無所謂行道。然荀子重行道以成治去亂，其知道乃所以為行道，此又何故？又人之行道，道在人所行之內，則人之知道，此道亦當在此知之內。道既兼為所知與所行，則道應為貫通於此知與行者，不可只說為一知識之對象。」[56]唐君毅先生之所以認為荀子言「道」乃兼指「所知」與「所行」是本於「即哲學史以言哲學」的思考模式，對古代聖賢思想家的思想詮釋進至於情志與理智兼備，務求深入體會與理解，從而闡發古代聖賢當說未說的內在義理，其說：「吾今之所謂即哲學史以言哲學之態度，要在兼本吾人之仁義禮智之心，以論述昔賢之學。古人往矣，以吾人之心思，遙通古人之心思，而會得其義理，更為之說，以示後人，仁也。必考其遺言，求其詁訓，循其本義而評論之，不可無據而妄臆，智也。古人之言，非僅一端，而各有所當，今果能就其所當之義，為之分疏條列，以使之各得其位，義也。義理自在天壤，唯賢者能識其大，尊賢崇聖，不敢以慢易之心，低視其言，禮也。吾人今果能兼本此仁義禮智之心，以觀古人之言，而論述之，則情志與理智俱到，而悟解自別。」[57]另外，唐君毅先生詮釋荀子的「心」為「統類心」，實

---

56 唐君毅：《中國哲學原論（原道篇卷一）》，頁347。
57 唐君毅：《中國哲學原論（原性篇）》，頁6-7。

是通過比較墨子、孟子、莊子三家的說法而來，此種比較的方式實是依從「即哲學史以言哲學」的詮釋進路。按荀子所處的戰國時期，荀子從非儒家思想中吸收可資發展儒家思想的思想，也有回應當時非儒家思想對儒家思想責難的說法。如此，詮釋荀子言「心」之概念，則不單止於「心生而有知」，更能清晰此「知」之義在於能「明統」之殊異。

然而，唐君毅先生以「即哲學史以言哲學」的詮釋進路來析論荀子「性惡善偽」之合理性也可比較於牟宗三先生的荀子學詮釋而見。上文曾指出：牟宗三先生認為荀子在「以心治性」（性惡善偽）的「心」乃「智心」，或聖人之偽，其外在之底子是自然主義，卻未必為唐君毅先生所認同。本文認為唐君毅先生未必認同牟宗三先生的判斷的主要理由即在於兩者詮釋進路之分別。簡要地說，牟宗三先生詮釋荀子的問題意識，主要是從「道德主體」的反省而立論。他指出荀子建構的「禮義之統」之可能根據乃在於「以心治性」的「智心」，然而，荀子的「智心」僅是「以智識心，表現思想主體（或知性主體），使人成為理智的存在」，並未有從「以仁識心，表現道德主體，使人成為道德的存在」[58]，即並未從「道德主體」的反省而立論，其所建構的「禮義之統」遂成為「純是外在，而由人之『積習』以成，由人之天君（智心）以辨，由天君以辨，是外在的發明義；由積習以成，是經驗義」[59]，此正是荀子的「大本不立」的問題。[60]至於唐君毅先生詮釋荀子的問題意識，則在於「即哲學史以言哲學」的態度，

---

58 牟宗三：《名家與荀子》，頁195。
59 牟宗三：《名家與荀子》，頁196。
60 關於牟宗三先生詮釋荀子思想的進路討論，可見於伍振勳：《荀子「天生人成」思想的意義新探》（新竹：清華大學博士論文，2005年及楊自平：〈牟宗三先生論荀子禮義之統析辨〉（《鵝湖學誌》第四十三期，2009年）。

為荀子所建構的「禮義之統」提出可以更融貫的說法,以「智心」與「禮義」(道)的關係來說,唐君毅先生明言:「荀子重行道以成治去亂,其知道乃所以為行道,此又何故?……道既兼為所知與所行,則道應為貫通於此知與行者,不可只說為一知識之對象。」[61]即是從為荀子思想提出更具合理性的解釋作為詮釋進路,是以唐君毅先生認為荀子言作為「禮義之統」之可能根據的「統類心」,兼具有「理智心」和「意志行為之心」。依此,可說牟宗三先生對荀子思想所作的詮釋是具批判性的;唐君毅先生對荀子思想所作的詮釋則是具融貫性的。撇開孰是孰非不談,唐君毅先生對於荀子「性惡善偽」的詮釋至少提供了一個不同又具合理性的說法。

四 結論:「即哲學史以言哲學」論析「性惡善偽」的可能

　　唐君毅先生對於荀子「性惡善偽」的詮釋進路可分別從「性惡」與「善偽」兩面而說。唐君毅先生詮釋荀子的「性惡」,先從「性偽二分」的架構而論證「性惡」乃是對較反照於「善偽」來說;又從「欲轉化之」的辯證思維,則見「性惡」乃在於相對於道德文化理想的現實狀態而顯現的。唐君毅先生論荀子言「善偽」之可能,則從荀子思想重心乃在於「心」,以荀子言「心」既重於「心之虛靜」,又重於「心之能一」,而名其為「統類心」。在「統類心」的既重「知道」又重「通統類」的「理智心」之特性下,荀子並不能直說「性善」,僅能表達出可以為善的「能」,且這種為善的「能」只算是一種潛能,而未必是「實能」;荀子遂以「統類心」的「意志行為之心」的

---

61 唐君毅:《中國哲學原論(原道篇卷一)》,頁347。

特性（主宰性）來「知道、守道、行道」，並以制措來矯性化性，成善行。

　　唐君毅先生本著其「即哲學史以言哲學」的宏觀的哲學態度與辯證式思維的獨特的詮釋視角，對荀子「性惡善偽」的詮釋確然得到不少較其同時代學人為突出的洞見，如：從人的現實生命的下墮現象關注，荀子實較孟子更為深切；從「欲轉化之」的辯證思維來理解「欲善」之意雖可算作「善」，但現實上尚未有所欲達之「善」，則反而應稱為「惡」；以「人之欲為善」來論證出荀子的「心」具有一「向上之能」，從而引證出荀子的「統類心」除「理智心」外，還具備「意志行為之心」。然而，從當代荀子學的詮釋中，尤其是對《荀子》中的「性」、「偽」、「心」、「善」、「惡」、「知」、「能」等概念皆有極為細緻的論析，依此而論，實在可以補足許多在唐君毅先生的洞見下未有仔細討論的地方，如：「性」、「偽」之二義分析來整合「性惡善偽」的多重結構；以「心之所可」的分析來見「心」的「理智心」與「意志行為之心」的關係。總的而說，唐君毅先生對荀子「性惡善偽」的詮釋，仍然是對予後續者具有極大的啟發性，實在值得後續者循其方法或態度來研究，尤其是唐君毅先生「即哲學史以言哲學」的詮釋進路，既著重情理兼備的態度，又著重哲學史發展的脈絡並重要觀念的比較，從哲學史的清理來說無異是研究古代中國哲學思想的重要進路，而將荀子的「性惡善偽」詮釋置於此一進路來論析自有不止於概念分析的意義。

第四章
論唐君毅先生對早期墨家思想的詮釋

> 墨子之根本義理觀念，或即在其所謂「義」，……其兼愛、尚同、天志、明鬼、節用、非攻、節葬諸篇，無不本「義」以立論。
> ——唐君毅：《中國哲學原論（原道篇卷一）》[1]

一　引論：早期墨家思想的要旨是「兼愛」嗎？

「早期墨家」[2]思想的要旨是「兼愛」，這幾近是漢語學界的一種

---

[1] 唐君毅：《中國哲學原論（原道篇卷一）》，《唐君毅全集》第十九卷（北京：九州出版社，2016年），頁107。

[2] 所謂「早期墨家」，即以「墨經」（即〈經上〉、〈經下〉、〈經說上〉、〈經說下〉、〈大取〉和〈小取〉）為「晚期墨家」之下的墨學思想之早晚期區分。勞思光先生指出：「《經》上下、《大取》、《小取》六篇之時代，既定為莊子之後，《天下篇》之前，則其作者必為墨家之後學。《墨經》及〈大取〉、〈小取〉中之理論及觀點，亦與墨子本人無關，而為後出之研究成績。」（勞思光：《新編中國哲學史（第一卷）》〔桂林：廣西師範大學出版社，2005年〕，頁233。）依此，反映「早期墨家」思想的作品是：首七篇（〈親士第一〉、〈修身第二〉、〈所染第三〉、〈法儀第四〉、〈七患第五〉、〈辭過第六〉、〈三辯第七〉）和十一章的「論文」（〈尚賢〉、〈尚同〉、〈兼愛〉、〈非攻〉、〈節用〉、〈節葬〉、〈天志〉、〈明鬼〉、〈非樂〉、〈非命〉、〈非儒〉）。本文對於「早（前）期墨家」與「晚（後）期墨家」區分，主要目的在於限定研究範圍，即本文並不以「晚（後）期墨家」或《墨經》為探討唐君毅先生以「義」或「義道」來詮釋墨子思想的研究材料，蓋因唐君毅先生對於「晚（後）期墨家」或《墨經》的詮釋實另有一詮釋的脈絡，此即唐君毅先生的〈原辯：墨子小取篇論「辯」辨義〉與〈原辯與默：墨莊孟荀之論辯〉兩篇論文，兩篇論文皆收錄於唐君毅：《中

常識。³勞思光先生的說法具有代表性，其言：

> 墨子思想之中心，在於「興天下之利」。「利」指社會利益而言，故其基源問題乃為：「如何改善社會生活？」此「改善」純就實際生活情況著眼，與儒學之重文化德性有別。故墨子學說第一主脈為功利主義。……對於社會秩序之建立，墨子持權威主義觀點，以為必須下同乎上。此為墨子思想之第二主脈。……由功利主義之觀念，乃生出非樂、非攻之說；由權威主義之觀念，乃生出天志、尚同之說；然而此兩條主脈皆滙於兼愛說中。⁴

依勞思光先生的說法，墨子思想的基源問題是「如何改善社會生

哲學原論（導論篇）》，《唐君毅全集》第十七卷，北京：九州出版社，2016年。唐君毅先生更表明其詮釋墨子思想為「義」道，也是暫不議論《墨經》，其言：「今暫捨墨辯不論，以言今人於墨學大義之評論，蓋皆先平觀儒墨道諸家之學，以論墨學之異於諸家者。」（唐君毅：《中國哲學原論（原道篇卷一）》，頁104。）

3 孟子有言：「墨子兼愛，摩頂放踵，利天下為之。」（《孟子‧盡心上》）又說：「楊氏為我，是無君也；墨氏兼愛，是無父也；無君無父，是禽獸也。」（《孟子‧滕文公下》）依此，「兼愛」常被認定為墨子思想的要旨或根本觀念，梁啟超先生直言：「墨學所標綱領，雖有十條，其實只從一個根本觀念出來，就是兼愛。」（梁啟超：〈墨學的根本觀念——兼愛〉，轉錄於韋政通：《中國哲學辭典》〔臺北：水牛文化事業公司，1993年〕，頁524。）徐復觀先生也說：「墨子的思想，是以兼愛為中心而展開的。『兼』對『別』而言，在墨子為一專用名詞，乃『全體』或『無差別』之意。」（徐復觀：《中國人性論史（先秦篇）》〔臺北：臺灣商務印書館，1990年〕，頁318。）當然，不同意墨子思想的要旨為「兼愛」的也有不少，蔡仁厚先生說：「一般來說，墨學的中心觀念應該是『兼愛』。因為墨子提出每個觀念的根本用心，最後總是歸結到愛利天下、以成就萬民之利。因此，從孟子開始，便以『兼愛』代表墨子的思想，這當然是不錯。不過，『兼愛』觀念仍然是根據『天之意志』而來，所以『天志』纔是墨學中最高的價值規範。」（蔡仁厚：《墨家哲學》〔臺北：東大圖書公司，1993年〕，頁66。）本文的其中一個寫作目的即在於重構唐君毅先生以「義」為早期墨家思想的要旨之詮釋，展示出不以「兼愛」為早期墨家思想的要旨或根本觀念之可能。

4 勞思光著：《新編中國哲學史（第一卷）》，頁217。

活?」而其思想要義是功利主義與權威主義,墨子思想中功利主義與權威主義又可以綜合為「兼愛」,是以「兼愛」即是「早期墨家」思想的要旨。然而,何以勞思光先生認為墨子的「兼愛」思想能夠綜合功利主義與權威主義於一身呢?這是勞思光先生以「基源問題」來詮釋墨子「兼愛」的理論效果。勞思光先生對「兼愛」的詮釋要點有三:一、從《兼愛》的文本分析可以衡量墨子提出「兼愛」的目的是平亂求治,墨子認為「不相愛」為「亂」的成因,其處理的方式是直接地要求將「不相愛」的情況改變為「兼相愛」,這就可以解決問題,這是墨子「兼愛」思想之內部理論脈絡;二、墨子強調「兼愛」乃是可行且具有實效性的主張,此實效性即是功利主義的觀點;三、墨子言「兼愛」的正當性乃是從「天志」與「尚同」作為價值的規範依據,此規範性即是權威主義的觀點。[5] 如是,勞思光先生以其「基源研究法」的方式從早期墨家思想的內部脈絡及《墨子》的文本分析,論證早期墨家思想是以「兼愛」為要旨,並結集功利主義與權威主義於一身。

然而,唐君毅先生卻並不認同早期墨家思想之要旨是「兼愛」,即使唐君毅先生也曾經認同這一論點,及後卻指出早期墨家思想理應當為「義道」,其言:

> 蓋吾初亦嘗主墨子之根本觀念在兼愛,並以兼愛之說之形上學之根據,則在天志。……忽略墨子之根本義理觀念,或即在其

---

[5] 勞思光:《新編中國哲學史(第一卷)》,頁219-220。勞思光先生的詮釋具有很強的文本依據,例如:論證「兼相愛」的目的是平亂求治及其可行並具實踐性的實效性皆可從〈兼愛上〉及〈兼愛中〉找到文本依據;又例如:以「天志」與「尚同」作為價值的規範則可從〈天志中〉找到「天為貴,天為知,而已矣。然則義果自天出矣」的依據。依此,可以說勞思光先生判定「早期墨家」思想為功利主義及權威主義實具有很強的文本根據。

所謂「義」,乃遍查墨子之書,見其除有貴義之專篇首言「萬事莫貴於義」,〈耕柱篇〉巫馬子謂墨子曰「子之為義也……子為之有狂疾」,魯問篇載「吳憲謂子墨子曰義耳義耳,焉用言之哉」等外;其〈兼愛〉、〈尚同〉、〈天志〉、〈明鬼〉、〈節用〉、〈非攻〉、〈節葬〉諸篇,無不本「義」以立論。〈貴義〉篇又謂「為義而不能必,無排其道,譬若匠人之斲而不能,無排其繩」。則義之為道,亦如匠人之繩也,故更言義聖王之道,則墨子之學以義道為本甚明。[6]

依唐君毅先生,「義」作為早期墨家思想的要旨是其理甚明的,即從〈貴義〉、〈耕柱〉、〈魯問〉明言「義」之為要旨外,又可以從〈兼愛〉、〈尚同〉、〈天志〉、〈明鬼〉、〈節用〉、〈非攻〉、〈節葬〉等諸篇找到以「義」所作的立論,更可以從「義之為道,亦如匠人之繩」而見「義」或「義道」實是早期墨家思想的要旨。可是,既然「義」或「義道」為早期墨家思想之要旨是顯而易見,為甚麼孟子及近代學者也明言早期墨家思想的要旨是「兼愛」而非「義」或「義道」呢?更重要的是,唐君毅先生所言早期墨家思想之要旨是「義」,則其所說的「義」之明確意思又是甚麼呢?依此,本文的主要工作即重構唐君毅先生對早期墨家思想的詮釋,主要的寫作目的有二:一是析論唐君毅先生詮釋早期墨家思想要旨為「義」之特殊意義;二是展示唐君毅先生用以詮釋早期墨家思想的「即哲學史以為哲學」詮釋方法之理論效力。[7]本文的具體操作有二:首先,從「理智心」與「義道」來

---

6 唐君毅:《中國哲學原論(原道篇卷一)》,頁106-107。
7 關於唐君毅先生對早期墨家思想之詮釋,無論是唐君毅先生的思想研究或當代的墨學研究都是比較忽略的。本文以「唐君毅先生對早期墨家思想的詮釋」為研究對象,即透過此一比較被忽略的研究領域來展示唐君毅先生獨特的(哲學的或詮釋的)思考方式。

重構唐君毅先生對早期墨家思想體系之詮釋；其次，以當代的早期墨家思想研究，特別是「兼愛」的理論基礎及宗教思想兩方面之研究來討論唐君毅先生以「義道」詮釋早期墨家思想的理論效力。

二 唐君毅先生對早期墨家思想之詮釋

唐君毅先生對於早期墨家思想之詮釋主要從兩方面而說，一是詮釋早期墨家思想的「心」概念為「理智心」；一是論證早期墨家思想之要旨為「義」或「義道」。唐君毅先生嘗言：「吾初於此之所悟者（按：即「為義」與「義自天出」之旨），唯是見墨子諸篇所謂『義』之義，正足涵攝吾前以『理智心』言墨學時所及之義，其次是思此墨家所謂義與所謂兼愛，果是何關係？兼愛與仁義果是何關係？……吾之結論是兼愛雖亦可說是仁，然實則是以義說之仁。」[8]換言之，唐君毅先生對於早期墨家思想的詮釋，實是兼及「理智心」與「義」之兩方面。

（一）詮釋早期墨家思想的「心」為「理智心」[9]

何以唐君毅先生會詮釋早期墨家思想的「心」為「理智心」呢？

---

8 唐君毅：《中國哲學原論（原道篇卷一）》，頁107。
9 關於唐君毅先生詮釋墨子的「心」為「理智心」或「知識心」，方克濤（C. Fraser）先生曾從道德價值（Moral Worth）、兼愛（Inclusive Concern）及道德判準（Justifying Moral Norms）等三方面批評唐君毅先生的詮釋僅屬部分正確而部分則不恰當，他指出唐君毅先生以孟子為「性情心」並在比較之下詮釋墨子為「理智心」實是未能全面地檢視墨子所著重規範倫理學之一面，尤其是未能指出墨子的道德心理學思想也依於「本心」（original mind）立論。C. Fraser, "Tang Junyi on Mencian and Mohist Conceptions of Mind," Contemporary Confucians of the Chinese University, Cheng Chung Yi, ed. *New Asia Academic Bulletin 19*, October 2006: 203-233. 本文部分地同意方氏的說法，即唐君毅先生雖然已提出墨子言『兼愛』的理論起點是「仁心」，但卻未能為早期墨家思想的「兼愛」提出理論基礎之可能。對於這方面的討論，本文將在第三節「論唐君毅詮釋早期墨家思想為「義道」之可能發展及進一步討論」再作討論。

這可謂緣於唐君毅先生撰述一系列《中國哲學原論》的學術心懷：在非西方哲學傳統下為「中國哲學」的特殊性作出重新定位。[10]唐君毅先生明言：

> 中國哲學義理之為義理而說之，亦時須旁通於世界之哲學義理，與人類心思所能有、當有之哲學義理以為言，方能極義之致。然雖曰旁通，吾人又不能徒取他方之哲學義理，或個人心思所及之義理，為預定之型模；而宰割昔賢之言，加以炮製，以為填充；使中國哲學徒為他方哲學之附庸，或吾一人之哲學之注腳。欲去此中之弊，唯有即本文獻，以探一問題之原始，與哲學名辭義訓之原始；亦進而引繹其涵義，觀其涵義之演變；並緣之以見思想義理之次第孳生之原；則既有本於文獻，而義理之抒發，又非一名之原始義訓及文獻之所能限。過此以往，若談純粹哲學，又盡可離考訂訓詁之業以別行，雖徒取他方之哲學義理，或個人心思所及之義理以為論，自亦無傷。[11]

換言之，唐君毅先生論述先秦諸子「心」概念的理由，在於以名辭問題方式來討論中國哲學，亦即在非西方哲學傳統中作出突顯為中國哲學之特殊性的定位工作。其中，唐君毅先生採取的方案是「以哲學義理發展線索為本，以歷史資料，而為佐證」。依唐君毅先生個人

---

[10] 鄭宗義老師曾指出：「自熊十力以降至唐君毅、牟宗三的這一條定位『中國哲學』的線索，主要是通過融通思辨與實踐來建立一具統攝性的『哲學』概念。熊十力以為思辨可以引歸實踐；唐君毅亦謂思維可以成就人在存在界中之行為；牟宗三也曾以橋來比喻概念思考與分解方法而謂『哲學活動』（按：指思辨活動）是在教的範圍內幫助我們的一種疏通，是一道橋，盡橋的責任就是它的界限。」（鄭宗義：《儒學、哲學與現代世界》，石家莊：河北人民出版社，2010年，頁19-20。）

[11] 唐君毅：《中國哲學原論（導論篇）》，頁2。

的見解,亦衡量於西方哲學的思考,中國哲學義理的核心概念乃首當為:理與心,其說:「『原理』者,乃以哲學皆明義理,中國哲學之義理固有種種。……『原心』者,則由於人之知義理必本於理性的心知,而理性的心知,又原有種種。……按西方之近世哲學多自知識論入,然其古典哲學則或自理體 Logos 與理性的心靈 Rational Soul 論起,此書之導論篇始於理與心,亦相類似。」[12]明乎此,則可知唐君毅先生詮釋早期墨家思想的「心」概念為「理智心」或「智識心」即本諸上述的思考背景。至於唐君毅先生具體詮釋之論述即可從三點分述:

　　首先,早期墨家思想特重「心之作用之知之一面」。唐君毅先生直認早期墨家思想並未有特別重視言說「心」的概念,然而,此不特別重視言心實由於早期墨家思想特重於「心之作用之知之一面」,所謂「心之知」,唐君毅先生說:「此心之知,乃以『接於物而明之、慮之、辨之,而知其類,以進而知吾人之知識行與為之類』為性。此其以較不重直接論心也。」[13]即是說,早期墨家思想是從「心」的知識作用或運作而說,是以並未特別探究「心」另外具有其他的意義而多所論說。唐君毅先生又指出早期墨家思想是特別重視言論「知」,在《墨子》內凡見三百多處,並以《墨子‧經上》所言「生,刑與知處」[14]論證墨家思想中的「生命」即以「形骸」與「知」並重,指出早期墨家思想實是特重「心之作用之知之一面」。如是,早期墨家思想著重於「心之知」,則此「知」是甚麼意思呢?唐君毅先生先以後期墨家思想的《墨辯》作為詮釋「知」乃「純粹知識上之知」之依據,再從《墨子》言「心」之說法作印證,其言:

---

12 唐君毅:《中國哲學原論(導論篇)》,頁4。
13 唐君毅:《中國哲學原論(導論篇)》,頁71。
14 吳毓江校注:《墨子校注》,〈經上〉(北京:中華書局,1993年),頁471。

《墨辯》經上之論知曰：「知，材也。」「知，接也。」「恕，明也。」此即言知為能知之才，而又能接物，而明瞭之者。經說上釋知接也曰「知也者，以其知遇物，而能貌之若恕。」此即謂知為認識事物，而得其印象觀念之謂。又釋明也曰「也者，以其知論物，而其知也著。」此即以為對物加以判斷論列之謂。《墨辯》又分知為聞、說、親。親知即直接接物，而能貌之知之之知。說知即由比類，而心不為方所瘴（即不受空間限制），由已知以推未知之推知，聞知即因聞人之言其所親知說知者，而後為我所知之知。此數種知，皆純粹知識上之知甚明。[15]

唐君毅先生依《墨辯》中「知」的詮釋並印證《墨子》書中相關「心」的說法，如「循所聞而得其意，心之察也⋯⋯執所言而意得見，心之辯也」[16]、「慧者心辯而不繁說」[17]、「其心弗察其知，而與其愛」[18]、「心無備慮，不可以應卒」[19]等，發現早期墨家思想言「心」所著重的「皆明為純粹認識上、理智上之能思辨疑難之心」。[20]

其次，與孟子的「性情心」作比較看，則見早期墨家思想的「心」在根本處乃是知識心、理智心（即「智識心」）。唐君毅先生說：

墨子所重之知識心或理智心，與孟子所重之性情心、德性心，其根本之不同，在知識心、理智心所發出之知，其接物也，初為墨子所謂貌之。貌之即認取物之相貌，而形成今所謂之印象

---

15 唐君毅：《中國哲學原論（導論篇）》，頁71。
16 吳毓江校注：《墨子校注》，〈經上〉，頁481。
17 吳毓江校注：《墨子校注》，〈修身〉，頁11。
18 吳毓江校注：《墨子校注》，〈尚賢中〉，頁77。
19 吳毓江校注：《墨子校注》，〈七患〉，頁36。
20 唐君毅：《中國哲學原論（導論篇）》，頁72。

觀念，再本印象觀念以判斷物，則能劃分物之類，並能形成今所謂各類物之概念。此中人心之活動，在根本上為對外物之相貌，有所攝取，以成印象觀念等。而此印象觀念等，則為內在於心者。其重表現於外，唯在人之本之以判斷外物，並將此判斷表之於言。是之謂「以其知論物。」人如不本其知論物，則人之所知，純為私有，非他人所得而見。人以接物而有所知。此有所知，自亦為人之一種由有所感而生之應。[21]

從對外物的認識與判斷來說，則早期墨家思想特重於「以其知論物」的「理智心」實是從形成知識的層面立論，與孟子的「性情心」能兼重知情意有根本性質之不同。依唐君毅先生所言孟子的「性情心」，在「由有所感而生之應」上是截然不同的操作，其言：「由見孺子入井，至惻隱之心，再至此心情之表於援之以手，整個是一開朗之歷程。而此歷程，嚴格言之，乃即見即惻隱，即惻隱即求表之於往援之以手之行為。此中，知情意是三位一體。知是由外達內，意與行是由內達外。」[22]如是，則早期墨家思想以其「理智心」所建構的「辨同異、明是非」、「兼愛」等倫理上的說法，皆不能具備道德價值的意義。

先以「辨同異、明是非」來說，唐君毅先生指出孟子之辨是非是「涵情之是非」，而墨子之辨是非是「不涵情之是非」，其言：「涵情之是非，與不涵情之是非不同，自對象方面說，在涵情之是非，初乃以當前所接之具體人物，或我所作之具體事本身為對象；而不涵情之是非，則初是說某一具體事物是否具某抽象性質，或某類物之是否另一類物，或某一性質是否某一性質。……故不涵情之是非，宜以主賓

---

21 唐君毅：《中國哲學原論（導論篇）》，頁72-73。
22 唐君毅：《中國哲學原論（導論篇）》，頁73。

辭間之繫辭表之;而涵情之是非,則更宜以嘆辭表之。」[23]換言之,從《孟子》與《墨子》在「辨同異、明是非」的用語表達來看,則可以發現早期墨家思想的「心」當為「理智心」。

再以「兼愛」來說,唐君毅先生指出早期墨家思想的「理智心」並非「西方之科學家哲學家之只重求知識」[24],其言:「墨子固為重實行兼愛非攻等道者。墨子及其徒,亦固為極富熱情者。然其所以達此熱情,及其所以主張兼愛非攻等教義,其根據,正在上述之知識心、理智心也。」[25]即是說,早期墨家思想的「心」雖為「理智心」,然而,卻並不純粹從探求知識的層面來說,反而是依於其實行兼愛非攻等的熱情而實踐的形式表現,「理智心」僅作為工具計算的思考而已。唐君毅先生又比較孟子的「性情心」與墨子的「理智心」在具體實踐的表現來說明,其言:「尅就墨子所言之愛親,愛人等中,此愛之情之初發動之際言,亦固原出於孟子所謂性情心、德性心。然墨子兼愛之教所重者,則不在其尚愛,而在其所以言愛,及其愛之必求兼,與其所以倡兼愛之理由。凡此等等,簡言之,即孟子之言『仁者愛人,仁者無不愛也』,初乃就吾人之具體生活上說。」[26]換言之,早期墨家思想中著重「兼愛」,即由其「理智心」的推論,即使早期墨家思想倡議「兼愛」的發生起點與孟子言「仁愛」的始點是相當類近,早期墨家思想所表現出來的實在於為「兼愛」說出種種理由,如「興天下之利」或「合於我之外之天志」,「此皆視兼愛為一『手段』,以達其外之目的,即純為一依於理智心之思想」。[27]如是,則從

---

23 唐君毅:《中國哲學原論(導論篇)》,頁74。
24 唐君毅:《中國哲學原論(導論篇)》,頁74。
25 唐君毅:《中國哲學原論(導論篇)》,頁74。
26 唐君毅:《中國哲學原論(導論篇)》,頁75。
27 唐君毅:《中國哲學原論(導論篇)》,頁76。

孟子的「性情心」能兼重知情意之比較下，早期墨家思想的「辨同異、明是非」是「不涵情之是非」；其倡「兼愛」雖然具有與孟子「性情心」的愛心熱情為始點，然所把握的卻是以種種的外在理由來言說「兼愛」，「落入只求個人功利之理智主義」[28]之誤。依此種種的表現，即可以說明早期墨家思想中的「心」當為一「理智心」。

再者，早期墨家思想言「兼愛」實是依於孔孟所謂仁心之處，卻由其「理智心」之把握，而推理作平等盡愛的思想。然而，早期墨家思想言「兼愛」又是如何依於孔孟之所謂仁心呢？其中兩者的差異之處在哪裡呢？唐君毅先生直言：

> 吾人謂墨子之欲兼愛之心，乃依於一仁心，乃是說其有依於孔孟所謂仁心之處。實則墨子所言之兼愛心，畢竟有大不同於孔孟之仁心者。如實言之，墨子之兼愛心，乃<u>人對依其仁心所發之愛，才加以自覺</u>，即以理智把握之，而順理智心之依類而行，向前直推所成之心。墨子言兼愛，其所以反對儒家仁愛者，一點在反對儒家之先親後疏，親親仁民之「差等之愛」或「倫列之愛」，一點在主張天下無愛不利，而儒家聖人，似可有愛而無利。[29]

依唐君毅先生之言，早期墨家思想言「兼愛」的始點是：「人對依其仁心所發之愛，才加以自覺」，這始點乃從「孟子言『墨子兼愛』，莊子言『墨子泛愛兼利而非鬥』，尸子言『墨子貴兼』」[30]等，而見早期墨家思想言「兼愛」乃先秦諸子所共識，再從「自愛之為愛

---

28 唐君毅：《中國哲學原論（導論篇）》，頁76。
29 唐君毅：《中國哲學原論（導論篇）》，頁77。
30 唐君毅：《中國哲學原論（導論篇）》，頁74。

言，此固是情上事」則可發現，早期墨家思想所重的「愛」之起始是「依其仁心所發之愛」。然而，孔孟與早期墨家雖然同樣依於「仁心」言「愛」，一者說「仁愛」，一者卻說「兼愛」，兩者的差別正在於對「仁」與「兼」二概念的把握。

先言「仁」之概念，唐君毅先生指出：「儒家之仁愛，乃一直體現於吾人之具體生活中，而墨子則順抽象理智之依類而行，以向前直推，以成其兼愛之說。」[31]所謂「依類而行，以向前直推」即是指早期墨家思想從「仁」的具體表現為「利人」，從而直接推論普遍言「仁」必須「利人」，唐君毅先生引用《大取》的「仁而無利愛，利愛生於慮」[32]和《經說上》的「慮也者，以其知有求也」[33]二段，指出早期墨家思想的「仁」（愛）之義：「其謂利愛之說生於慮，蓋由有見於人之愛者，其行事恆歸於利人，遂普遍化為天下無愛不利，不利不足以言愛之理論。此即依抽象理智而推構所成之論。」[34]

再說「兼」之概念，唐君毅先生指出：「墨子則必主兼愛，欲人之愛人之父若其父，愛人之家若其家，愛人之國若其國，盡一切人而一往平等之兼愛之。」[35]所謂「一往平等」即是指早期墨家思想從「兼」的分辨歸類之義，在具體的生活上實踐以「類」為單位的倫理規範，即「吾父是父，他人之父亦是父。我愛我父，則當舉天下之父而平等盡愛之」[36]，唐君毅先生引用《經上》的「兼，盡也，盡，莫不然也。」[37]尤其是「莫不然」即「一往平等」（「全部」）之義，指出

---

31 唐君毅：《中國哲學原論（導論篇）》，頁77。
32 吳毓江校注：《墨子校注》，〈大取〉，頁615。
33 吳毓江校注：《墨子校注》，〈經說上〉，頁468。
34 唐君毅：《中國哲學原論（導論篇）》，頁77。
35 唐君毅：《中國哲學原論（導論篇）》，頁77。
36 唐君毅：《中國哲學原論（導論篇）》，頁78。
37 吳毓江校注：《墨子校注》，〈經上〉，頁474。翻查文獻發現〈經上〉僅存「盡，莫不然也」而未有「兼，盡也」一語。在伍非百著〈墨子大義述〉則有言：「『兼，盡

早期墨家思想的「兼」之義:「由於墨者之本『知慮』,將吾人之具體生活所接之特殊個體之人等,均視作一類中之人,而加以理解,如此則愛其一而不平等其餘,便為悖理。即在理智上講不通者,遂在實踐上為不當有者。而在實踐上當有者,只能為對凡在一類中者,皆一一平等而愛之。」[38]

綜言之,唐君毅先生詮釋早期墨家思想的「心」為「理智心」,主要依據早期墨家思想特重「心之作用之知之一面」,而此「心之作用之知之一面」,與孟子的「性情心」作比較之下,則見早期墨家思想的「心」在根本處乃是知識心、理智心(即「智識心」)。依此,雖然早期墨家思想言「兼愛」之起始可說與孔孟的「仁心」相近,但是,在其「理智心」的操作之下,致使說「仁」即以具體的「利」為要,以「兼」作分別歸類之旨,遂把「兼愛」作成一「平等」規範之愛。唐君毅先生如此詮釋早期墨家思想的「心」為「理智心」,實可以把墨子倡議的「兼愛」作為「理智主義」的規範倫理之思考,而不僅視之為權威主義與功利主義之混合,其詮釋方法的取向則以孟子的「性情心」作比觀,在面對相同的時代背景思考之下,雖同樣地以「仁心」之自覺為思想系統的始點,卻由「理智心」的操作運用致使兩者的主張大異其趣,由此突顯出早期墨家的思想特質。[39]

也。盡,莫不然也。』兼愛,謂盡人而愛之。」(伍非百:〈墨子大義述〉,收入蔡尚思編:《十家論墨》〔上海:上海人民出版社,2004年〕,頁75。)唐君毅先生曾言參閱過該書,其言:「憶昔年讀伍非百氏之墨子大義一書,其書嘗言墨子主兼愛之理由有四。」(唐君毅:《中國哲學原論(原道篇卷一)》,頁118。)在此不難推論,唐君毅先生所引述的可能是據伍非百之書。

38 唐君毅:《中國哲學原論(導論篇)》,頁77-78。

39 需要注意的是,唐君毅先生在討論墨家思想時並未有特別區分早期與晚期墨家思想,是以在詮釋墨家思想為「理智心」上則常以晚期墨家思想的《墨經》作為詮釋的依據。然而,僅從「兼愛」的「兼」義的嬗變來看,則早期墨家與晚期墨家思想上還是有所差異的,劉文清先生指出:「就『兼』與『兼愛』之涵義而言,在前期

(二) 詮釋早期墨家思想的要義為「義」或「義道」

　　唐君毅先生詮釋早期墨家思想的要旨為「義」，並確信這一詮釋可以將早期墨家思想的「心」是「智識心」作為理論基礎。[40]然而，問題是：何以依「智識心」而能把早期墨家思想的要旨定性為「義」呢？又何以把早期墨家思想的要旨定性為「義」而非「理智心」呢？扼要言之，唐君毅先生認為其詮釋早期墨家思想為「理智心」是恰當的，然而，他又顧慮到現存的《墨子》中言及「心」處並不多，斷然以墨家思想要旨為「理智心」似於文獻上的依據有所欠缺，亦不能符合其撰述《中國哲學原論》的心懷，即「有本於文獻，而義理之抒發」之立場，是以唐君毅先生遂轉而以既可涵蘊「理智心」又可於文獻上有所據的「義」觀念，作為詮釋早期墨家思想的要旨。至於唐君毅先生詮釋早期墨家思想的要旨為「義」之具體的論述，下文分列三點論述：

　　首先，從「義」說可涵攝墨子的「理智心」所及的義理。唐君毅先生明言以「義」作為早期墨家思想的要旨是其理甚明的，然而，何以其他人多忽見此義理呢？這是由於從「兼愛」、「天志」作為詮釋墨

墨家，『兼』字兼具合併與相互之二層涵義，前者屬天之層面，謂天兼愛天下，後者為人之層面，言人我彼此兼相愛；至後期則『兼』僅有整全之一義，且隸屬於人之層面，指個人『周愛』人類整體。故藉由『兼』字詞義變化，已可窺見前、後二期兼愛思想的內涵已然產生根本之質變。」（劉文清：〈墨家兼愛思想之嬗變——從「兼」字涵義談起〉，《成大中文學報》第四十二期，2013年9月，頁34。）依此來說，唐君毅先生在詮釋墨家思想為「理智心」是否犯上「不相干」的謬誤呢？本文認為：唐君毅先生的詮釋並沒有犯上「不相干」的問題，即使唐君毅先生多從晚期墨家思想來詮釋早期墨家思想，而早期墨家思想與晚期墨家思想實際上亦具有共通處，尤其是在詮釋早期墨家思想上，後期墨家思想更具有時間性上的優勢。

40　唐君毅先生明言：「吾初於此之所悟者（按：即「為義」與「義自天出」之旨），唯是見墨子諸篇所謂『義』之義，正足涵攝吾前以『理智心』言墨學時所及之義。」（唐君毅：《中國哲學原論（原道篇卷一）》，頁107。）

子的思想體系已為甚完備。唐君毅先生曾言:「蓋吾初亦嘗主墨子之根本觀念在兼愛,並以兼愛之說之形上學之根據,則在天志。由此兼愛、天志之說,即有其非命、非樂、節葬之論,則不得不非儒,遂與儒之思想,成對立之二型。」[41]換言之,唐君毅先生從自己早年的思想來說,僅從「兼愛」、「天志」作為詮釋墨子思想的根本觀念,已經可以次第推衍出墨學所立之其他諸義,如非命、非樂等,更能由此確立儒墨之別。可是,當唐君毅先生詮釋墨家思想的「心」為「理智心」後,卻發現以「兼愛」、「天志」作為詮釋墨子思想的根本觀念,實是忽略了「兼愛之說之人心論上的根據」[42],即僅以「天志」作為權威主義來論述墨子的思想特徵實是未能充分詮釋墨子的思想學說。依此,唐君毅先生遂以「義」來詮釋早期墨家思想,並認為此「義」的觀念既可次第推衍出墨學之其他義理,更可涵蘊「理智心」的義理。至於「義」如何既可作為推衍墨學之諸義的根本觀念,又可涵蘊「理智心」呢?唐君毅先生從儒墨思想同源,儒家即「以仁說義」而墨家則「以義說仁」來作為區分儒墨之別,並論證早期墨家思想之要旨是「義」。

其次,「兼愛」實是「以義說仁」的觀念,從儒墨思想同源來說,更見墨子思想所著重於「義」。所謂「儒墨同源」,唐君毅先生明言:「吾人如謂孔子與儒者之傳為重仁,而墨子正為重義而以義說仁者。此即儒墨雖共本詩書言仁義,其原未嘗不同,而其流終以大別之故。」[43]即是說,在《墨子》一書內所引用的「仁義」之說,與孔子等儒者皆是本諸於詩書,唐君毅先生指出:

---

41 唐君毅:《中國哲學原論(原道篇卷一)》,頁106。
42 唐君毅:《中國哲學原論(原道篇卷一)》,頁106。
43 唐君毅:《中國哲學原論(原道篇卷一)》,頁111。

《墨子》之所謂義以古語釋之，即「天下之公義」，以今語釋之，即一客觀普遍之義道，……此義一名，初固為一公名。言義必及利，在《國語・周語》中，已有其言。《論語》中時言及義。則墨子之貴義，初亦當襲用此公名之義。故於墨學之歷史起原，即不說出於儒，亦必與儒學有同原之處。……按《墨子》書，明多徵引詩書，其立言之三表，一曰必本於上古三王之事，故處處言上古之聖王，亦處處言仁義。[44]

唐君毅先生言「儒墨同源」即從文本上的依據與義理上的相近來說，早期墨家思想中常有引詩書之言，尤其在論述「義」之觀念，更與儒者之說相近；早期墨家思想中的「三表法」，更直接闡明「必本於上古三王之事」而「處處言仁義」。依此，唐君毅先生言「儒墨同源」，除卻時代背景的相近之外，更在於兩者的思想理論的始點，即以「上古三王之事」以言「仁義」。如此，明辨儒墨之別則更能展現兩者在思考方式的差異，唐君毅先生定性這種差異為「以仁說義」與「以義說仁」。

所謂「以仁說義」即是指儒者所言「仁義」實根源於「仁」。從文獻上的依據來說，唐君毅先生指出：「孔子之言雖亦兼及仁與義智者，卻多單言仁，而恆教弟子以求仁之學者。」[45]從義理的闡釋來說，唐君毅先生再指出：「在儒者看，則吾人謂仁愛之心當見於事之有功，此義之當然，仍初在人之知義之當然之心志。故仁在內，而義亦當在內，此孟子之辯義內之旨也。又自儒者言，仁愛之心，固義當求見於事之有功，然事如不成，功若未就，亦不能謂此仁義之心即不存在，

---

44 唐君毅：《中國哲學原論（原道篇卷一）》，頁108。
45 唐君毅：《中國哲學原論（原道篇卷一）》，頁111。

更不能以此疑人之心無仁義,……此即儒者之所以能肯定道德人格之本身價值也。」[46]與此相對,所謂「以義說仁」即是指墨家思想所言「仁義」實根源於「義」。從文獻上的依據來說,唐君毅先生指出:「《墨子》書中雖恆兼言仁義,亦恆單言義而特標貴義之旨。」[47]從義理的闡釋來說,唐君毅先生更明言:「在墨者看,則以仁愛之心既當求見於愛人利人之事功,然後為義,則於無此事功之見於外者,便亦不可稱為仁人義士,……觀墨子本人之意,蓋唯是倡愛人必當求利人之說,以矯當時需者或空談仁義之心之志,而不求事功之弊耳。」[48]依此,唐君毅先生又申論早期墨家思想之「以義說仁」的「義」觀念,即「可客觀化普遍化之理」,其言:「此重愛人之必表見於事功,即重此『仁』之客觀化亦外在化於此事功中,以為人所共見。重此客觀化的『愛』存於客觀之天下,而愛即求兼,並見結果於利。是為墨子之兼相愛交相利之論所由出。所謂客觀化的愛之存於天下,又可同時為一普遍化的愛之存於天下。此理想之所以出現者,則以人對他人之愛,原有可客觀化普遍化之理。」[49]換言之,唐君毅先生所言的「儒墨同源」,即儒墨二家在思想義理上同樣標舉中國傳統文化的仁義之說,而且在早期墨家思想中的「兼愛」更是「仁」(愛人)的表現。然而,早期墨家思想卻以「愛人必當求利人」的現實層面作基準,把其中的「當」(應該)作為「可客觀化普遍化之理」(義),此作為「可客觀化普遍化之理」即早期墨家思想中的「兼愛」實以「兼」為「莫不然」(全部,整體)為要義。唐君毅先生有言:「在墨子兼愛之教中,其言愛雖似孔子之仁道,然實只是以義說仁,而為一義道。吾人

---

46 唐君毅:《中國哲學原論(原道篇卷一)》,頁113。
47 唐君毅:《中國哲學原論(原道篇卷一)》,頁111。
48 唐君毅:《中國哲學原論(原道篇卷一)》,頁113。
49 唐君毅:《中國哲學原論(原道篇卷一)》,頁113。

之意，在一方說明愛固是仁，然愛之必求歸於利，則初只是一當然之義。人之相愛，固初分別出相愛者之仁。然平等的愛的客觀存在的人與我，與愛之必求兼而盡愛之，則初亦只為一客觀的當然之義。」[50] 依此，唐君毅先生闡釋早期墨家思想乃是以「義」為要旨，此「義」即是「可客觀化普遍化之理」；所謂「以義說仁」即是以「愛人必當求利人」作為「可客觀化普遍化之理」（義），並規範「愛人」（仁）的實踐。此即唐君毅先生論述早期墨家思想的要旨為「義道」之義。

再者，墨子雖有「天為義」及「義自天出」之說，[51]似以「天志」為本，即早期墨家思想乃是以「天志」作為理論的根據，所實踐的「義道」乃皆由「天志」為源頭。[52]然而，唐君毅先生指出在《墨子》亦常有天、人、鬼（神）三者並說，如以「義」作貫通三者之統，則「義」在理論上更重要於「天志」，唐君毅先生遂以「義」為早期墨家思想的中心觀念，此即並不止於從「儒墨同源」而早期墨家思想則主「以義說仁」來論證，更從早期墨家思想的系統架構來說明，此思想系統的架構，即天、鬼（神）及人交互關係之「宇宙的義道」。唐君毅先生指出：

> 墨子之諸篇皆言及天鬼，此不容疑。然以此而謂墨學以天志明鬼為本，則似可說，而又實不可說。因墨子之言天鬼，亦與人

---

50 唐君毅：《中國哲學原論（原道篇卷一）》，頁117。

51 墨子：「天為貴，天為知，而已矣。然則義果自天出矣。」（吳毓江校注：《墨子校注》,〈天志中〉，頁303。）

52 唐君毅先生言：「此所謂尚同於天者，即上同於天志，而天志之所在，即在兼愛兼養一切人，而皆利之。故人之行兼愛之道，亦即所以上同於天志，而天志與鬼神之意又正相同。則墨學之諸義，似皆可歸於其言天志明鬼之義，而或乃以墨學之本，即在其天志明鬼之論也。……然以此而謂墨學以天志明鬼為本，則似可說，而又實不可說。」（唐君毅著《中國哲學原論（原道篇卷一）》，頁134。）

並言。其曰「下事人」、「中事鬼」、與「上事天」，明是以天鬼與人，為上中下之三層，而加以並重之論。至貫於此三者，則應別有在。如言「上利於天」「中利於鬼」「下利於人」，即以利為之統。而人之求兼利此三者，則是人之義之所當為，即以義為之統也。[53]

唐君毅先生提出在早期墨家思想中乃以天、鬼（神）與人為三者並存的，在早期墨家思想中雖有「天為知」、「天為義」之說，然而，卻並不否認人與鬼（神）也具有「義」的特質。依此，唐君毅先生遂從「知義、行義」來界定「天」為「全義」；人或鬼（神）乃是或「義」與「不義」之別作區分，是以「義道」比「天志」更能貫徹於早期墨家的思想。唐君毅先生即以三點分析來論證此說法的理論效力，分述如下：

1. 早期墨家思想中論證天或鬼（神）的存在之要義，乃是從天或鬼（神）乃能知「義」並本此「義」行其賞罰。唐君毅先生先指出早期墨家思想中對於天或鬼（神）之存在的論證效力實是極微弱的，以鬼（神）的論證來說，唐君毅先生指出〈明鬼〉中僅列舉歷史的記載來明證鬼（神）為人所共見共信，論證的效力實是微弱，其言：「墨子未嘗疑此所謂人所共見之鬼神，由於人之幻覺或思念存想，亦未嘗疑此詩書所載聖王之鬼神，或亦只為人對其幻覺或思念存想之記載。此外墨子亦並無純理論的論證，或本特殊之啟示，以說鬼神之存在之言。」[54] 又以天為人格神的論證來說，唐君毅先生同樣地指出〈天志〉中以人能之共生養於自然而逆推「天」為一有情感意志的人格

---

53 唐君毅：《中國哲學原論（原道篇卷一）》，頁134。
54 唐君毅：《中國哲學原論（原道篇卷一）》，頁134。

神，論證的效力同樣是微弱，其言：「關於其〈天志〉篇之就天於人之『兼而食之、兼而養之』，以證天之『兼而愛之』，為一有情感意志之人格神，……由此人之耳目所見，人之共生養於此自然之天中，以逆推此為人格神之天之存在，在理論上為無效。」[55]依此，唐君毅先生即認為早期墨家思想雖然明確相信天或鬼（神）的確然存在，但其思想的用心並不在於論證天或鬼（神）的存在，[56]即使其對天或鬼（神）的存在之論證失效，但也無礙早期墨家思想以天或鬼（神）能本於「義」而行賞罰的說法。

2. 早期墨家思中從天、鬼（神）及人之中論述本「義」行賞罰之可能。既然唐君毅先生指出早期墨家思想對天或鬼（神）的存在之論證失效，則又如何可以用天或鬼（神）能本「義」行賞罰之可能呢？唐君毅先生對此義有兩個步驟的論述，第一步驟是從辯證思維的方式來論述早期墨家思想中有效論證「天神之必為兼愛無私者」；[57]第二步驟是從「天能知義而行義，固亦必當有其對為義者之賞，與對為不義之罰」來辯證地指出早期墨家思想中必預設鬼（神）的存在。

先說前者。唐君毅先生指出一般對於天之存在的觀念實是作為：「『廣大之空間，在時間中繼續包涵有種種萬物之相繼生出，而相繼得其養，以存在於此空間中』之一自然之全體，此自然之全體，只是一自然之萬物之和，其中不見有為一人格神之天之存在。」[58]如是，則並不能論證一「天志」（人格神）之存在。然而，唐君毅先生卻指

---

55 唐君毅：《中國哲學原論（原道篇卷一）》，頁135。
56 唐君毅先生說：「蓋墨子明責公孟子之『無鬼而學祭禮』，其〈明鬼〉三篇皆力主有鬼。〈天志〉篇亦明言天有志。豈得謂墨子言天志鬼神，非誠信之言？」（唐君毅：《中國哲學原論（原道篇卷一）》，頁135。）換言之，唐君毅先生認為早期墨家思想是確然相信鬼神之存在。
57 唐君毅：《中國哲學原論（原道篇卷一）》，頁137。
58 唐君毅：《中國哲學原論（原道篇卷一）》，頁136。

出早期墨家思想實是先意許或相信「天志」（人格神）之存在，如此，則可以反過來說，從「此宇宙之大而無不容，雨露之遍潤，陽光之遍照，以證此天神必然為一無私而兼愛之天神也」[59]，此即從辯證的思維方式論證「天志」之存在為理論上的預設，以「人與萬物之兼生兼養於天地間」之事實，體證「天志」（人格神）必為兼愛無私，指出：假如有「天志」的存在，則「天志」必為「兼愛無私」，如是，則從辯證地預設「天志」之存在。唐君毅先生說：「人只須先已信天神之存在，則人即可觀此宇宙之大，與其光明雨露之不息處，體證此天神之兼愛無私之『德』與『義』，隨處表現，而更無難處。人亦實捨此更無直接體證其『德』與『義』之隨處表現之道也。」[60]

再說後者。唐君毅先生既然已論證「天志」乃「能知義而行義」之可能性，則須進一步論證「天志」能本「義」行賞罰的必然性。所謂「本『義』行賞罰」中的「賞罰」乃是指「人類社會所自為之賞罰」，[61]在《天志中》列舉了上古三代的聖王與暴王為佐證，其言：「夫愛人、利人，順天之意，得天之賞者，誰也？曰：若昔三代聖王堯、舜、禹、湯、文、武者是也。……夫憎人、賊人，反天之意，得天之罰者，誰也？曰：若昔者三代暴王桀、紂、幽、厲者是也。」[62]然而，問題是從現實中卻更為常見「世間之為義不義者之恆不得報」，[63]如此，則「天志」則如何能達成「本『義』行賞罰」呢？唐君毅先生在此提出兩點的論析：其一，即「自長久之時間與廣大之空間

---

59 唐君毅：《中國哲學原論（原道篇卷一）》，頁136。
60 唐君毅：《中國哲學原論（原道篇卷一）》，頁136-137。
61 唐君毅：《中國哲學原論（原道篇卷一）》，頁142。
62 吳毓江校注：《墨子校注》，〈天志中〉，頁306。
63 唐君毅：《中國哲學原論（原道篇卷一）》，頁139。

看，則為義者確有得賞之理，為不義者確有得罰之理」，[64]所謂「長久之時間與廣大之空間」，即是從歷史的褒貶毀譽（時間性）與鬼（神）的必知而當受賞罰（空間性），唐君毅先生指出：「吾人可謂此長時乃無定限之長，而謂人之為義為不義者，人對之之賞罰，不限於當身，亦不必為其當身之所實受。……此即後世之人對前世之人有褒貶毀譽，以為賞罰之事也。」[65]此即從時間性上來保證「天志」能本「義」行賞罰的有效性；唐君毅先生又言：「吾人不須問彼已死之人，是否能知此後人之褒貶賞罰。吾人不能證其必知，亦不能證其必不知也。然在墨子，以其信人之死而為鬼，則當謂其必知之，而實受此賞罰也。」[66]此即從空間性上保證「天志」能本「義」行賞罰的必然性。依此而論，早期墨家思想中對鬼（神）的存在，表面來說似乎僅是屬於「信仰」一義。其二，深一層來說，則從「天能知義而行義」的必然性之論述實已辯證地指出早期墨家思想中預設鬼（神）的存在。換言之，雖然唐君毅先生屢屢言及在早期墨家思想明確相信天或鬼（神）的確然存在，然而，這種明確相信卻並非純粹地以信仰的角度來論述，而是兼及思想理論層面的預設，相信「天志」（人格神）之存在是從「人與萬物之兼生兼養於天地間」之事實，體證「天志」（人格神）必為兼愛無私；相信鬼（神）的存在則是從「天能知義而行義」的必然性，辯證地預設鬼（神）存在之可能。此正是早期墨家思想以天或鬼（神）能本於「義」而行賞罰的說法。

3.雖然早期墨家思想中具有以天或鬼（神）能本於「義」而行賞罰的說法，然而，其強調「天為知」、「天為義」之說，卻更指出「天

---

64 唐君毅：《中國哲學原論（原道篇卷一）》，頁140。
65 唐君毅：《中國哲學原論（原道篇卷一）》，頁140。
66 唐君毅：《中國哲學原論（原道篇卷一）》，頁141。

人關係」實純為一對等的交互關係。在〈天志上〉有言：

> 天欲義而惡不義。然則率天下之百姓以從事於義，則我乃為天所欲也。我為天之所欲，天亦為我所欲，然則我何欲何惡？我欲福祿而惡禍祟。然則率天下之百姓以從事於不義，則我乃為天所不欲也。我為天之所不欲，天亦為我所不欲，則是我率天下之百姓以從事於禍祟中也。[67]

唐君毅先生以此引文的解釋說：「此即謂人為之所以見賞於天者，以天欲義，而我為其所欲，故天亦以我欲之福祿施我也。……由上所言，即見墨子言天人關係，純為對等的交互關係，亦如人間之施報關係，為一對等的交互關係。」[68] 所謂「對等的交互關係」，並不是以「天志」（人格神）之意志作為主導或是不可違抗之旨意，而是以「人志」（人之意志）也具有其自主的作用，此自主的作用即可以選擇依從「天志」之所欲為義而得福祿，或選擇不依從「天志」之所不欲而得禍祟。唐君毅先生更指出：「墨子之論天之欲義、人之欲義，各為一事，即所以見天與人之分別有此義道。天欲義而人行義，以為天所欲，而天報之，又使此天人之二事相關係，合以成一天人相報之一事；即於此事中，見天人之相施報，亦本於一義道。」[69] 換言之，唐君毅先生從此「天人關係」實純為一對等的交互關係，此一「天人關係」，唐君毅先生命名為「宇宙之義道」，並由此論證出「義道」比「天志」更能貫徹於早期墨家的思想。

---

67 吳毓江校注：《墨子校注》，〈天志中〉，頁293-294。
68 唐君毅：《中國哲學原論（原道篇卷一）》，頁143-144。
69 唐君毅：《中國哲學原論（原道篇卷一）》，頁144。

綜言之，唐君毅先生論證早期墨家思想的要義為「義道」，一方面以儒墨同源及儒墨之別來衡定墨子思想為「以義說仁」的「義道」，此即從哲學史的發展脈絡來論說早期墨家思想的要義；另一方面從墨子思想的內部架構（「理智心」及天鬼神人之交互關係）辯證墨子思想為「宇宙的義道」，此即從哲學義理的層面來論說早期墨家思想的要義。唐君毅先生作出這樣的詮釋方案，實即是以其「即哲學史以為哲學」詮釋進路來詮釋早期家墨子思想。

（三）早期墨家思想「義道」的全幅展開

唐君毅先生對於早期墨家思想的詮釋即主要本於「義」（包括「理智心」的詮釋在內），從而把早期墨家思想中的各個面向緊扣，形成一個「義道」的思想系統，以「天人關係」而言，即是「宇宙的義道」。除此以外，唐君毅先生更本於「義」而整合早期墨家思想，提出「與人民之生存及經濟生活中之義道」及「社會政治上的義道」。

所謂「與人民之生存及經濟生活中之義道」即是指早期墨家思想乃從「義道」而言「非攻」、「節用」、「節葬」、「非樂」等主張，這些皆關乎於「人民之生存與經濟生活」的理想狀態。唐君毅先生指出早期墨家思想所言之「義道」是「以義說仁」，即是以「愛人必當求利人」作為「可客觀化普遍化之理」（義），並規範「愛人」（仁）的實踐。依此，「非攻」即在於指明攻戰中所得於眾人之利不及或不必然及於攻戰所喪失於眾人之害；而對於「貪伐勝之名」者，所得的戰名僅屬主觀個人上之所得，相反地，以求立義名，則從行義最多，即為眾人所尊服，所得的義名卻具有客觀必然性，此處的「客觀的必然性」，即上述從歷史的褒貶毀譽（時間性）與鬼（神）的必知而當受賞罰（空間性）所得出的保證。如是，早期墨家思想所主張的「非

攻」實是說攻戰為「不仁」（未能「愛人必當求利人」）與「不義」（沒有「可客觀化普遍化之理」）。依「義道」再說「節用」、「節葬」與「非樂」，早期墨家思想主張「節用」、「節葬」與「非樂」等，其要旨皆在於言王公大人之厚斂萬民，奢侈於飲食、衣服、居室、車馬；又行厚葬久喪，更以大鐘鳴鼓，琴瑟竽笙之聲為樂，對人民之經濟生活上來說，奢侈於王公大人所得之「利」實少於大多數人民所能得之「利」，「節用」、「節葬」與「非樂」等能對人民的經濟生活之「利」多，這即是從實踐「愛人必當求利人」而確認的「經濟學上共認之事實」。[70]然而，早期墨家思想不止於此經濟學上的要求而言「節用」、「節葬」與「非樂」，更從厚葬久喪與禮樂並不符合「愛人必當求利人」作為「可客觀化普遍化之理」之「義道」而非議，唐君毅先生說：「墨子謂主厚葬久喪者，唯所以『便其習，而義其俗』。便其習，即只為人之循其主觀上已往所養成之特殊習慣之事，義其俗，即以風俗為義，而不知『俗』與『義』之不同之謂。……是見墨子所以非厚葬久喪，唯由其有見於此厚葬久喪之習俗，不合客觀普遍之仁義之義，而後非之。」[71]換言之，唐君毅先生指出早期墨家思想之所以「節葬」（包括「節用」與「非樂」），乃在於未能符合其對「仁義」的想法，即未能以「愛人必當求利人」作為「可客觀化普遍化之理」，依此，早期墨家思想主張「非攻」、「節用」、「節葬」、「非樂」等，皆以其對於人民之生存及經濟生活之獨特的「義道」思想所貫穿。

---

[70] 唐君毅先生說：「墨子之反對厚葬久喪，亦要在反對王公大人之厚葬久喪，『輟民之事，靡民之財』，浸至『殺人為殉，眾者數百，寡者數十』。而厚葬久喪，『久禁從事，扶而能起，杖而能行』，亦明足以急事，而使人生財日少。是見厚葬久喪，明不足以『富貧、眾寡、安定、理亂』。」（唐君毅：《中國哲學原論（原道篇卷一）》，頁124。）

[71] 唐君毅：《中國哲學原論（原道篇卷一）》，頁124。

所謂「社會政治上的義道」是指早期墨家思想乃從「義道」而言「尚賢」、「尚同」等主張，這些皆關乎於「社會政治」的理想狀態。同樣地，唐君毅先生指出早期墨家思想所言之「義道」是「以義說仁」，即是以「愛人必當求利人」作為「可客觀化普遍化之理」（義），並規範「愛人」（仁）的實踐。依此，「尚賢」即在於指舉天下能知義行義之賢能之士，共治天下國家而已。「尚賢」的要義是固然可從政治或國家管治的角度來說，即「尚賢」具有高度的政治或管治的效益；然而，早期墨家思想的「尚賢」更具有一深層的意義，此即以「可客觀化普遍化之理」（義）作為選賢之要，唐君毅先生說：「為政固必當能知義行義之賢能之人，而視此為一客觀普遍之原則，亦必須對天下之任何階級、任何職業、任何地區之賢能之人，皆平等看待，而求有以舉之。則舉賢之事，固當『不黨父兄，不偏貴富，不嬖顏色』（〈尚賢中〉），而不能不超拔於一切親近狎習之人之外，而此即所以使客觀之天下中，一切地之一切人，莫不競為義之道。」[72]如是，早期墨家思想的「尚賢」之要義則更講求當中的「可客觀化普遍化之理」（義）之完成。至於「尚同」，即在於集合天下人之意見、思想及言論，以次第的方式同化或統一於在上位者，以達致「一同天下之義」的狀況。唐君毅先生指出〈尚同〉中的「一同天下之義」之「義」實即可作二解，一者是「今所謂主義之義」（即「人之任何思想意見言論，凡自以為是者，亦皆可說為其人所持之或大或小之主義也」）；一者是「天下之公義」，〈尚同〉之旨即在於連結此二義。唐君毅先生說：「〈尚同篇〉言尚同之旨，則正在集中人之思想言論意見之有其主義或意見者，而觀其是否可成為公義，更求一同此天下之公義；以使人免於各執其一己思想言論意見，彼此互相差別歧異，以至各為其所執

---

72 唐君毅：《中國哲學原論（原道篇卷一）》，頁126-127。

之義，而相爭相殺；即所以使人得由其義之一同，而兼相愛交相利之道也。」[73]依此而言，早期墨家思想的「尚同」之實義，即是對「以義說仁」之「義道」思想作出完成，「以義說仁」之「義道」乃是以「愛人必當求利人」作為規範「愛人」的實踐，然而，「愛人必當求利人」中的「利人」究竟是甚麼意思呢？尤其是「賞罰」乃是指「人類社會所自為之賞罰」（即褒貶毀譽），則如何才能達致「利人」呢？這確實需要從不同的「主義」所整合協同，於此，唐君毅先生指出早期墨家思想中的「尚同」即是以「墨子所謂尚同之道，乃以下將其所謂義告於上，而由上者衡定其是非，而在下者更上同於其是非之道。」[74]如此，「以義說仁」之「義道」思想才得以完成。

總的來說，唐君毅先生透過儒墨同源與儒墨之別的比較方式，衡定早期墨家思想的「仁義」實是「以義說仁」，其中的「仁」即是「愛人」，又以「愛人必當求利人」為要，化為「可客觀化普遍化之理」的原則，即是「義」，並規範「愛人」（仁）的實踐。如此，早期墨家思想即是以「可客觀化普遍化之理」的「愛人必當求利人」（義）來實踐「愛人」（仁），此即唐君毅先生言早期墨家思想的「義」。透過此一「以義說仁」的衡定，唐君毅先生更以此統合早期墨家思想的各個重要觀念，以「宇宙的義道」統合其中的「兼愛」、「天志」、「明鬼」及「非命」等觀念；以「與人民之生存及經濟生活中之義道」統合其中的「非攻」、「節用」、「節葬」及「非樂」等觀念；以「社會政治上的義道」統合其中的「尚賢」和「尚同」觀念。如此，可謂已把早期墨家思想的「義道」作出全幅的開展。

---

73 唐君毅：《中國哲學原論（原道篇卷一）》，頁130。
74 唐君毅：《中國哲學原論（原道篇卷一）》，頁132。

（四）論唐君毅先生詮釋早期墨家思想為「義道」之特色[75]

唐君毅先生詮釋早期墨家思想的要旨為「義道」，既有別於一般學界以「兼愛」作為早期墨家思想的要旨之說，更能從「理智心」（或「智識心」）的獨特的詮釋角度，把早期墨家思想的「義道」作出全幅開展。唐君毅先生能夠如此的構想乃本於他一貫以「即哲學史以言哲學」（或「本哲學以言哲學史」）的詮釋進路。所謂「即哲學史以言哲學」的詮釋進路，實即：「唯是即哲學思想之發展，以言哲學義理之種種方面，與其關聯之著」[76]，唐君毅先生以這一進路來展現中國哲學的義理並具體成就了《中國哲學原論》一書三篇六卷的宏大

---

[75] 以「義」或「義道」作為早期墨家思想或墨子思想的要旨，唐君毅先生並不是唯一或首位。唐君毅先生撰寫〈墨子之義道〉一文之同時期，即有陳拱（陳問梅）與李紹崑的墨學研究，唐君毅先生曾言：「因於論孔子之仁道文既畢，即成此文。後乃更見陳拱君贈我之墨學研究，與李紹崑君贈我之墨子研究，亦重此『為義』與『義自天出』之旨。在此點上，皆度越前人之別求中心觀念，以釋墨學之論。然吾文自單獨寫成。」（唐君毅：《中國哲學原論（導論篇）》，頁107）在唐君毅先生撰寫〈墨子之義道〉一文之後，也有蔡仁厚的《墨家哲學》明言：「墨學中的重要觀念可以統一於天志，實際上亦就是統一於『義』。（義，即是天的內容或本質。）墨子書中雖很少提到『道』這個字，但假若我們亦要說個『墨道』，則墨道實在就是一個『義道』。」（蔡仁厚：《墨家哲學》，頁68）然而，唐君毅先生以「義」或「義道」作為詮釋早期墨家思想之要義，究竟與他們的詮釋有何差別呢？即使唐君毅先生明言自己看過陳拱先生（即陳問梅）與李紹崑先生以「義」或「義道」作為墨子思想要旨之研究，卻仍然指出自己的〈墨子之義道〉一文乃是「單獨寫成」，依此來說，唐君毅先生以「義」或「義道」作為早期墨家思想或墨子思想的要旨僅是因為是自己獨立研究的成果嗎？本文認為：唐君毅先生的詮釋特色並不止於他指點出以「義」或「義道」作為早期墨家思想的要旨，乃在於其以「即哲學史為哲學」的詮釋進路，即透過「唯是即哲學思想之發展，以言哲學義理之種種方面，與其關聯之著」（唐君毅：《中國哲學原論（原性篇）》，《唐君毅全集》第十九卷〔北京：九州出版社，2016年〕，頁4。）的方式，論證早期墨家思想乃以「義」或「義道」作為要旨，並從「以義說仁」作為判定儒墨之別，相對於其他以「義」作為早期墨家思想要旨的說法，則更能突顯早期墨家思想的時代性與特色。

[76] 唐君毅著《中國哲學原論（原性篇）》，頁4。

架構論著。然而,唐君毅先生的《中國哲學原論》不單形成一宏大架構,在個別哲學家的思想詮釋上也展現出其獨到之處,唐君毅先生自言:「吾書於每章每節,皆時具新意,以疏釋疑滯。然皆不宜斷章而直取,唯可隨文以順求,方可於此義理之天地中,得峯迴嶺轉,前路以通之趣。」[77]這種宏觀的理解與獨到的洞察可以從唐君毅先生對早期墨家思想的詮釋中窺見。

首先,從詮釋早期墨家思想的「心」概念作「理智心」來說。對於早期墨家思想中的「心」觀念之詮釋,一直並不是學界所注重的,尤其是學者們常以為早期墨家思想中並沒有「人性論」[78]或未能正面涉及「心」、「性」的問題[79]。然而,唐君毅先生卻從其獨特的「以哲學史為哲學」之詮釋方案,並認為中國哲學義理的核心當為「理」與「心」,此即有辨析早期墨家思想中「心」概念之必要,在具體的詮釋步驟中,唐君毅先生先從《墨子》文本中找出墨家思想中特重「知」作為「心」之說,從而發現早期墨家思想之言「心」乃是一「純粹認識上、理智上之能思辨疑難之心」[80];又再從孟子「性情心」比較,以「辨同異、明是非」為例證,指出孟子的「性情心」能兼重知情意,早期墨家思想的「理智心」卻是「不涵情之是非」,其倡「兼愛」(愛人)雖然具有與孟子「性情心」的愛心熱情為始點,然所把握的卻是以種種的外在理由來言說「兼愛」,此即其「理智心」的作用,把「兼愛」中「利人」的目的視為實際實現的必要條

---

[77] 唐君毅著《中國哲學原論(原性篇)》,頁9。
[78] 徐復觀先生直言:「墨家無人性論,但並不是沒有此一問題。他對此一問題所提供的解決方法,則是走歷史回頭路的外貌,立基於『天志』的構想上。」(徐復觀:《中國人論性史(先秦篇)》,頁313。)
[79] 陳問梅先生曾言:「墨子沒有人性論,故其對於人之生命和心、性等問題,亦並沒有正面地涉及。」(陳問梅:《墨學之省察》〔臺北:臺灣學生書局,1988年〕,頁323。)
[80] 唐君毅:《中國哲學原論(導論篇)》,頁72。

件。換言之，唐君毅先生詮釋早期墨家思想的「心」為「理智心」之特色，一方面，固然在於其以「既本文獻，以探一問題之原始，與哲學名辭義訓之原始；亦進而引繹其涵義，觀其涵義之演變」[81]的「中國哲學」之詮釋思考，遂能發前人所未有言的早期墨家思想的「心」乃是「理智心」觀念；另一方面，則更源於其具有「以哲學史為哲學」的思維，以孟子的「性情心」作比較，從而衡定早期墨家思想的「心」乃是「理智心」。

其次，從詮釋早期墨家思想的要義為「義道」來看。對於早期墨家思想的要旨來看，唐君毅先生明言以「兼愛」、「天志」作為詮釋墨子思想的根本觀念，實是忽略了「兼愛之說之人心論上的根據」[82]，故另從「理智心」的詮釋為進路，考證於《墨子》的文本即發現早期墨家思想中的「義」觀念實是更為重要，遂以其「以哲學史為哲學」的辯證式思維展開對早期墨家思想的獨特詮釋。一方面，唐君毅先生從「儒墨同源」與「儒墨之別」來衡定，儒家思想乃是「以仁說義」而早期墨家思想實是「以義說仁」，其要義為以「愛人必當求利人」作為「可客觀化普遍化之理」（義），並規範「愛人」（仁）的實踐，這一部分可以算是對早期墨家思想中的「兼愛」觀念的「哲學史」之釐清工作。另一方面，唐君毅先生對於早期墨家思想中「天志」（人格神）及鬼（神）也作出了獨特的詮釋，即從辯證思維的方式來論述早期墨家思想中有效論證「天神之必為兼愛無私者」，把「天志」之存在判為理論上的預設，又從「天能知義而行義，固亦必當有其對為義者之賞，與對為不義之罰」來辯證地指出早期墨家思想中必預設鬼（神）的存在。如此，「天志」（人格神）或鬼（神）的存在也繫於早

---

81 唐君毅：《中國哲學原論（導論篇）》，頁2。
82 唐君毅：《中國哲學原論（原道篇卷一）》，頁106。

期墨家思想中對於「義」的實踐之保證所作,也貫通了早期墨家思想乃以「義道」為重,這一部分可以算是對早期墨家思想中的「天志」與「明鬼」觀念的「哲學」之釐清工作。

三 論唐君毅先生詮釋早期墨家思想為「義道」之可能發展及進一步討論

唐君毅先生在詮釋早期墨家思想的要旨時,固然體大思精、深微透闢,頗能闡發早期墨家思想之深義。然而,這是否代表唐君毅先生的詮釋可以毫無誹議之處呢?答案恐怕並不盡然。在當代墨家思想的詮釋中,對於《墨子》中實踐「兼愛」的可能動機或宗教思想等皆有極豐富的討論,而這些討論實可以對於唐君毅先生的早期墨家思想之詮釋作出可能發展與進一步討論。[83]另外,從唐君毅先生與勞思光先生的詮釋之比較來看,唐君毅先生以「即哲學史以言哲學」進路詮釋早期墨家思想的要旨為「義道」更具合理性。

---

[83] 在當代墨家思想的詮釋中,具有深遠意義的討論之題材可謂琳琅滿目,然而,選擇以實踐「兼愛」的可能動機(「自利假說」)及宗教思想作為與唐君毅先生的早期墨家思想之詮釋作出可能發展與進一步討論,理由有二:一、實踐「兼愛」的可能動機的討論是早期墨家思想被說成理想論的要點,唐君毅先生從「以義說仁」詮釋早期墨家思想,指點出推動「兼愛」的可能動機是「仁」,實可與「自利假說」等論析「兼愛」的可能動機作出進一步的比較討論;二、宗教思想的討論是早期墨家思想的另一個要點,唐君毅先生並不迴避早期墨家的宗教思想取向,卻又從理論上指點出「天志」與「明鬼」實是早期墨家的「義道」思想的理論預設,與當代墨家思想的詮釋重於「宗教」概念的討論大異其趣,亦可以此突顯出唐君毅先生對早期墨家思想詮釋的殊異處。換言之,選擇以實踐「兼愛」的可能動機(「自利假說」)及宗教思想作為進一步的討論,實是以唐君毅先生的早期墨家思想之詮釋特色來說的。

（一）從「自利」作為「兼愛」的動機（理論基礎）來說

在當代的墨家思想詮釋中，對於早期墨家思想實踐「兼愛」的可能動機或動力（理論基礎）有著深刻的討論，其中「自利假說」（Self-interest Thesis）更是突出的說法。「自利假說」指出：墨家思想是認為自利是人類主要的道德實踐之推動力來源。[84]方克濤先生更指出「自利假說」是廣為學術界所採納的。[85]然而，「自利假說」能夠作為支持早期墨家思想的「兼愛」動機之思想，即在於早期墨家思想雖然倡導以「兼相愛」作為「如何改善社會生活？」的解決方案，但是，早期墨家思想卻未有對於「人類的普遍心理實況中如何可能實踐『兼愛』呢？」的人性論問題作出恰當的描述或討論，致使出現「墨家無人性論」[86]或「墨家認為自利是人類主要的道德實踐之推動力來源」[87]等說法。簡言之，「自利假說」即是為了補充早期墨家思想中能夠作為實踐「兼愛」的人性論思想，而支持這種思想的論據大致有三，茲分述如下：[88]

---

84 C. Fraser, "Mohism and Self-Interest," *Journal of Chinese Philosophy* 35.3 (2008), p.4. 本文所參考的乃是方克濤先生個人網站的論文下載版，引文的出處亦依於此下載版之頁碼。（http://cjfraser.net/images//2012/05/Fraser_Mohist-Self-Interest_2008.pdf）（9/6/2015）

85 依方克濤先生列舉出的例子來說，倪德衛（David Nivison）、史華慈（Benjamin Schwartz）、信廣來（Kwong-loi Shun）及艾文賀（P. J. Ivanhoe）等皆持「自利假說」來詮釋《墨子》。Fraser, "Mohism and Self-Interest," p.4.

86 徐復觀：《中國人性論史（先秦篇）》，頁313。

87 Fraser, "Mohism and Self-Interest," p.4.

88 對於「自利假說」在理論上的不成立，方克濤先生已在"Mohism and Self-Interest"一文中嘗試綜合倪德衛、史華慈、信廣來及艾文賀而整理出三項重要的論證，即：早期墨家的政治理論、〈兼愛中〉的「難而不可」及〈兼愛下〉的「託友論證」，用以作為支持「自利假說」的可能論據，並分析地指出上述三個論據皆並未能支持「自利假說」，方克濤先生更說：「墨家必須承認自利的性向或許提供了一些人部分甚至全部的動機以實踐『兼愛』。然而，這個論旨卻沒有逼使他們承認自利的性向普遍

首先,從早期墨家思想的政治理論來說,〈尚同中〉說明「壹同天下之義」的理想政治之建立程序,即從「復古之民始生,未有正長之時」的「一人一義,十人十義,百人百義」之「自然狀態」,形成了「相交非」問題,一方面造成社會的混亂與倫理的淪落,一方面也逼使處於「自然狀態」的眾人渴望以達致「壹同天下之義」,如是,即有作出選擇天子及三公以宣揚「尚同乎天也」之「義」,建立合乎「壹同天下之義」的理想政治規劃。[89]依此,從早期墨家思想來論證「自利假說」的成立,則有兩個層面可作討論,其一是從「一人一義,十人十義,百人百義」之「自然狀態」層面說,所謂「自然狀態」即是個人(包括至親屬的,如父母、配偶及子女)總是以「自利自愛」作為普遍的心理實況,或此「自然狀態」即是「一人一義」,此「各人之『義』不過是以自利為內容而已」[90],依此,則「自利自愛」便是早期墨家思想中認為是人類普遍的心理狀態。這種說法亦與〈兼愛上〉言「當察亂何自起?起不相愛」的敘述吻合,是以「自利

地是使人實踐它的主要動機。」(Fraser, "Mohism and Self-Interest," p.25.)既然方克濤先生已從理論上論證「自利假說」的說法並不成立,那麼,為甚麼本文仍然複述「自利假說」之理論呢?本文認為:既然「自利假說」已廣為學術界所採納,則從唐君毅先生的詮釋來看對早期墨家思想中實踐「兼愛」的人性論問題,或對「自利假說」的回應,是仍然可以發現唐君毅先生的詮釋之殊異處,是以下文所討論的要點即在於借助於方克濤先生為「自利假說」提出的論證,並從唐君毅先生的詮釋來作進一步討論「自利假說」的問題。另外,對於方克濤先生 "Mohism and Self-Interest" 一文的翻譯及理論整理,本文皆有參考李國威:《早期墨家的道德心理學》(香港:香港中文大學碩士論文,2008年),特此注明。

89 吳毓江校注:《墨子校注》,〈尚同中〉,頁116。此處所言的「自然狀態」乃是依方克濤先生敘述史華慈之想法而言,方克濤先生有言:「根據史華慈之說,墨家思想乃是以唯追求個人利益的『自我的個體』,此即是處於『自然狀態』的人類個體之原始描敘。」(Fraser, Mohism and Self-Interest, P.8.)

90 Benjamin Schwartz, *The World of Thought in Acient China*, Cambridge: Harvard University Press, 1985, p.142.

假說」即認為處於「自然狀態」之下的人性論乃是「自利自愛」；其二是從「壹同天下之義」之渴求層面說，〈尚同中〉表示：「明乎民之無正長，以壹同天下之義，而天下亂也，是故選擇天下賢良聖知辯慧之人，立以為天子，使從事乎壹同天下之義。」[91]即是說，對於「壹同天下之義」之渴求的動機其實是源於在「自然狀態」中感受到「交相非」會危害自身的「義」，遂有「壹同天下之義」之渴求。若此說無誤，則對於「壹同天下之義」之渴求乃是源於「自利自愛」受到威脅，並推動走出此「自然狀態」至「壹同天下之義」的依據，是以「自利假說」即認為推動至「壹同天下之義」之動機的人性論仍然是「自利自愛」。

其次，從〈兼愛中〉的「難而不可」來說，早期墨家思想對於「天下之士君子」提出「兼相愛」乃是「天下之難物於故也」的評論，遂以「晉文公好士之惡衣」、「楚靈王好士細要（按：腰）」、「越王勾踐好士之勇」等三位古代君主的事蹟作為反駁的論證。[92]方克濤先生認為這樣的反駁可歸納出四點要義：「一、『兼愛』對人有利；二、它不『難為』，尤其較其他人民曾經做過的事情容易，如節食以至於捱飢抵餓；三、人民都傾向於順從在上君主的意願而為，尤其是這樣做的話，他們會得到『上之所賞，而百姓之所譽』；四、人民傾向實踐互惠互利原則。」[93]依此來說，早期墨家思想表明實踐「兼愛」實是本於「利」，而對此「利」的追求又可以從個人與人倫之積極與消極的兩個層面作分析，以個人層面說，「兼相愛」的不難實行是符合互惠互利原則。以人倫層面說，消極地認為實行「兼相愛」比較依從於在上位君主的「節食以至於捱飢抵餓」更容易接受；積極地

---

91 吳毓江校注：《墨子校注》,〈尚同中〉，頁116。
92 吳毓江校注：《墨子校注》,〈兼愛中〉，頁159-160。
93 Fraser, "Mohism and Self-Interest," p.16.

認同實行「兼相愛」更能從得到在上位君主的賞譽。如是，早期墨家思想中主張「兼愛」並非「難而不可」的論證，即本於「兼愛」能為個人帶來更多的「利」，「自利假說」即以此認為早期墨家思想實是依於人性論乃是「自利自愛」作立論。

最後，從〈兼愛下〉的「託友論證」來說，早期墨家思想對於「天下之士非兼者」提出「兼相愛」乃是「雖然，豈可用哉」的評論，遂以「設以為二士，使其一士者執別，使其一士者執兼」作為思想實驗，在不得已的情況下（如被甲往戰或遠使於外），則「家室奉承親戚，提挈妻女，而寄託之」，「雖非兼之人，必寄託之於兼之有是也」，並以此指出「天下之士非兼者」在口舌上雖「非兼」但於實踐時卻選取「兼」，實是「言行費」的言行不一致。[94]在「託友論證」的思想實驗來說，「天下之士非兼者」會選擇「兼」作為「寄託」的實是預設了「自利自愛」的性向，並且，透過這「自利自愛」的性向而選擇了「兼相愛」為行動的規範，是以「自利假說」即以此認為早期墨家思想實是依於人性論乃是「自利自愛」作立論。

相對於「自利假說」認為早期墨家思想的人性論思想乃是「自利自愛」，唐君毅先生對於早期墨家思想的詮釋則並不會認同其人性論是「自利自愛」的。對於早期墨家思想的詮釋，唐君毅先生並沒有直接的論述其人性論，然而，唐君毅先生卻透過「理智心」詮釋指出早期墨家思想言「兼愛」實是依於孔孟所謂仁心之處，又透過「義道」指點出早期墨家思想說「兼愛」乃是「以義說仁」，即以「愛人必當求利人」作為「可客觀化普遍化之理」（義），並規範「愛人」（仁）的實踐，依此兩部分來說，唐君毅先生至少認為早期墨家思想中的人性論具有「仁心」存在之可能，絕非純粹的「自利自愛」。

---

94 吳毓江校注：《墨子校注》，〈兼愛下〉，頁176-177。

對應於「自利假說」的三項主要論據，即使不依從「自利假說」卻仍可以循唐君毅先生的詮釋得到合理的解釋。以早期墨家思想的政治理論來說，「自利假說」認為「各人之『義』不過是以自利為內容而已」[95]，唐君毅先生卻指出在〈尚同〉中「義」可作兩方面解釋，一者是「今所謂主義之義」（即「人之任何思想意見言論」）；一者是「天下之公義」（即「兼相愛交相利之道」），而為了「免於各執其一己思想言論意見，彼此互相差別歧異，以至各為其所執之義，而相爭相殺」，則需要從「使人得由其義之一同」，並能達致「兼相愛交相利之道」。[96]依此，雖然「自利假說」認為處於「自然狀態」的各種「相交非」及過渡至「壹同天下之義」之動機皆是源於「自利自愛」的人性論；但是，唐君毅先生卻認為「自然狀態」的各種「相交非」僅是各人各執自以為是的「義」所導致，至於過渡至「壹同天下之義」之動機則源於「兼相愛交相利之道」，其中的「利」乃是整合協同不同的「主義」來衡量「人類社會所自為之賞罰」（即褒貶毀譽）。換言之，唐君毅先生認為在〈尚同〉的政治理論中從「相交非」至「兼相愛相交利」的狀態，實是以個人之「主義」進至眾人之「公義」，其中的考量卻並不主要源於「自利自愛」的人性論，至少涉及「理智心」的知性思考。從〈兼愛中〉的「難而不可」和〈兼愛下〉的「託友論證」來說，「自利假說」均認為早期墨家思想中是預設了「自利自愛」的人性論，從而論證「兼愛」乃是可以實踐並為一般人（即具「自利自愛」傾向者）也會選擇的行為規範，唐君毅先生的早期墨家思想之詮釋並未有就此多作討論，然而，對於早期墨家思想言「兼愛」的實踐，即從與孟子的「性情心」作比較，指出早期墨家思想言

---

95 Benjamin Schwartz, *The World of Thought in Acient China*, Cambridge: Harvard University Press, 1985, p.142.
96 唐君毅：《中國哲學原論（原道篇卷一）》，頁130。

「兼愛」之起始可說與孔孟的「仁心」之自覺相近，但是，即在於其「理智心」的操作運用，致使說「仁」（愛）以具體的「利」（義）為要，以「兼」作分別歸類之旨，遂把「兼愛」作成一「平等」規範之愛。換言之，唐君毅先生乃是認為早期墨家思想言「兼愛」的實踐之人性論，卻是與孔孟的「仁心」之自覺相近，絕非預設「自利自愛」的人性論。

綜言之，從唐君毅先生對早期墨家思想的詮釋來說，雖然他並沒有直接的論述早期墨家思想中的人性論部分，然而，從他的「理智心」與「義道」的詮釋來看，則唐君毅先生至少並不認同早期墨家思中的人性論為純粹的「自利自愛」，更透過對於「自利假說」的三項主要論據的分析，即可發現唐君毅先生的詮釋並不需要預設「自利自愛」為早期墨家思想的人性論，卻也能提出合理而整全的詮釋，即能配合其「理智心」為「兼愛」的實踐作出合理的動機。依此來說，唐君毅先生對於早期墨家思想的詮釋實是可以回應「自利假說」以為「墨家認自利是人類主要的道德實踐之推動力來源」的說法。然而，又無可否認的是，唐君毅先生的詮釋雖然具有解釋「兼愛」實踐的可能動機之說法，卻並未有進一步證成早期墨家思想中確然具有「本心」的論述。以「自利假說」的立論來看，唐君毅先生對早期墨家思想的詮釋則至少仍然要對「本心」作出進一步的詮釋。如此一來，從當代的墨家思想詮釋中的「自利假說」之討論作比觀，則可謂進一步發展唐君毅先生所作詮釋的可能效力。

（二）從早期墨家思想的宗教思想之理解來說

在當代的墨家思想詮釋中，對於早期墨家思想的宗教思想也有著深刻的討論，尤其是「天志」與「明鬼」的設立是否為早期墨家思想

的「理論手段」之問題,[97]更是每每有分歧的意見。李賢中先生曾指出自一九五一年以來的臺灣學術界之墨學研究中,「天與上帝」實為主要的討論問題之一。[98]關於「天志」與「明鬼」的設立是否為早期墨家思想的理論手段之問題,在當代的墨家思想詮釋中大致可以區分成四種意見,即:「天志」與「明鬼」是宗教思想且具有正面的理論價值、「天志」與「明鬼」是宗教思想卻不具有正面的理論價值、「天志」與「明鬼」不是宗教思想但具有正面的理論價值、「天志」與「明鬼」不是宗教思想,更沒有正面的理論價值。[99]在這四種意見中最具爭議的正是早期墨家思想是否為「宗教」思想的問題,即:究竟早期墨家思想中提到的「天志」與「明鬼」是否為「宗教」思想呢?假如答案是確定的話,則「天志」與「明鬼」的設立即並非早期墨家思想的「理論手段」,否則,「天志」與「明鬼」的設立僅屬於早期墨家思想的「理論手段」而已。

在當代的墨家思想詮釋中,有部分學者認為「天志」與「明鬼」

---

[97] 此處所謂「理論手段」即認為早期墨家思想以「天志」與「明鬼」的設立並不具有正面的理論價值,僅以另一種手段(如威嚇)來加強思想理論的說服效果,梁啟超先生曾直言「天志」與「明鬼」作出威嚇式的說服而已,其言:「墨子是一個無權無勇的人,他的主義,有甚麼方法能令他實現呢?……他沒有法子,只好利用古代迷信的心理,把這新社會建設在宗教基礎之上。他的性格,本來是敬虔嚴肅一路,對於古代宗教,想來也有熱誠的信仰。所以借『天志』『明鬼』這些理論,來做主義的後援。」(梁啟超:《墨子學案》,轉錄於蔡尚思編:《十家論墨》,頁4)此即是認為早期墨家思想中的「天志」與「明鬼」僅屬於「理論手段」。

[98] 李賢中:〈台灣墨學研究五十年來之回顧〉,收於李賢中:《墨學——理論與方法》(臺北:揚智文化事業,2003年),頁3-34。另外,譚家健先生曾指出「天志」與「明鬼」的討論也是一九八〇年代至二〇〇〇年間在中國內地的墨學討論焦點之一,其言:「關於尊天明鬼,評價分較大,尤其與非命是否矛盾,見解不一。」(譚家健:〈近二十年中國內地之墨學研究〉,收於王裕安主編:《墨子研究論叢(五)》,濟南:齊魯書社。2001年7月,頁377。)

[99] 湯娟宜:《墨子的宗教思想研究》(臺北:東吳大學碩士論文,2005年),頁46-50。

並不是「宗教」，主要的理據是以「宗教」概念作為討論，以具備「宗教」概念的幾項特性為要，陳問梅先生的說法具有代表性，[100]他指出：「墨子宗教意識之型態，即『求天神主持世間正義，藉以滿足世人獲福祿之欲求』。……可是，墨子雖然具有上述那一型態之宗教意識，而在事實上，墨學畢竟沒有成宗教，也不可能成宗教。」[101]換言之，陳問梅先生所據的論點是從「宗教」的具體形式來說，早期墨家思想中的「天志」與「明鬼」並不是「宗教」，而事實上也並未形成一個墨學的「宗教」教派，充其量早期墨家思想僅具有「宗教意識」。陳問梅先生更透過對「宗教」的三點論述來引證，此即：一、「最根本的宗教意識，必須涵有最濃重的罪惡感、痛苦感和虛無感的宗教意識，才能形成宗教」；[102]二、「成為宗教的必需條件，一定正視人類自身之完全軟弱、無力」；[103]三、「無論哪一型態的宗教意識，凡是能成為宗教的必須強烈到不可思議的地步，使其具備極濃厚的神秘經驗，因而形成一種極濃厚的神秘色彩」。[104]依此，陳問梅先生並不單從宗教的形式意義來說早期墨家思想並不是「宗教」，更從普遍的「宗教」形成的特質來印證早期墨家思想並不具備此等特質，即早期

---

100 錢穆先生也是認為早期墨家思想並非「宗教」，其言：「墨子從未想像到人生世界以外的另一個人生，他從未提供到死後的天堂與樂園來作現世人生之補償。他刻苦了人生，沒有鼓舞著人死。在這事上，墨子依然在東方思想裡，他只能做東方一聖人，不配做西方一教主。」（錢穆：《中國思想史》，《錢賓四先生全集》第二十四冊〔臺北：聯經出版事業公司，1998年〕，頁24。）依此，錢穆先生即是從西方的「宗教」觀念來衡量早期墨家思想是否為一「宗教」，尤其是指證出早期墨家思想並沒有另外的人生或天堂樂園等觀念，此即早期墨家思想並非西方式的「宗教」思想。然而，從仔細的討論來看，則陳問梅先生的說法更包括錢穆先生所說的理由，是以本文依陳問梅先生的說去為代表。

101 陳問梅：《墨學之省察》（臺北：臺灣學生書局，1988年），頁353。
102 陳問梅：《墨學之省察》，頁353。
103 陳問梅：《墨學之省察》，頁355。
104 陳問梅：《墨學之省察》，頁356。

墨家思想中既沒有強烈的罪惡感,又認為人能以「非命」作出自主,更極重視「人間精神」以致沒有任何神秘色彩,從而否定早期墨家思想成為「宗教」的可能性。綜言之,陳問梅先生指點出早期墨家思想確然具有宗教意識,然深究下去卻並未具有幾項真正形成為「宗教」的特質,是以「天志」與「明鬼」並不是「宗教」。

不過,陳問梅先生的三點論述卻也並非必然確當的,其以普遍的「宗教」形成之特質來衡定早期墨家思想中的「天志」與「明鬼」只具宗教意識而並非真正的「宗教」,似乎言之成理。然而,以罪惡感、無力感及神秘色彩作為形成「宗教」的必要條件,雖然可以符合西方的「宗教」思想的形成,尤其是以基督宗教作為參照,但從中國的「宗教」思想來說,則卻不一定具有罪惡感,如殷周的原始宗教信仰中具有無力感卻不具有罪惡感。[105]相對地說,即使早期墨家思想中只具有宗教意識,有部分學者仍然認為「天志」與「明鬼」即是「宗教」,主要的理據還是從「宗教」概念作為討論,以持有神論信仰即具有「宗教」思想,李紹崑先生的說法具有代表性。[106]李紹崑先生指出:「墨子的道德哲學,是以最高的道德觀念與原始社會的宗教思想

---

105 徐復觀先生指出:「周人革掉了殷人的命(政權),成為新地勝利者;但通過周初文獻所看出的,並不像一般民族戰勝後的趾高氣揚的氣象,而是《易傳》所說的『憂患』意識。憂患意識,不同於作為原始宗教動機的恐怖、絕望。一般人常常是在恐怖絕望中感到自己過分地渺小,而放棄自己的責任,一憑外在地神為自己作決定。」(徐復觀:《中國人性論史(先秦篇)》,頁20。)

106 胡適先生也是認為早期墨家思想即是「宗教」,其言:「他(按:墨子)又是一個很有宗教根性的人,所以主張把『天的意志』作為『天下之明法』,要使天下的人都『上同於天』。因此哲學家的墨子便變成墨教的教主了。」(胡適:《中國哲學史大綱》〔上海:上海古籍出版社,1997年〕,頁125。)然而,從仔細的討論來看,則胡適先生的說法相對於李紹崑先生的說法簡略得多,李紹崑先生在《墨子研究》(臺北:臺灣商務印書館,1971年)一書中即有多篇文章討論早期墨家思想的「宗教」的問題,是以本文依李紹崑先生的說法為代表。

互相結合而成的。兼愛交利,本是一種最高的道德觀念;而墨子建立此種最高的道德觀念,以原始社會的神意及神權思想做論證,是將道德宗教化了。」[107]換言之,李紹崑先生認為早期墨家思想是一種「宗教」的理由在於「以原始社會的神意及神權思想做論證」,依於早期墨家思想具有「神意」與「神權」的思想成分即作為「宗教」的思考。李紹崑更透過三個步驟的論證指出早期墨家思想是具有「有神」的信仰:一、墨子「之所以反對無神論,純粹是發於他對天的忠誠信仰,是由於信仰有神論,才反對無神論」;[108]二、「墨子所謂的鬼神,可分為三類。……這種分類法,與古代希伯來人對鬼神的看法頗為接近。……我們若再翻一翻其他的古代民族史,亦莫不見到類似的有神論記載」;[109]三、「墨子不僅自己信仰鬼神,他更希望天下之人皆能信仰鬼神。他在言談著作中一再表示:信鬼神足以致祥,不信鬼神則足以遭禍。」[110]依此,李紹崑先生直接指出:「墨子若無虔誠的『有神』信仰,他是不會主張兼愛和貴義的。」[111]此外,李紹崑先生更藉著《墨子》中的「天」與「上帝」的使用脈絡及統計,指出早期墨家思想中並非以為「天」與「上帝」為兩個不同的神祇,而是「墨子既嫌棄儒者對天道的模糊,對上帝的濫用,他索性採用天字來指示主宰天地萬物的最高神明,以求立意的明確。」[112]即是說,早期墨家思想對於「天」(或「天志」)的使用是表示「主宰天地萬物的最高神明」,雖然並沒有使用「上帝」一詞,其內容意義卻是相同的,此即表示早期墨家思想實是具備「宗教」思想的成分。

---

107 李紹崑:《墨子研究》,〈墨子的宗教教育思想〉,頁107。
108 李紹崑:《墨子研究》,〈墨子的社會思想〉,頁70。
109 李紹崑:《墨子研究》,〈墨子的社會思想〉,頁71。
110 李紹崑:《墨子研究》,〈墨子的社會思想〉,頁72。
111 李紹崑:《墨子研究》,〈墨子的社會思想〉,頁73。
112 李紹崑:《墨子研究》,〈墨書中的天與上帝〉,頁19。

相對於贊成或反對早期墨家思想中的「天志」及「明鬼」是否「宗教」思想的問題討論，唐君毅先生是直接地指證：「墨子之必言有天賞與天罰，乃先相信天神存在、天能知義行義之故。」[113]唐君毅先生明白地指出早期墨家思想乃是必然具備有「相信」天神存在的說法。然而，唐君毅先生卻並未有指出「天志」與「明鬼」是否「宗教」思想的定案，卻從早期墨家思想中的「義道」理論架構上的預設來論說「天志」與「明鬼」，此即上文的分析所述：唐君毅先生從辯證思維的方式來論述早期墨家思想中有效論證「天神之必為兼愛無私者」，把「天志」之存在判為理論上的預設，又從「天能知義而行義，固亦必當有其對為義者之賞，與對為不義之罰」來辯證地指出早期墨家思想中必預設鬼（神）的存在。如此，唐君毅先生所詮釋的「天志」與「明鬼」即成為早期墨家「義道」思想架構上的理論預設，甚至可以說是早期墨家思想中「義道」理論建構的重要基石。換言之，唐君毅先生對於「天志」與「明鬼」的處理問題是純從理論層面入手，並不以為「天志」與「明鬼」是否為宗教而影響對早期墨家思想的理論詮釋，這可算是唐君毅先生對早期墨家思想之詮釋的殊異處。

對應於「天志」與「明鬼」的設立是否為早期墨家思想的理論手段之問題，依唐君毅先生的說法，早期墨家思想中的「天志」與「明鬼」之設立並不是一種外借的額外方式來加強思想理論之「理論手段」，而是從一種從理論上的完整性作構想，乃有理所必然，勢之所至的思量。此理論上的預設之構想，所聚焦的要點並不是「天志」與「明鬼」是否屬於「宗教」思想部分，尤其是唐君毅先生已從文本上指出早期墨家思想其實是相信「天志」或人格神的存在，即使在「天志」與「明鬼」的存在論證上並不充分，也並不能否定此一傾向。如

---

113 唐君毅：《中國哲學原論（原道篇卷一）》，頁138。

此,「天志」與「明鬼」的設立問題反而在於能否成為理論效力的問題,然而,唐君毅先生以辯證式的思考方式來論證「天志」與「明鬼」作為早期墨家「義道」思想的理論預設,也從「體證」的角度指出:「人亦實捨此更無直接體證其『德』與『義』之隨處表現之道也。」[114]從而圓滿地回應了早期墨家思想中的宗教傾向問題。

綜言之,從唐君毅先生對早期墨家思想的詮釋來說,雖然他直接論述早期墨家思想對於「天志」與「明鬼」的存在證論並不充分,然而,從他的辯證性的思考方式論證「天志」與「明鬼」為早期墨家「義道」思想的理論預設之下,一方面指出早期墨家思想的「天志」與「明鬼」確然是「宗教」;另一方面又認為即使「天志」與「明鬼」確然是「宗教」卻並未有妨礙早期墨家「義道」思想的理論效力的問題,即認為「天志」與「明鬼」是其理論上的預設,更是整套「義道」思想的基石,尤其重要的是,此種理論的預設或基石並不從「迷信」或「理論手段」的角度來論析早期墨家思想。相反地,從理論的整體性與完整性(即早期墨家「義道」思想的全幅展開)來說,則更見唐君毅先生對於早期墨家思想的「天志」與「明鬼」之詮釋具有獨特的理解。依此來說,唐君毅先生對於早期墨家思想的詮釋實是可以回應當代墨家詮釋的宗教思想討論問題,並作出不同於爭論「天志」與「明鬼」是否「宗教」思想的疏解。當然地,當代墨家詮釋中的宗教思想之討論,如宗教意識、宗教的形式定義、天與上帝之別等,也確是能把早期墨家思想中的「天志」與「明鬼」思想作出進一步的思考,而並不以「體證」作為早期墨家思想中的宗教傾向之解釋,又可補足唐君毅先生的說法。

---

114 唐君毅:《中國哲學原論(原道篇卷一)》,頁137。

(三）唐君毅先生以「即哲學史以言哲學」之方式論證早期墨家思想之合理性

唐君毅先生對早期墨家思想的詮釋有別於其同時代之輩，此種差異來自其「即哲學史以言哲學」的詮釋方法。然而，以這種「即哲學史以言哲學」之詮釋進路來說早期墨家思想究竟有何種合理性呢？唐君毅先生明言其「即哲學史以言哲學」的詮釋進路，即「唯是即哲學思想之發展，以言哲學義理之種種方面，與其關聯之著」[115]，這樣的詮釋進路即兼具對哲學思想的歷史性與融貫性的考量，而唐君毅先生對於早期墨家思想的詮釋之合理性即在於這種歷史性與融貫性的考量，尤其是相對於勞思光先生以「功利主義」和「權威主義」的匯聚作為詮釋早期墨家思想的主要脈絡來說，下文即嘗試以此作為簡單的比較以說明唐君毅先先生之詮釋的合理性。

先說「功利主義」作為早期墨家思想的第一主脈。勞思光先生指出：「就『兼愛』本身論，主張『兼愛』本為平亂求治，則此目的乃實用之目的，而『兼愛』之主張亦作為一必有實效之主張而提出。故墨子自己亦強調『兼愛』為必可行之主張，且為不難行之主張。……其所以如此，則因墨子本以實效觀點提出此說。故其功利主義之思想亦由此逐漸透出。」[116]勞思光先生判定早期墨家思想為「功利主義」的主要根據是在於認為實踐「兼愛」的目的乃在於實用的目的（平亂求治），而在實踐「兼愛」的理由也以「必可行之主張，且為不難行之主張」為據。然而，以唐君毅先生的「理智心」的詮釋來說，早期墨家思想雖然可以是「個人功利之理智主義」，但是，其「兼愛」思想的基礎卻是「仁心」之自覺為始點。如此，則並不能簡單地以「功

---

115 唐君毅：《中國哲學原論（原性篇）》，頁4。
116 勞思光：《新編中國哲學史（第一卷）》，頁219。

利主義」來討論早期墨家的「兼愛」思想，尤其是唐君毅先生詮釋早期墨家思想的「心」為「理智心」，實可以把墨子倡議的「兼愛」作為「理智主義」的規範倫理之思考。假如只以「功利主義」來標識早期墨家思想，則需要進一步釐清「功利主義」其中的較為負面的意思。當然，在「功利主義」的倫理學思考之中，以「好」或「正確」作為規範倫理行為的內容上仍然是具有討論空間，即是：以「仁心」之自覺為「好」或「正確」，並配合「功利主義」的「最大化原則」之下，則早期墨家的「兼愛」思想仍然可以說是「功利主義」。然而，此義卻需要作進一步的釐清，是以勞思光先生認為早期墨家思想乃從「天志」作為「權威主義」式限定「兼愛」的價值根源。

再說「權威主義」作為早期墨家思想的第二主脈。勞思光先生指出：「墨子雖強調實效，但另一方面又不能不解釋『兼愛』之為正當。於是引出墨子之價值規範理論。此說通過〈天志〉與〈尚同〉而完成。此為墨子學說中之權威主義思想。」[117] 勞思光先生判定早期墨家思想為「權威主義」的主要根據是在於認為實踐「兼愛」具有「正當性」之意義，此「正當性」之意義即在於以「天志」之要求，而此「天志」的要求亦即是「兼愛」，於此從而結合「功利主義」與「權威主義」，更從〈尚同篇〉中的國家理論體現出來。然而，以唐君毅先生的「義」或「義道」的詮釋來說，早期墨家思想雖然並未能充分論證「天志」與「明鬼」的存在，但卻從辯證式的思維方式論證「天志」與「明鬼」作為「義道」思想的理論預設，並且，把「天志」與「明鬼」的作用限定為與人是對等的交互的天人關係。相應於「權威主義」的說法，勞思光先生指出：「天志為最高權威之尺度，即為價值規範。天意欲人『兼愛』，故『兼愛』有價值。且『義』出於天，

---

117 勞思光：《新編中國哲學史（第一卷）》，頁220-221。

於是將合乎『義』化為合乎『天志』（或天意）。……此為權威主義之價值觀。」[118]「義」確然是出乎於「天志」，但「天志」卻不是為所欲為的，人還是具有自主的意志，可以決定是否依循於「天志」，甚至把「天志」僅作為一個對等的交互對象，如此則可以對於早期墨家思想中的「非命」作出合理的詮釋，也可以作出進一步論析，指出「義」確然出於「天志」，自有其權威性，卻不代表著以此權威即能決定一切。[119]

觀乎此，唐君毅先生以「義道」來詮釋早期墨家思想的要義，從歷史性的考量來說，「義道」的詮釋一方面考慮到早期墨家思想與儒家思想面對相近的思想發生背景，具有對政治社會秩序重整的要求；另一方面更從「理智心」的詮釋指出儒墨之辨實是「以仁說義」與「以義說仁」之分，而「以義說仁」的問題意識即在於從「理智心」作為工具計算的思考「兼愛」的進行考量。如此，把早期墨家思想僅理解為「功利主義」，則需要作進一步的釐清，指出早期墨家思想實具有「仁心」之自覺的理論傾向，唐君毅先生把其想法定性為「理智主義」則不用糾纏於「功利主義」的負面意思之釐清。從詮釋的融貫性來說，「義道」的詮釋一方面對「天志」與「明鬼」作出理論上的論證，釐清其並不是純粹的「權威主義」，實是與人具有對等的相互關係；另一方面更能從人具有自主的意志而詮釋「非命」的意涵，對早期墨家思想作出了貫融的詮釋。依上述兩者來說，唐君毅先生以「即哲學史以言哲學」的方式詮釋早期墨家思想為「義道」則自有其合理性。

---

118 勞思光：《新編中國哲學史（第一卷）》，頁221。
119 勞思光先生對早期墨家思想的詮釋即並未有論述「非命」的部分。

四　結論：「即哲學史以言哲學」論析「義道」的可能

　　總的來說，唐君毅先生對於早期墨家思想的詮釋進路可分別從「理智心」與「義道」兩面而說。唐君毅先生詮釋早期墨家思想的「心」為「理智心」，主要依據早期墨家思想特重「心之作用之知之一面」，與孟子的「性情心」比較之下，則見早期墨家思想的「心」在根本處乃是知識心、理智心（即「智識心」），依此，雖然早期墨家思想言「兼愛」之起始可說與孔孟的「仁心」之自覺相近，但是，即在於其「理智心」的操作運用，致使說「仁」以具體的「利」為要，以「兼」作分別歸類之旨，遂把「兼愛」作成一「平等」規範之愛。唐君毅先生論證早期墨家思想的要義為「義道」，一方面以儒墨同源及儒墨之別來衡定墨子思想為「以義說仁」的「義道」，此即從哲學史的發展脈絡來論說早期墨家思想的要義；另一方面從墨子思想的內部架構（「理智心」及天鬼神人之交互關係）辯證墨子思想為「宇宙的義道」，此即從哲學義理的層面來論說早期墨家思想的要義。依此，唐君毅先生更以「義道」把早期墨家思想中的各個面向緊扣作出全面的開展。以「天人關係」的理想狀態而言，即是「宇宙的義道」，包含了「墨學十論」中的「兼愛」、「天志」、「明鬼」及「非命」等命題；以倫常生活的理想狀態而言，即「與人民之生存及經濟生活中之義道」，則包含了「墨學十論」中的「非攻」、「節用」、「節葬」、「非樂」等主張；以國家政治生活的日常狀態而言，即「社會政治上的義道」，即包含了「墨學十論」中的「尚賢」、「尚同」等說法。至此，可見唐君毅先生以「義道」作為詮釋早期墨家思想的要旨，實是兼備詮釋的歷史性與融貫性。

　　唐君毅先生本著其「即哲學史以言哲學」的宏觀的哲學態度與辯證式思維的獨特的詮釋視角，對早期墨家思想的詮釋確然得到不少較

其同時代學人為突出的洞見,如:詮釋早期墨家思想的「心」為「理智心」;早期墨家思想言「兼愛」之起始可說與孔孟的「仁心」之自覺相近;從「以仁說義」與「以義說仁」論儒墨之別;辯證式地論證「天志」與「明鬼」為早期墨家思想的理論預設;對等而相互的「天人關係」等。然而,從當代的墨學詮釋中,對實踐「兼愛」的可能動機之討論,或「天志」與「明鬼」是否屬於「宗教」之爭議,其實也是可以為唐君毅先生的詮釋作出可能發展或進一步的討論。總的而說,唐君毅先生對早期墨家思想的詮釋,仍然是給予後續者具有極大的啟發性,實在值得後續者循其方法或態度來研究,尤其是唐君毅先生「即哲學史以言哲學」的詮釋進路,既著重情理兼備的態度,又著重哲學史發展的脈絡並重要觀念的比較,從哲學史的清理來說無異是研究古代中國哲學思想的重要進路,而將早期墨家思想的詮釋置於此一進路來論析,自有不止於獨到的見解。

第五章
論唐君毅先生對晚期墨家（《墨子・小取》）的詮釋

> 中國名辯之學或語言之哲學，乃純以成就人己心意之交通為歸，此實倫理精神之表現。
>
> ——唐君毅：《中國哲學原論（導論篇）》[1]

一 引論：從《墨子・小取》乃言「辯之七事」說起

唐君毅先生對於《墨子・小取》的詮釋以「成就人己心意之交通為歸」[2]，即從人際之間的實踐與做事的脈絡來理解，認定墨家的「名辯」思想是倫理精神的開展。鄧育仁教授說：「不同於過去學者由邏輯方法的角度入手，唐君毅之〈原辯：墨子小取篇論「辯」辨義〉以人間事定位《墨子・小取》所說的或、假、效、辟、侔、援、推，而稱之為『七事』。循此定位方式來看，七事本來就不適合由邏輯推衍的方式來界定，而應當放到人際之間實踐與做事的脈絡來檢視。進一步來說，七事是涉及人與人之間言論與對話的事，尤其是當彼此所持的觀點不同而捲入辯論時。在辯論的過程裡，無論如何舉例，如何表達意思，如何說出道理，相互之間最起碼的要求是：『有

---

[1] 唐君毅：《中國哲學原論（導論篇）》（北京：九州出版社，2016年），頁5。
[2] 唐君毅：《中國哲學原論（導論篇）》，頁5。

諸己不非諸人,無諸己不求諸人』。七事是在此基本求下次第展開的語說方式。」[3]如此,唐君毅先生對〈小取〉的詮釋在當代墨學中就具有其殊異性。[4]本文認為唐君毅先生對〈小取〉的詮釋既具有墨辯的語用學詮釋意涵,亦有他自身對於「哲學語言」的思考。[5]從語用學詮釋來看,〈小取〉論述「辯」的作用不單只邏輯思考的呈現,更涉及倫理學的意涵;從唐君毅先生的哲學思想來看,則其對〈小取〉的詮釋方案既呈現他融貫式的思維方式,更透顯他「立言皆是立德」

---

[3] 鄧育仁:《公民儒學》(臺北:臺灣大學出版中心,2015年),頁284-285。鄧育仁先生對唐君毅先生〈小取〉詮釋的討論主要在於應用層面,他明言:「循唐君毅所提的實踐與對話的觀點,本文進一步將七事分二階段依次說明。……至於分項的實質內容,只是改寫而沒有超出唐君毅原已提出的說明。本文的新意,在於分二階段後,將重點放在七事中『侔』的言說方式,而以辭之侔為聯合辟、侔、援、推四事的核心,探索它們在當代哲學論述裡能有的策略角色,以及現代生活中所能有的新意涵。」(鄧育仁:《公民儒學》,頁285。)

[4] 孫長祥先生曾指出:「若依今日哲學問題分類的觀點來看,以經說取三者一貫、相互註釋的方法,對〈小取〉內文加以詮釋,似乎並不全然只限定在邏輯的立場,實際還包含了認識論、形上學、語言哲學、科學哲學、方法論等各個不同的領域。」(孫長祥:《思維・語言・行動:現代學術視野中的墨辯》〔臺北:文津出版社公司,2005年〕,頁41。)葛瑞漢(A. C. Graham)也有類似的論述:「墨家的興趣都不在於建立邏輯形式。它設置的並列句式,不是嘗試著探究三段論,而是表明,因推論所開始的描述的虛假並列,不同組合的字詞的不確定性會使推論失效。恰是這一點使得《名實》奇妙地有了維特根斯坦的表徵。」(葛瑞漢:《論道者:中國古代哲學論辯》〔北京:中國社會科學出版社,2003年〕,頁182-183。)

[5] 陳榮灼先生也曾指出「墨辯」具有語用學的色彩,他說:「『墨辯』中無論是『為自推理』或『為他推理』都是帶有強烈之『語用』(pragmatic)色彩。這是說,『墨辯』中推理之『有效性』是具有『語用性格』的概念,使一『墨辯』推理成為『有效』的相似性本身是『依賴目標』(goal-dependent)。」(陳榮灼在〈作為類比推理的《墨辯》〉,楊儒賓等編:《中國古代思維方式探索》〔臺北:正中書局,1996年〕,頁203。)此外,陳榮灼先生指出「墨辯」是完整的類比邏輯理論,再分別從類比推理的方式類型、謬誤成因及可能結果等重新詮釋〈小取〉,指出「墨辯」是「類比思維模式」與公孫龍的「演繹思維模式」是截然不同的思維型態。這是陳榮灼先生從事思維現象學的研究成果。

的哲學語言觀。本文的寫作目的即以上述兩者為論述方向,具體的操作分成三部分:首先,重構唐君毅先生以「語意之相互了解」來詮釋〈小取〉「名辯」思想要點,分從「辯之七事」與「言之多方殊類異故」析論;其次,論述格賴斯(Paul Grice,又譯格萊斯)的語言哲學思考,即「格賴斯方案」與「理性行動」,展示在交談行為即具有追求「幸福」的合理途徑;[6]最後,結論部分比較唐君毅先生〈小取〉詮釋方案與格賴斯的語言哲學,論證唐君毅先生詮釋的理論效力,並略論唐君毅先生的「哲學語言」觀。

二 論唐君毅先生的《墨子・小取》詮釋:「辯之七事」與「言之多方殊類異故」

　　唐君毅先生論述〈小取〉的要點在於「辯之七事」與「言之多方殊類異故」兩部分,前部分是展示論辯歷程中的「辯之七事」;後部分以「辭之侔」揭示論辯雙方的心理事項;最後指出〈小取〉的宗趣為「立辭必明於其類」[7]。下文依次討論。

---

[6] 以格賴斯的「格賴斯方案」及「理性行動」理論來討論唐君毅先生〈小取〉的詮釋意涵有三個理由:其一,格賴斯的語言哲學以交談行為的「非自然意義」為重,唐君毅先生的〈小取〉詮釋亦著眼「辯」的交談形式,二者皆對交談行為現象作出的論析與反思;其二,格賴斯的「意圖」理論與「義蘊」理論為交談行為的「非自然意義」提供多項的原則與設準,與唐君毅先生的〈小取〉詮釋著重「辯之七事」的理想交談模式及「言之多方殊類異故」的類型分析,皆為找出交談行為所傳遞訊息的確當性作出技術性的原則分析;其三,格賴斯的語言哲學雖著重於語用學一面,卻從「理性」的探討而提出具有倫理意涵的一面,唐君毅先生的〈小取〉詮釋亦指出其兼有「推恕之道以成辯」,兩者皆從交談行為而論及倫理意涵。依此,本文認為透過格賴斯語言哲學的觀點,能論證並完備唐君毅先生〈小取〉詮釋之觀點。

[7] 唐君毅:《中國哲學原論(導論篇)》,頁165。而「立辭必明於其類」一語應是唐君毅先生改寫自《墨子・大取》:「夫辭以類行者也,立辭而不明於其類,則必困矣。」

(一) 辨「辯之七事」非「辯之七法」

所謂「辯之七事」，即〈小取〉中所記載相關於「辯」的「假」、「或」、「效」、「辟」、「侔」、「援」、「推」等七名目。唐君毅先生指出不少學者（梁啟超、馮友蘭、胡適、陳大齊等）以〈小取〉對此七名目作出分別的解釋，認為〈小取〉乃「表示不同之立論設辯之法而並立者」[8]，並以「辯之七法」（即七種並列而不同的言辯方式）詮釋〈小取〉的七名目。然而，唐君毅先生指出〈小取〉此七名目是「論辯歷程中次第相生之七事」[9]，從而論證〈小取〉的七名目實是「辯之七法」。唐君毅先生從兩方面論證他的判斷：1.〈小取〉篇中的文義脈絡；2.〈小取〉七名目的再詮釋。

1. 從〈小取〉的文義來看。首先，唐君毅先生指出：「在『或』與『假』，根本不能分別獨立，以各成辯之一法。」以「或」即是「特稱命題」或「或然命題」及「假」則是「假然命題」來說，即使兩者可以作為「命題」來理解，但命題並不能已經是「論辯」或「邏輯推論」之法。這樣，當理解〈小取〉中七名目為「立論設辯之法」，則從文義思想「或」與「假」實不足為「法」時即已論證「辯之七法」的不成立。其次，唐君毅先生又指出：「謂『效』為演繹法，『推』為歸納法，或以『所效』相當於主辭，『效』相當於賓辭，以『推』為因明中之喻體（相當於邏輯中之大前提）及以譬、侔、援、推，各為一論辯法者，亦皆同於原文無的據，且與〈小取〉篇後文所舉之論辯之例證，多無所應合。」[10]即是說，唐君毅先生認為把

---

8 唐君毅：《中國哲學原論（導論篇）》，頁134-135。從當代的《墨子・小取》詮釋中，把〈小取〉的七名目作為「辯之七法」仍然為數不少，如孫中原的《墨子解讀》（北京：中國人民大學出版社，2013年）、陳孟麟的《墨辯邏輯學新探》等。
9 唐君毅：《中國哲學原論（導論篇）》，頁152。
10 唐君毅：《中國哲學原論（導論篇）》，頁136。

「效」、「辟」、「侔」、「援」、「推」等視為論辯的七種並列的方法,既沒有文本義理上的支持,又從〈小取〉篇所舉的例證上沒有契合之處。唐君毅先生遂指出從〈小取〉篇的文義脈絡看〈小取〉的七名目僅能理解為「辯之七事」。

2. 從〈小取〉七名目的詮釋來看。唐君毅先生再從《墨經》各篇把七名目的義理衡定,並以《墨子》各篇的說法作例證:

(1) 關於「或」。〈小取〉說:「或,不盡也。」唐君毅先生引《經上》的「盡,莫不然」,《經上說》的「盡,俱止動」,以「或」是「盡」的否定,而「盡」即「止」、「動」的定然不移之義為理解,綜括「或」的意涵即「〈小取〉所謂『或』為不盡,即疑其為『不盡然』,或疑其『非莫不然』之義」。[11]如此,「或」實是論辯的第一步,即「直對他人所立之辭或義,『疑是其然』,擬『舉不然者而問之』之事」[12],「或」是對他者所論有所「疑惑」。

(2) 關於「假」。〈小取〉說:「假也者,今不然也。」唐君毅先生引《經下》的「假必誖,說在不然」,《經下說》的「假必非也而後假,狗假虎也,狗非虎也」,以「假」即是從「或」的「舉不然者而問之」,以證他者所立之辭或義為「假」或「誖謬」,「假」是論辯的第二步,即認定他人的立論(言辭)為「非」、「錯誤」。

(3) 關於「效」。〈小取〉說:「效也者,為之法也。所效者,所以為之法也。故中效,則是也;不中效,則非也。」唐君毅先生引《經下》的「一法者之相與也,盡類,若方之相合也」,《經下說》的「一方盡類,俱有法而異,或木或石,不害其方之相合也。盡類,猶方也」等,指出《經下說》所引「方」類的例證,再依此「具體事物中之普遍者」來詮釋「法」,則「法」即是指「同類事物間之共同的

---
11 唐君毅:《中國哲學原論(導論篇)》,頁137。
12 唐君毅:《中國哲學原論(導論篇)》,頁138。

方式或法則」。[13]依此,關於「效」的論述,唐君毅先生作出兩方面的論述:其一,既然「法」是「同類事物間之相類處」,實是指破題立論一方以可行仿效之依循方式而立言。所謂「效也者,為之法也」即「立一辭,當使其所依循之方式,可為他辭所效法」;所謂「所效者,所以為之法也」即「為他辭所效法者,即此依循某方式而立之言辭」。[14]其二,唐君毅先生指出「故中效,則是也;不中效,則非也」一語為理解「效」的核心語句或關鍵,《經上》的「故,所得而後成也」來看,「『故』即辭之所得而成之理由」,配合「故中效」或「不中效」作詮釋,則「效」的關鍵即在於能否依據所論及之辭而作出相類處的推論,能夠依循的即是「中效」,即是可行仿效的依循方式。「效」是論辯的第三步,即「仿效」他者的立論(言辭)而能從相類舉出推論。

（4）關於「辟」。〈小取〉說:「辟也者,舉他物而以明之也。」唐君毅先生引用孫詒讓《潛夫論釋難》的「直告之不明,故以他物為喻以明之」[15],表明「辟」的作用是論辯歷程中以「譬喻」幫助他者容易理解立論之言辭。進一步來說,唐君毅先生認為「辟」並不是自由採用或漫無準則的,從「舉他物而以明之」的「他物」與「明之」來說,實是理應與上下文脈絡作連貫的,「辟」所「明之」的正是「效」所作的「自立其辭」之「不明」者;「辟」所舉的「他物」也是「效」中論及同類之物,同類與否即以依同類之「故」作衡定,唐君毅先生引述《非攻上》的「竊人桃李」與「取人牛馬」來例證「辟」的使用。「辟」是論辯的第四步,即用能合適的例證或譬喻來

---

13 唐君毅:《中國哲學原論(導論篇)》,頁141。
14 唐君毅:《中國哲學原論(導論篇)》,頁142。
15 吳毓江:《墨子校注》(北京:中華書局,1993年),頁648。依《墨子校注》,《潛夫論釋難》所述為「夫譬喻也者,生於直告之不明,故假物之然否以彰之」,與唐君毅先生的引文稍有出入。

論證己方的立論,「辟」即是例證。

（5）關於「侔」。〈小取〉說:「侔也者,比辭而俱行也。」唐君毅先生說:「以侔為比照一辭之引出新辭之方式,以自引出新辭,則侔對辯論之價值即至大,而明顯為論辯歷程中,人求立論時,繼譬之事而必然應有之事。」[16]換言之,「侔」的「比辭而俱行」固然是指文義、句型等相當接近的表達形式,而這種相近的表達形式為的是引申或推論出新的結論。唐君毅先生援引《非攻上》的推論作例證。「侔」即論辯的第五步,是指「近乎類比推理」,可稱作「侔之辭」或「侔式推理」。

（6）關於「援」。〈小取〉說:「援也者,子然,我奚獨不可以然也?」唐君毅先生指出:「〈小取〉篇之釋援則曰:『子然我奚獨不可以然也?』則至少自表面上文字以觀,並非由此一然以推彼一然之事,而是由此一然以問彼何不然。」[17]論辯的歷程來看,則「或援『子然』為例,以問『我何不然』之事。此所成者遂只為一反詰之辭」[18],「援」是論辯的第六步,乃是以反問的形式,對「侔」作出進一步推論的引子。

（7）關於「推」。〈小取〉說:「推也者,以其不取之同所取者,予之也。是猶謂他者同也,吾豈謂他者異也。」唐君毅先生對於「推」的「以其不取之同所取者,予之也,」之「取」、「不取」及「予」,皆從「以類取,以類予」的文義脈絡作詮釋,所謂「類」即某事物,從對方所「不取」的某事物,實為己方之所「取」的同一某事物,以此作為給「予」彼此的結論,如此,即能成為整個論辯歷程的完結。

---

16 唐君毅:《中國哲學原論（導論篇）》,頁146。
17 唐君毅:《中國哲學原論（導論篇）》,頁147。
18 唐君毅:《中國哲學原論（導論篇）》,頁147。

綜言之，唐君毅先生判斷〈小取〉的七名目是「辯之七事」，即「論辯歷程中次第相生之七事」，而「此論辯之歷程，非一人獨自運思之事，而是在說者與為論敵者之人己雙方間進行之事」。[19]如此，為了能達致有效果之論辯，論辯雙方需要有基本的原則所遵行，此即「以類取，以類予」及「有諸己不非諸人，無諸己不求諸人」。唐君毅先生更綜括「辯之七事」的歷程狀態：雙方論辯之始，即以為其中一方的立論並未能盡善處，即「或」而疑；進而提出對方立論未能盡善處以為「假」；除了破斥對方的立論，己方亦需從立論的相類近處作自立論說，而這一自立論說更需要能有所「效」法；在確定能與對方所論具可效法性，則己方更應該進而舉其他與對方立論所同類之事物為「辟」（譬）；而此類「辟」的作一例，更可依相近的文義與形式作出「比辭俱行」的多重例證，此即「侔」，亦即類比推理；從「侔」的類比推理中更應該作出反詰的「援」；從而引申另舉一例，此例當為論辯之初對方所不採用，卻又與己方的立論為所同類之事物，從而反證己方之立論為完備，此即為論辯之歸結，亦為「推」。[20]依此，唐君毅先生從論辯歷程來詮釋〈小取〉的七名目為「辯之七事」，並否定以邏輯分析的進路來詮釋「辯之七法」。

（二）辨「言之多方殊類異故」

唐君毅先生把〈小取〉的七名目詮釋為「辯之七事」後，亦對〈小取〉篇的後半作出論析，尤其是以「辭之侔」（對偶成文）作出討論。唐君毅先生認為〈小取〉後半的義理不多，他說：「〈小取〉篇後半之文，論辟侔援推之辭之『行而異，轉而危，遠而失，流而離本』，及言之『多方、殊類、異故』其所舉之例多瑣屑，義蘊亦不

---

19 唐君毅：《中國哲學原論（導論篇）》，頁152。
20 唐君毅：《中國哲學原論（導論篇）》，頁152。

多。」[21]唐君毅先生對〈小取〉後半的討論只有兩個目的：其一，展示「辭之侔」（對偶成文）所特具有的類比推理效力，展示各種「實」、「故」、「類」的關係；[22]其二，展示後期墨家的「名辯」不是意在於建立邏輯的推論形式，而是意在於顯出論辯雙方的心理中之所注意的取向。他說：「可通之者，蓋惟一原則，即就世人或對辯之他方，立辭時之主觀心理中，其辭所指之『實』如何（即察名實之理），如何取『故』（即依何理由），及其所已承認之『類』之同異，以定其所生之辭之當否而已。」[23]依此，唐君毅先生對〈小取〉後半的處理是對「言之多方殊類異故」的五個類型配合〈小取〉後半的例子作分類說明。

1.「是而然」。所謂「是而然」，即從心理上以事實為據而立論。以「獲，人也；愛獲，愛人也。臧，人也，愛臧，愛人也」為例，唐君毅先生指出：「此中之臧與獲，或謂為奴婢之名。無論是否，要之吾人愛臧與獲，非因其與我有何親戚關係，而純因其實為人之故而愛之，故愛臧與獲即是愛人也。」[24]

2.「是而不然」。所謂「是而不然」，即從心理上以事實為據而得出不同「類」的立論，其關鍵在於所取的事實僅為特殊個體例子。以「獲之親，人也；獲事其親，非事人也」為例，唐君毅先生指出：「由於獲之親，雖為一人，然獲之所以特孝事其親之故，卻非由於彼

---

21 唐君毅：《中國哲學原論（導論篇）》，頁153。
22 關於「侔」式推理的理論效力。葉錦明先生指出：「墨辯邏輯裡的『侔』式推理，所涉及的恰恰是一種困擾西方傳統邏輯家的推理，即如何從『所有圓形都是圖形』推出『任何人畫了一個圓形就是畫了一個圖形』。仿照《墨辯》的語氣來說，那就是『圓，圖也；畫圓，畫圖也』。這個推理的對確性無法靠傳統三段論的邏輯來證明，因而一直困擾著傳統邏輯家。」（葉錦明：《邏輯分析與名辯哲學》〔臺北：學生書局，2003年〕，頁219。）
23 唐君毅：《中國哲學原論（導論篇）》，頁153。
24 唐君毅：《中國哲學原論（導論篇）》，頁156。

為一人,而實由於彼為其親之故;而獲之愛其弟之故,亦因彼實是其弟之故,亦非其為美人之故也。」[25]

3.「不是而然」。所謂「不是而然」,即前者觀念不同卻依於心理上的狀態而得出同類的結論。以「讀書,非書也,好讀書,好書也」為例,唐君毅先生指出:「依吾人之意,好讀書之所以為好書——或吾人之所以可由好讀書之辭,以引申出好書之辭——唯由人在好讀書時,人在心理上確對於書與讀,皆有一好,因而好讀書之辭中,即包涵好書之意義。」[26]

4.「一周一不周」。所謂「一周一不周」,即「周」的普遍性問題(「周」與「不周」)取決於個別的思想型態,以墨家的「兼愛」思想說「愛人」,則必然要求「周」的普遍性,然對其他事情則不然。依此,即使兩類推論的表達形式相近似,結論卻呈現「互相矛盾」實緣於思想型態之不同。以「愛人,待周愛人而後為愛人,不愛人,不待周不愛人。……乘馬,不待周乘馬,然後為乘馬;有乘於馬,因為乘馬矣。」為例,唐君毅先生指出:「一周一不周,明非就一例內部言,而為就二例之相似而不同處言。愛人之例乃周之例,乘馬之例,則不周之例也。」[27]

5.「一是而一非」。所謂「一是而一非是」,即「是」的肯定性問題(「是」與「非是」)乃是取決於個別在心理上的觀念選取而已。以「居於國,則為居國,有一宅於國,而不為有國。」為例,唐君毅先生說:「〈小取〉篇之言二者之別,則唯有就人一般人之心理上,語言意義上,說居於國時,人所思者,實乃所居之國之全體之土地,此全體之土地,似皆為人之行旅所及,故居於國即居國;而說有一宅於國

---

25 唐君毅:《中國哲學原論(導論篇)》,頁156。
26 唐君毅:《中國哲學原論(導論篇)》,頁158。
27 唐君毅:《中國哲學原論(導論篇)》,頁159。

時，人所思者實乃宅之只占國之一部分之土地，除宅所占之此一部分土地外，其餘部分之土地皆在其外，故有宅於國非有國也。」[28]即是說，此類論述僅是從心理上所關注的部分作為立論而已。

綜言之，唐君毅先生對於〈小取〉後半以「辭之侔」的形式展示「言之多方殊類異故」的種種情況，指出〈小取〉後半並非以純粹建立邏輯的推論形式，實著重於論辯雙方的心理取態。然而，即使〈小取〉篇並非以建立邏輯的推論形式為要，卻以「辭之侔」的形式展示了隱涵於論辯雙方的邏輯原則。依此，唐君毅先生對〈小取〉的後半提出結語：「吾人雖謂〈小取〉篇後半篇之宗趣，不在建立邏輯上之普遍的推論形式，然卻又不可說〈小取〉篇無邏輯上之原則之提出，更不可說〈小取〉篇意在明世間無真正相類之辭。其所欲人注意者，唯是辭之似相類者，可實非相類；……簡言之，即吾人於此二辭，其所取之故或所依之理由，是否相同。辭若異故，則殊類，必同故而後其類同，此即〈小取〉篇所提出之邏輯原則。」[29]

（三）論《墨子‧小取》的宗趣

至此，唐君毅先生已展示對〈小取〉的獨到詮釋，即以「成就人己心意之交通」為宗要，判斷〈小取〉區分成兩個部分，前部分是展示論辯歷程中的「辯之七事」；後部分即以「辭之侔」揭示論辯雙方的心理事項。唐君毅先生指出：「〈小取〉篇之中心問題，實不在建立邏輯上之推論形式，而唯在論述論辯歷程中之或、假、效、辟、侔、援、推之七事。此中之要點，則在『立辭必明於其類』，辭之相類者，亦即依相同之『故』而立者。」[30]

---

28 唐君毅：《中國哲學原論（導論篇）》，頁161。
29 唐君毅：《中國哲學原論（導論篇）》，頁162。
30 唐君毅：《中國哲學原論（導論篇）》，頁165。

唐君毅先生詮釋〈小取〉的宗趣可從三方面講：首先，〈小取〉的「辯之七事」是建構一個「辯」的理想程序，它可以具有邏輯的推論形式或思考，卻不必然是建立邏輯的推論形式；其次，從〈小取〉篇前半「辯之七事」中的「侔」及〈小取〉篇後半「言之多方殊類異故」中的「辭之侔」的關係來看，則「辭之侔」的「對偶成文」或「比辭俱行」形式正是「辯之七事」中「侔」的應用，此應用更多地涉及心理層面意義。最後，所謂〈小取〉即「取言」論調，並不止於對「言辭」的恰當理解，而是透過「名辯」的合理性展示客觀事物的是非標準，而達致具倫理意涵的「一同天下之義」。唐君毅先生說：「因墨家信有客觀標準可決定是非勝負，故重辯。……辯中之相非，既當有又必有勝者，則一同天下之義之事，即有可能。此蓋即墨者所以上說下教，強聒不舍，以與他家辯，以求一同天下之義也。」[31]

然而，唐君毅先生的〈小取〉詮釋雖可以整全地從墨家「尚同」的「一同天下之義」而判斷「取言」具有倫理意涵，唯〈小取〉首段言：「夫辯者，將以明是非之分，審治亂之紀，明同異之處，察名實之理，處利害，決嫌疑。焉摹略萬物之然，論求群言之比。」依此，「辯」之所以能「處利害，決嫌疑」等僅源於「辯」的工具價值，「辯」自身沒有內在價值嗎？《經上》：「辯，爭彼也。辯勝，當也。」[32]《經下》：「謂辯無勝，必不當，說在辯。」《經下說》：「辯也者，或謂之是，或謂之非，當者勝也。」[33]依此，〈小取〉所言的「辯」就是「爭辯」的意思，尤其指向具有爭辯意涵而分出勝負的論辯。可是，《墨子》書中對「辯」一語的使用不止於爭勝辯論的意思，至少還有「辨別」的意涵，如〈大取〉：「義利；不義害。志，功為辯。」[34]

---

31 唐君毅：《中國哲學原論（導論篇）》，頁189。
32 吳毓江：《墨子校注》，頁478。
33 吳毓江：《墨子校注》，頁535。
34 吳毓江：《墨子校注》，頁613。

〈尚賢中〉:「天亦不辯貧富、貴賤、遠邇、親疏,賢者舉而尚之,不肖者抑而廢之。」[35]〈兼愛中〉:「天下之士君子,特不識其利,辯其故也。」[36]〈非命中〉:「今天下之士君子,將欲辯是非利害之故,當天有命者,不可不疾非也。」[37]甚至使用「勝」字時,除了「勝負」的意思,還可以有「恰當」、「合宜」等意思,如《經下》:「五行毋常勝,說在宜。」[38]依此,假如將〈小取〉「辯」的意涵稍作擴展,並不狹義地取形式上的「爭辯」或「辯論」,而是以廣義地包括自我說服、批判他人理論,並從合宜或合理為衡量標準,作為關於論說活動或交談行為的理論,則「辯」是具有恰當地「成就人己心意之交通」的意義,亦是人作為「理性存在」既可以從論說活動或交談行為作出批判性的價值取捨,又可以從過程中展示其理性的本質。[39]以下就轉而論述格賴斯的語言哲學從而論析這詮釋取向的可能性。

三　論格賴斯的語言哲學:「格賴斯方案」與「理性行動」

　　格賴斯在語言哲學發展上具有特別的位置,他所提出的「意圖」(intention)理論與「義蘊」(implicature)[40]理論,更有「格賴斯方

35　吳毓江:《墨子校注》,頁78。
36　吳毓江:《墨子校注》,頁159。
37　吳毓江:《墨子校注》,頁415。
38　吳毓江:《墨子校注》,頁537。
39　關於〈小取〉「辯」的意涵,孫長祥先生從「思言行」的觀點指出「辯」具有思辨、指導及檢討等的意義,他說:「〈小取〉篇之所以論『辯』,主要即在揭示墨學重視行動的合理性及可行性;並非只是主觀的意願,而是企圖從認識與思辨活動的主觀狀況出發,區辨出思與所思對象的關係,建立起邏輯思維的合理聯結;再檢討並省察人在現實社會、政治中的情狀,以及『立辭』的心理狀態及言語表達的方式與內容,以做為墨者取捨行動時的主要參考。」(孫長祥:《思維‧語言‧行動:現代學術視野中的墨辯》,頁49-50。)
40　在漢語學界中,格賴斯的「implicature」有不同漢譯,如「蘊涵」、「隱涵」、「含意」、

案」（Grice's program）之稱。[41]所謂「格賴斯方案」具有兩個部分，第一部分是以「意圖」作為語句使用產生「非自然意義」的意義理論；第二部分則是從「非自然意義」與「合作原則」（The Cooperative Principle, CP）來確定在言語行為過程中「義蘊」產生的可能條件。然而，格賴斯作為哲學家所追求的研究並不止於語用學（Pragmatics）的範疇，更涉及「理性行動」（rational action）的意義建構或探索。戴維斯（B. L. Davies）曾指出：「格賴斯的興趣在於把語言系統看為人類理性行動的一個範例，通過各種邏輯加以解釋。他的目標是發現會話的邏輯，以整合言說與意義、所說與所義蘊、約定俗成與非約定俗成之間的罅隙並加予以解釋。他所尋求的邏輯可被視為理性行動的展現。」[42]以下將分別以「格賴斯方案」與「理性行動」討論格賴斯對言語行為的哲學思考。

（一）「格賴斯方案」：意圖與義蘊

關於「意圖」作為「非自然意義」產生的重要元素。在〈意義〉及〈說話者的意義與意圖〉中，格賴斯對於「意義／意謂」（meaning）

「意涵」、「暗示」、「義蘊」等，本文採用「義蘊」作為「implicature」的漢譯，這僅緣於筆者最早透過岑溢成先生〈詭辭的語用學分析〉（香港科技大學人文學部主編：《邏輯思想與語言哲學》〔臺北：臺灣學生書局，1997年〕，頁59-80。）的閱讀而認識格賴斯的「義蘊」（implicature）概念。至於「義蘊」的意思粗略為漢語的「暗示」或「言外之意」。

41 在介紹英美語言哲學的著作中，格賴斯的意義理論就直接寫成「格賴斯方案」（Grice's programme, Grice's program），如William G. Lycan, *Philosophy of Language: A Contemporary Introduction*, Routledge: Taylor & Francis Group, New York and London, 2019.; Alexander Miller, *Philosophy of Language*, Routledge: Taylor & Francis Group, New York and London, 2018.

42 B. L. Davies, "Grice's Cooperative Principle: Meaning and Rationality," *Journal of Pragmatics*, 39, 2007, p.2328.

的分析粗略區分成三個步驟：首先，格賴斯區分「自然意義」（natural meaning）與「非自然意義」（nonnatural meaning），所謂「自然意義」，即以「自然記號」（natural signs）或「約定記號」（conventional signs）而直接知悉的意義；所謂「非自然意義」，即在溝通過程中，某方透過以任何記號而傳遞記號意思或有別於記號意思的訊息。例如：彩票開獎後，你在我面前憤然撕掉彩票。你這行動意謂著向我表示並未能中獎。這種「意謂」就是某人透過記號（如動作）欲表達有別於記號意思的意義。換言之，格賴斯的「非自然意義」就是以人際溝通的情境為記號使用的確當意義，格賴斯以下標「$_{NN}$」表示「非自然」，用「meaning$_{NN}$」表示「非自然意義」，他的意義理論最重要的部分就是分析「非自然意義」構成的可能條件或形式。其次，格賴斯認為「非自然意義」構成的元素在於說話者的「意圖」，並著手分析「X 透過媒介 U 傳遞（非自然意義）P」（X mean$_{NN}$ by uttering U that P）這形式的可能條件。[43]格賴斯指出在一個溝通過程中，如必然地產生「meaning$_{NN}$」的話，則僅能透過言說者（Uther）的「意圖」。格賴斯說：「X 若要『非自然意義』（meant$_{NN}$）什麼東西，言說者不僅必須帶著誘發一個信念的意圖『說出』（uttered），還必須意圖使『聽話者』（audience）察覺到話語帶後的意圖。」[44]最後，以「意圖」為關鍵，格賴斯提出確定產生「meaning$_{NN}$」的三個條件，即「X 透過媒介 U 傳遞（非自然意義）P 給 Y」，則 X 意圖：（1）令 Y 相信 P；（2）令 Y 察覺到 X 的意圖（1）；（3）令 Y 因為察覺到 X 的意圖（1）而達成

---

[43] 格賴斯使用「Utter」為一個既中性又寬泛的用語，他說：「我把『話語（utterance）』當作適用於意義$_{NN}$的所有候選者的中性詞使用；它有一種方便的行為——對象歧義。」（Paul Grice, *Studies in the Way of Words,* Harvard University Press, 1989. p.216. 中譯本：保羅·格賴斯著，姜望琪、杜世洪譯：《言辭之道研究》〔北京：商務印書館，2021年〕，頁213。）

[44] Paul Grice, *Studies in the Way of Words*. p.217.

（2）。如此，格賴斯的意義理論即以「意圖」為要，並區別說話者的意義與語句的意義。[45]

關於「非自然意義」與「合作原則」作為產生「義蘊」的可能條件。在〈邏輯與會話〉及〈邏輯與會話的再議〉中，格賴斯提出「義蘊」觀念並以此討論在「非自然意義」中產生「義蘊」的可能條件。格賴斯的「義蘊」理論建構可粗略區分成三個層面：首先，格賴斯延續對「非自然意義」的討論，將「非自然意義」區分為兩大類別，其一是記號字面上的意思，即說話者所「言說」的內容（what is said）；其二是記號字面以外的意思，即說話者所「義蘊」的內容（what is implicated）。其次，「義蘊」可區分為「約定義蘊」（conventional implicature）及「非約定義蘊」（nonconventional implicature）；所謂「約定義蘊」即指一個句子或說話藉詞語或句子形式的約定用法而傳達的，而非語義內容的意義，如預設；以格賴斯的例子說明：「他是一個英國人，因此他是勇敢的。」這裡預設了「英國人具有勇敢的特質」的意涵卻並沒有明確說出，即從約定的用語而「義蘊」。[46]所謂「非約定義蘊」，即指一個句子或說話藉詞語或句子形式的約定用法並沒有直接關係。格賴斯指出人們在交談或表情達意時會遵守一些原則或格準，而有意違反這些原則或格準，刻意引發出意涵即是「非約定義蘊」。最後，「非約定義蘊」又可區分為「會話義蘊」（conversational implicature）與「非會話義蘊」（nonconversational implicature），「會話義蘊」即有意違反格賴斯所訂定的「合作原則」，所謂「合作原則」，是指交談時須符合交談者所共許的目標或方向，依此原則引申出四組「格準」（maxims），即：（1）數量（quantity）：所說的話不會過多或

---

[45] 格賴斯的「意圖理論」受到多次的批評與反覆的修訂，早已演變成極為複雜的討論，這裡僅展示格賴斯一個比較原初的版本，並不作延伸的討論。

[46] Paul Grice, *Studies in the Way of Words.* p.25.

過少;(2)品質(quality):所說的是自己也相信的、有根據的話;(3)關係(relation):所說的話與當下的話題的相干性;(4)方式(manner):說話清晰、明確、簡要而且條理分明。[47]即是說,說話者刻意違反「合作原則」或這些格準,則聽話者就可以推論說話者所傳遞的訊息與約定用法沒有直接關係而具有語義內容以外的義蘊;而「非會話義蘊」則是違反「合作原則」以外的「格準」,如道德的、美感的等。如此,格賴斯的「義蘊」理論從「非自然意義」的分析逐步找出「義蘊」產生的可能條件,讓「意義即用法」的理論有不同的取向。

(二)「理性行動」:推理與幸福

「格賴斯方案」確然是語言哲學發展的重要里程,即使「意圖」理論備受批評而未能成為意義理論的主流,而「義蘊」理論或「合作原則」卻成為語用學的奠基性理論。[48]然而,格賴斯在語言哲學的思考背後至少要面對兩個問題:其一,「意圖」理論與「義蘊」理論在理論上取態衝突的問題。「意圖」理論訴諸的是「意圖」的傳達;「義蘊」理論則強調語言學的語義或語用的慣例在靈活表達言外之意時的作用。珍妮花・索爾(Jennifer M. Saul)指出:「格賴斯對說話者意義和會話義蘊的論述用了截然不同的術語體系,前者完全是基於說話者的意圖;後者則大量涉及聽話者。結果,導致不少觀念(如說話者意圖)並不能與格賴斯的理論融合,還有許多表達說話者意義的既不是說話者的『所說』,也不是說話者的『義蘊』。」[49]其二,「理性」與

---

47 Paul Grice, *Studies in the Way of Words.* p.28.中譯參考岑溢成:〈詭辭的語用學分析〉。
48 如Stephen Levinson, *Pragmatics*, Cambridge University Press, 1983.或李捷等編:《語用學十二講》(上海:華東師範大學出版社,2010年)等都有專章討論「會話含意理論」(Conversational Implicature)。
49 Jennifer M. Saul, "Speaker Meaning, What is Said and What is Implicated," *Nuts*, 36(2), 2002, p.229.

「推理」的問題。無論是「意圖」理論或「義蘊」理論，它們對於信息的傳達還是依賴於說話者或聽話者自身的「推理」或「推論」，問題是「意圖」或「義蘊」在說話者或聽話者的「推理」具有必然性嗎？在「意圖」與「義蘊」的產生仍需要探討「推理」所具有的意義。理查德‧沃納（Richard Warner）指出：「關於理由和推理的主張奠定了他的意義理論，也奠定了格賴斯處理哲學問題的一般方法。」[50]即是說，在「格賴斯方案」後，格賴斯並未停留在語用學內作出種種理論修訂，而是繼續探求「理性」在交談行為中的作用。

關於「推理」、「理性」與「理由」。格賴斯指出：「我也許會用『價值範式』（value-paradigmatic）來稱謂推理這一概念。」[51]格賴斯從形式化的有效性與滿足的保真性所促成「價值範式」作為「推理」的理據，他說：「通過適用形式的轉化，我將把推理看作是用於擴大我們的可接受的一種稟賦：從一個可接受〔的東西〕的集合到另一個可接受〔的東西〕，並且要確保價值（value）從前提傳遞到結論，如果這些價值附屬在前提之上的話。這裡的『價值』我意指的是可以作為價值的一些屬性（毫無疑問，它是一些特定種類的價值）。真就是這樣的一個屬性，但它不是唯一的。現在我們可以確定另一個，實踐的價值（善）。因此，每一種這樣的價值都應該被視為一個更一般的概念『可滿足性』的一個特例。」[52]依此，格賴斯以三個層面的區分來論證「推理」具有「價值範式」的特性：首先，格賴斯把交談時的「推理」（Reasoning）區分「難方式」（Hard way）與「快方式」（Quick

---

[50] Richard Warner, "Introduction," Paul Grice, *Aspects of Reason*. Oxford University Press, 2001. vii. 中譯參考保羅‧格賴斯著、榮立武譯：《理性的面向》（北京：科學出版社，2022年）。

[51] Paul Grice, *Aspects of Reason*. p.35；格賴斯：《理性的面向》，頁80。

[52] Paul Grice, *Aspects of Reason*. p.87-88；格賴斯：《理性的面向》，頁144。

way），所謂「難方式」的推理是指推理者仔細地羅列出每個推理的前提與步驟，它的「難」在於交談時間的短促而難於快速完成；格賴斯指出：「對難方式的一個替換性選擇是快方式，它是我們基於習慣和意圖而變得可能的，並且這種能力〔快方式〕是我們所欲求的一種特質，有時候它也被稱為智力，其在程度上有差別。」[53]其次，既然推理與智力有關聯，格賴斯又把「理性」（Rational）區分為「平凡理性」（Flat Rationality）與「變化理性」（Variable Rationality），所謂「平凡理性」即是基本的理智能力，亦即是基本的智力；而「變化理性」就是從「平凡理性」所衍生並且可以訓練得來的理智特性，這些特性或可以表列為：頭腦清晰、關聯性、靈活性或創造性等，亦即是智力表現。如此，由於每個聽話者都具有「平凡理性」，具有基本的推理能力；而話語者則可以運用「變化理性」展示作出「快方式」的推理而引發聽話者的理解。最後，格賴斯先區分「真值性推理」（alethic reasoning）與「實踐性推理」（practical reasoning），再引申出辯護信念的「認知理由」（alethic reason）與辯護行動的「實踐理由」（practical reason）。格賴斯指出：「我想要主張的是不僅『Prob（h：p）』和『Best（h：a）』這樣的結構是可以類比的，而且它們可以被包含著一個普通常項的更複雜的結構所替換。在我看來，這個想法得到了語言學上的支持。」[54]即是說，格賴斯論證「推理」具有認知性質與實踐性質的不同，前者辯護信念的有效性；後者辯護行動的可接受性，兩者在價值上是具有可替換性的。依此，格賴斯作出了三項的兩分法，在交談行為對「理性」、「理由」及「推理」等的分析，從形式化及語言學的方案而對「真」與「善」作出等值的替換，「推理」即具有「價值範式」的意涵。

---

53 Paul Grice, *Aspects of Reason*. p.17；格賴斯：《理性的面向》，頁59。
54 Paul Grice, *Aspects of Reason*. p.49；格賴斯：《理性的面向》，頁98。

關於「幸福」。格賴斯在《理性的面向》的最後一章說:「我傾向於考慮這樣的可能性,即一般的幸福這樣的觀念將訴諸一個人(理性的動物)的本質特徵才能被確定下來。」[55]「理性動物」的本質特徵就是「理性行動」,而「理性行動」是促成「幸福」的可能,「理性行動」正是格賴斯論證在交談活動中具有「價值範式」意涵的「推理」。格賴斯先依亞里士多德的「幸福」觀念指出榮耀、財富、美德和理性都是幸福的構成性要素,再分析「幸福的增益」(eudaemonia)並不能以「目的─手段」的模式來理解,而是從「包含性目的」(inclusive-end)作思考,即榮耀、財富、美德和理性等本身即是幸福的構成,而欲求這些要素在於能構成幸福本身,至於兩項或多項構成元素衝突時的處理方案,則在於權衡「可滿足性」而已。[56]既然「幸福」是依於「理性行動」而達致,則交談活動中具有「價值範式」意涵的「推理」就是承擔這個重要的責任。榮立武指出:「推理就是保持價值不變的形式轉化過程,其中『真值』只是規範推理行動的一個價值,『善』或『目的』則是規範推理行動的另一個價值。在此意義上格賴斯把推理定義為一個有目的的行動,並且它滿足保真性或形式有效性。於是,理論推理就是從真信念出發保真地得出另一個真信念,而實踐推理就是從欲求一個目的出發保持可滿足性地(即保持目的不變地)實現該目的。推理和理性是相互規定的,它們共同地展現在『可

---

55 Paul Grice, *Aspects of Reason*. p.134;格賴斯:《理性的面向》,頁204。
56 榮立武曾解釋格賴斯這一個處理方案:「格賴斯主張,財富或榮譽之於幸福的關係也是如此:與其說是財富或榮譽本身有助於實現幸福,不如說是對財富的追求或對榮譽的追求將有助於實現幸福。……儘管X知道A1和A2是相互衝突的,但他對A1和A2的追求並不衝突,因為這二者都是他要的。X需要做的只是對這兩個低價的欲求A1和A2做出權衡,以便在追求B的過程中儘量保持這兩低價欲求的競爭性平衡。」(榮立武:〈格萊斯語用理論的內部衝突及解決方案〉,《邏輯學研究》第十五卷四期〔2022年〕,頁86。)

滿足性』這個抽象概念上。」⁵⁷換言之，格賴斯對於「幸福」的可能，在於「理性存在」的分析，這一分析透過「推理」而至「真值」與「善」的價值不變，作出恰當而理性的權衡。如此，格賴斯對「理性存在」的討論就形成了他整個思想的基礎，由「理性」、「理由」及「推理」的分析而至「幸福」的可能，即人的理性運用就是人的目的與幸福。⁵⁸

綜言之，格賴斯的語言哲學是透過分析語言的日常使用，尤其注意到實際交談時的信息傳遞問題，由此他提出「意圖」理論與「義蘊」理論。然而，格賴斯並不停留於語用學的研究，透過對「理性存在」的分析，格賴斯論證「意圖」理論與「義蘊」理論的可能在於人是「理性存在」，更由此而能達致「幸福」的途徑。⁵⁹

四　結論：論「成就人己心意之交通」的詮釋效力：兼論唐君毅先生的哲學語言觀

回到唐君毅先生對〈小取〉的詮釋討論。以格賴斯的語言哲學來看，唐君毅先生詮釋〈小取〉所著重的「辯之七事」與「言之多方殊

---

57 榮立武：〈譯者序〉，《理性的面向》，頁xvi。
58 格賴斯說：「從理性存在這一觀念進行推導可能會獲得許多至關重要的哲學結果。以亞里士多德為例，他認為他可以通過下面的步驟對人的終極目的進行刻劃：人的目的是人的功能之實現；人的功能是對人區別於其他生物之能力的最佳運用；這種能力就是理性；理性的最佳運用就是對形上學真理的沉思；因此那也是人的（初始）目的。……我現在並不知道這些宏大的結果是否可以從『理性存在』這一概念中推導出來，但我暗暗地希望它們是可能的，並有一種揮之不去的欲望，想要找出它們是如何可能。」（Paul Grice, *Aspects of Reason*. p.4；格賴斯：《理性的面向》，頁44。）
59 格賴斯的分析具有不少技術性的討論，而他的論證又涉及對其同代人的反駁，本節的論述要旨呈現在從語用分析連接到「理性行動」作為「幸福」的可能依據，不少細節部分也只能略而不談。

類異故」，展示的是論說活動或交談行為的別具特色的分析模型，與「格賴斯方案」明顯是不同的分析模型，卻又可以分從「名辯」與「理性」兩方面作出比較。

從「名辯」作為論說活動或交談行為來看，辨別雙方共識的「意圖」和對「以類取，以類予」的察覺，是兩者可以互相補足的論點。首先，以辨識「意圖」來說，〈小取〉中「辯」的意義固然著重「爭辯」的意義，唯從「辯之七事」的程序來說，重點是「以類取，以類予」的思維模式，嘗試找出彼此之間所討論的「類」，既用譬喻、侔式推理；更從反詰、反證的推論作總結。相對於格賴斯的「意圖」理論，「辯之七事」的具體操作程序更容易確證得到雙方的共識，而格賴斯的「$meaning_{NN}$」三條件，要能讓聽話者得悉「意圖」，更多的是說話者的責任，「辯之七事」所提供的與對話者反覆的互動操作，實可以作為具體的實踐方案。此外，唐君毅先生的〈小取〉詮釋所注意到心理層面的「言之多方殊類異故」亦能與格賴斯的「意圖」理論有所配對。其次，格賴斯的「合作理論」提醒著言談的雙方具有「合作」交流的「格準」，透過「格準」的遵守與否，從而論析「義蘊」的可能。雖然已有不少學者批評「合作原則」的「合作」觀念，認為「合作」是理想化說話者與聽話者的平等關係及交談目的，[60]但在〈小取〉的「以類取，以類予」中並未有提出「類」的尋找方案，以「合作原則」作為線索引子，反而能夠提供可資參考的作用。換言之，唐君毅先生詮釋〈小取〉所著重的「辯之七事」與「言之多方殊類異故」能夠從格賴斯的語言哲學中得到互相補足的支持，得到理論

---

60 如喬姆斯基（N. Chomsky）認為：把理想的說話者─聽話者放在一個完全同質的言語環境中，但是它沒有解釋人們如何在複雜的社會環境中真正表情達意的。例如，說話者如何交流才能使他們在所有社交環境中被人所接受。（N. Chomsky, *Aspects of the Theory of Syntax*, Cambridge MIT Press, 1965, p.4.）

上的論證其可行性。

　　從「理性」作為論說活動或交談行為的基礎意義來看，唐君毅先生詮釋〈小取〉時衡量「辯」的意義在於能配合墨家思想認定客觀標準的存在理論性格，他說：「墨家於客觀事物之辯，乃以言之是否當於客觀事物，為決定是非之標準。而於人生社會之理，則以天為義，天志為決定是非之標準，天志在兼愛，墨家即本之以斥不兼愛而攻戰等說為非，而謂兼愛非攻及天子之尚同於天之為是。」[61]然而，這樣的詮釋僅將「辯」在墨家思想被視作僅具工具價值而已，從《墨子》書內對「辯」可解作「辨」來看，則具有「辨別」的思考亦是「與辯者」的重要特質。借格賴斯對「理性行動」的分析來看，「推理」是具有「價值範式」的意涵，當〈小取〉指出「與辯者」在進行「推理」時，則可理解為「理性行動」的發生。這樣，至少具有兩重意義：其一，「辯」具有「立言即立德」的意義，即「與辯者」既在所進行「辯」時展示由「真值性推理」至「實踐性推理」的「價值範式」，又在「辯」的過程中作出合乎理性的取捨。如此，在〈小取〉以廣義的「辯」（辯論、辨別）都是能夠從認知理由推衍至實踐理由，由認知而至倫理意涵，即從言說而至道德。其二，「與辯者」即「理性存在」，亦即展開其理性的本質，這種展開本身已經具有目的性，呈現追求「幸福」的可能。綜言之，借格賴斯的理論來說唐君毅先生的〈小取〉詮釋，可以更完備「辯」的形式意義及倫理意涵，讓「辯」不止於工具價值而具有自身內在價值，從而加強以「成就人己心意之交通」為〈小取〉要義的詮釋效力。

　　最後，略論唐君毅先生的「哲學語言」觀。唐君毅先生詮釋〈小取〉所著重的是「成就人己心意之交通為歸」之詮釋進路，唐君毅先生指出：「吾本文（按：〈原言與原默：中國先哲對言默之運用〉）將

---

[61] 唐君毅：《中國哲學原論（導論篇）》，頁189。

更進而論者,則在說明中國思想,對語意之問題之反省,乃自始注意及語言與語言之外圍之默之關係,並視語言之用,唯在成就人與人之心意之交通。此中可說有一中國之語言哲學之傳統。」[62]即是說,唐君毅先生認為「人與人之心意之交通」的要旨就是中國語言哲學的傳統取向。唐君毅先生分析老莊對語言採取「忘辯忘言」的態度,即在於老莊認為未能容易從「辯」而得到「人與人之心意之交通」,遂分析背後的問題在於「成心」。[63]唐君毅先生甚至指出以「人與人之心意之交通」為理由,可以容許「言默」作為「無言之言」。[64]唐君毅先生這種語言的詮釋取態源於他的「哲學語言」觀,在他來說「哲學語言」(講哲學)僅是利生救世的其中一種方式,能自悟他悟、自覺他覺就已經是「立德」,是以「哲學語言」(講哲學)是「立言即立德」,而自悟他悟、自覺他覺除了使用「哲學語言」(講哲學),還可以講其他學問或其他宗教,如此,「哲學語言」僅是其中一個利生救世的工具而已。

這裡謹引述唐君毅先生的話作結束:「講哲學,必以為世興教為目標,然後吾人講哲學之事,乃出於吾人之道德理性,而可成就吾人之道德生活。否則吾人之講哲學,即止於吾人前所說觀照境中。……欲入道德境界,則其講哲學,必兼是自悟求他悟,自覺求覺他,以說法利生、興教救世之事,其立言皆是其立德,而希賢希聖中一事。」[65]

---

[62] 唐君毅:《中國哲學原論(導論篇)》,頁166。

[63] 唐君毅先生說:「老莊之意,則毋寧在說辯不能使人達於同意,而人亦不當由辯以求同意,而當另求人我之所以達於同意之方;或歸於不求之必同我意,而任天下人各有其意,不互求其同意;或相忘於其意之異,而皆無必求同意之意。……而在莊子,則首溯人在辯論中是己而非他,於此人之成心。」(《中國哲學原論(導論篇)》,頁190-191。)

[64] 《中國哲學原論(導論篇)》,頁169。

[65] 唐君毅:《生命存在與心靈境界(下冊)》,《唐君毅全集》第二十六卷(北京:九州出版社,2016年),頁391-392。

乙部
牟宗三先生哲學思想的闡釋

第六章
論牟宗三先生對王塘南「透性研幾」的詮釋

> 江右派之聶雙江與羅念菴已不解王學矣;而王塘南則正從此不解而復漸遠離於王學。此一不解與遠離正顯王學之特色,亦顯其所可有之流弊。人之不解與遠離亦正顯一新要求或新角度。
> ——牟宗三:《從陸象山到劉蕺山》[1]

一 引論:由對王塘南「透性研幾」的評價落差說起

王塘南(時槐,1522-1605)從學於劉兩峰(文敏,1490-1572),為王陽明(守仁,1472-1528)的再傳弟子,在《明儒學案》中被列入為「江右王門」。黃梨洲(宗羲,1610-1695)對王塘南在「陽明後學」的地位有很高的評價,其言:「姚江之學,惟江右為得其傳,東廓、念菴、兩峰、雙江,其選也。再傳而為塘南、思默,皆能推原陽明未盡之旨。」[2]又言:「陽明歿後,致良知一語,學者不深究其旨,多以情識承當;見諸行事,殊不得力。雙江念菴舉未發以救其弊。中流一壺,王學賴以不墜。先生謂『知者先天之發竅也。謂之發竅,則

---

[1] 牟宗三:《從陸象山到劉蕺山》,《牟宗三先生全集》第八冊(臺北:聯經出版事業公司,2003年),頁4。
[2] 黃宗羲:〈江右王門學案一〉,《明儒學案》(上冊)(北京:中華書局,2008年),頁331。

已屬後天矣。雖屬後天,而形氣不足以干之。故知之一字內不倚於空寂,外不墮於形氣,此孔門之謂中也。」言良知者,未有如此諦當。」[3]依黃宗羲所言,王塘南的「透性研幾」實是「諦當」並「能推原陽明未盡之旨」的。

然而,牟宗三先生對於王塘南在「陽明後學」的地位卻有截然不同的評價,他認為王塘南實是不解王陽明的「良知學」,甚至偏離「心學」。其言:「江右派之聶雙江與羅念菴已不解王學矣;而王塘南則正從此不解而復漸遠離於王學。」[4]牟宗三先生更評論黃宗羲所認為王塘南詮釋「良知」為「最為諦當」的說法,其說:「然至王塘南之分解,對於師泉之『悟性修命』有一轉解,如是,則以為良知『雖屬後天,而形氣不足以干之』,如是,遂又說良知是在『體用之間』,而卻不說由之以立體,蓋真正性體乃是未發、無為之先天之理,『體用之間』之體與此真正性體並不同也一屬命、一屬性故也。此則便較近於朱子,而走不上『以心著生』之路矣。是則師泉塘南雖對於良知之知之了解較之雙江念菴為諦當,然而卻不能如黃梨洲所云『最為諦當』或『未有如此諦當』。」[5]

問題是:為甚麼黃梨洲與牟宗三對王塘南的評價會有如此大的落差呢?究竟牟宗三先生以怎樣的詮釋角度來論析王塘南的思想呢?本文認為:牟宗三先生主要從王陽明的「良知學」及劉蕺山的「以心著性」作為座標而論析王塘南的「透性研幾」思想,指出王塘南的思想乃是偏離於王陽明思想而應納入於「非王學」一路,此是諦當的判語;然而,假如從「陽明後學」[6]問題意識來看,則王塘南的「透性

---

[3] 黃宗羲:〈江右王門學案五〉,《明儒學案》(上冊),頁467。
[4] 牟宗三:《從陸象山到劉蕺山》,頁4。
[5] 牟宗三:《從陸象山到劉蕺山》,頁343-344。
[6] 本文對於「陽明後學」的範圍和對象,依據林月惠老師的說法:「即是指認同陽明思想,並對陽明思想加以闡釋的王門弟子。其範圍包括《明儒學案》所列舉的浙中

研幾」實有救弊的意義，而其提出「透性研幾」在實義上自有其工夫論意義的缺失，卻仍然有其時代的意義。如此，即可理解牟宗三先生與黃梨洲對於王塘南「透性研幾」的評價之落差理由，也能夠透現牟宗三先生判語的真知灼見。

二 牟宗三先生論王塘南「透性研幾」的定位

所謂「透性研幾」原是黃梨洲對於王塘南思想的宗旨：「以透性為宗，研幾為要」[7]之簡稱。所謂「透性為宗」即從「悟」以入「性體」之工夫，王塘南有言：「竊謂學必由悟入。……蓋悟之一字，最未易承當，《中庸》首揭未發之中，此是聖門直指性宗之語。既曰未發，則非可以意見測度力量捉摸而得，是以貴於悟也。《大學》言『知止』，即《中庸》之『慎獨』，皆入悟之方也。……必由知止以入悟，以直透吾萬物一體之真性。」[8]而言「研幾為要」即從「修」作研「性體」之工夫，王塘南曾言：「夫所謂幾者，蓋此體空寂之中，脈脈呈露處，乃無中生有，自然不容已，無一刻間斷，非謂念頭發動時，亦非謂泯然未發也。若於此用覺照，乃拔去人為之私，即涉於造作，反害其自然呈露之幾矣。惟是收斂沉潛，退於藏密，則研幾底於極深，所謂淵淵其淵，立天下之大本也。日用應酬無分動靜，一以退藏為主，此堯舜周孔主敬立極之實學。」[9]依此，王塘南的「透性研

王門、江右王門、南中王門、楚中王門、北方王門、粵閩王門，加上《止修學案》、《泰州學案》之諸子。」（林月惠：〈唐君毅、牟宗三的陽明後學研究〉，《杭州師範大學學報（社會科學版）》2010年第1期，頁22。

7 黃宗羲：〈江右王門學案五〉，《明儒學案》（上冊），頁467。

8 王時槐：〈答唐凝菴〉壬寅，《王時槐集》（上海：上海古籍出版社，2015年），頁431-432。

9 王時槐：〈答周時卿〉辛丑，《王時槐集》，頁378。

幾」實是工夫論的思想，然此「透性研幾」高舉「性體」，把「心體」的側重點轉移，嚴分「性體」與「心體」之別，卻又是對於「本體」具有不同的思考與證悟，牟宗三先生對於王塘南「透性研幾」之詮釋即特重於此一面向。

牟宗三先生對於王塘南「透性研幾」的詮釋及定位，主要從兩個組命題的詮釋而立論：一是「知在體用之間」，即是王塘南言「知」（「良知」）乃從「體用之間」作為定位，至其言「性」、「意」等皆非王陽明的「良知」，此之謂「不解」；一是從「然與所以然」言「未發與已發」的關係，即是王塘南言「未發之性」、「先天之（性）理」等強調「性體」乃是一形而上、靜而不活動之理，強調「性」與「心」的不混不雜，遂又走不上「以心著性」一路，此之謂「遠離」。下文即以此兩組命題的論述牟宗三先生對王塘南「透性研幾」的詮釋與定位。

(一) 從「知在體用之間」論王塘南「透性研幾」之不解王學

牟宗三先生一直強調王塘南是誤解「良知」，其說：「此一系統（按：即「悟性修命」、「透性研幾」）是由誤解良知（不但以『知善知惡之知為情識為不足恃』為誤解，即視之為體用之間、為先天之發竅，亦是誤解），而復摭拾良知，扭曲而成。」[10]究竟王塘南的「透性研幾」是如何不（誤）解於「良知」呢？簡單來說，王塘南所理解的「良知」乃是「在體用之間」，而非「體即良知之體，用即良知之用」[11]。其言：

「性」之一字，本不容言，無可致力。知覺意念，總是性之呈

---

10 牟宗三：《從陸象山到劉蕺山》，頁362。
11 陳榮捷：《王陽明傳習錄詳註集評》（臺北：臺灣學生書局，1983年），頁218。

露,皆命也,似不可以知為性而意為命也。……性者先天也,知屬發竅,是先天之子後天之母。惟知為先天之子、後天之母,則此知正在體用之間。若知前求體則著空,知後求用則遂物,知前更無未發,知後更無已發,合下一齊俱了,更無二功,故曰獨。[12]

夫知者,先天之發竅也。謂之發竅,則已屬後天矣。雖屬後天,而形氣不足以干之。故「知」之一字,內不倚於空寂,外不墮於形氣,此孔門之所謂中也。末世學者,往往以墮於形氣之靈識為知,此聖學之所以滋晦也。[13]

王塘南明言「知在體用之間」。究竟王塘南所言的「體用之間」是甚麼意思呢?王塘南既說「知屬發竅,是先天之子,後天之母」,又言「知者,先天之發竅也。謂之發竅,則已屬後天」,即王塘南所說的「知」(「良知」)在「體用之間」實是與「先天／後天」及「發竅」有緊密關聯。牟宗三先生依上引文指出:「若就悟性而言,依如此分疏,則悟性正是知前悟性,知前求先天未發之體。豈因『知在體用之間』,而不可如此言耶?所謂『體用之間』者,意即知既是先天之子,已屬後天之發用,故它雖是『形氣不足以干之』,有體的意味,然而亦不即是體,而亦是用;又,雖是用,然而因其『不墮於形氣』,故又不只是用,而又有體的意味。……『體用之間』的體非即作為『先天之理』的性體也。」[14]又說:「既云:『知者先天之發竅』,『屬後天』,則後天以上有先天。此先天是甚麼呢?依王塘南之分解,即是未發而不容言之性,而不是上條所說的無相之真心、寂而常

---

12 王時槐:〈答蕭勿菴〉丁酉,《王時槐集》,頁392-393。
13 王時槐:〈答朱易菴〉丁丑,《王時槐集》,頁344。
14 牟宗三:《從陸象山到劉蕺山》,頁349。

照之真心。」[15]即是說,王塘南言「知在體用之間」實即是說「良知」之上、之後尚有一「性體」。所謂「體用之間」即是以「先天之性理」為「體」,「後天之發竅」為「用」,而「知」乃通於「性體」之可能,故王塘南即言「知在體用之間」。對此「先天之性理」為「體」與「後天之發竅」為「用」的說法,本文認為:王塘南所說的「先天/後天」區分乃是以形而上與形而下作為判準,王塘南以此判準嚴格分辨了「性」與「(形)氣」的關係,致使其所說的「良知」僅能居於「性」(先天的/形上的)與「(形)氣」(後天的/形下的)之間,把「良知」嚴格區別於「性體」;而王塘南所言的「發竅」即是從「(人)心」中能貫通於生生流行的「性理」的通孔,而「良知」即作為通於「性體」之可能。下文將分別論析王塘南的「先天/後天」區分與「發竅」概念,藉此衡定「知在體用之間」實是不解王學。

先說王塘南的「先天/後天」區分。王塘南屢屢從「性」與「(形)氣」的對舉來說「先天/後天」的區分。其說:

> 夫先天之性,本來無可名狀,謂之無根無境可矣。一到形生神發,便屬後天。[16]
> 太極者性也,先天也;動而生陽以下即屬氣,後天也。[17]
> 性,先天也,無可狀,無可名,存乎悟而已。性之生生為氣,後天也。氣運而物形,則有無狀之狀,無名之名,故可得而修焉。[18]

---

15 牟宗三:《從陸象山到劉蕺山》,頁347。
16 王時槐:〈答謝居敬〉戊戌,《王時槐集》,頁404。
17 王時槐:〈三益軒會語〉甲申,《王時槐集》,頁489。
18 王時槐:〈病筆〉甲辰仲冬,《王時槐集》,頁532。

所謂「先天」即是「太極」，即「性」；所謂「後天」即是「物形」，即是「氣」[19]。而「先天」與「後天」的區分即在於「形生神發」、「動而生陽」及「性之生生為氣」，以「先天」言「太極」，言「性」，言其「無可狀無可名」；而以「後天」言「動而生陽」，言「氣」，言其「形生神發」，此可見「先天／後天」區分實是從作為超越實在的本源之理的「性理」與作為現象界中各種活動表現的現象經驗的「形氣」作為區分，也即是形而上與形而下的層次為區分，此判準嚴格分辨了「性」與「（形）氣」的關係，「先天之性」即是「體」，即「性體」；「後天之發竅」即是「用」，即「形（氣）」。

再說「發竅」或「（靈）竅」的概念。王塘南言「發竅」乃是緊扣「人心」與「道心」來說的。王塘南指出：

> 夫性塞於宇宙而發竅於人，故曰：人者，天地之心，又曰：天地設位，聖人成能，故參贊位育，惟屬於人而鳥獸不與焉，況草木乎。[20]

---

[19] 王塘南使用「先天／後天」的區分主要是以「性之體」與「性之用」（命）。「先天／後天」的區分始於《易經》言：「先天而天弗違，後天而奉天時。」至宋儒邵康節（雍，1011-1077）則提出「先天／後天之學」作為解釋易學的用語，其言：「先天之學心也，後天之學跡也。出入有無死生者，道也。」（邵雍：《皇極經世書》〔鄭州：中州古籍出版社，1993年〕，頁346。）及至「陽明後學」的爭論中，「先天／後天之學」則成為「致良知」工夫論的關鍵用語，即所謂「先天之學」與「後天之學」的兩路不同的修養工夫之進路。王龍溪（畿，1498-1583）曾言：「正心，先天之學也。誠意，後天之學也。」〔明〕王畿：〈陸五臺贈言〉，《王畿集》〔南京：鳳凰出版社，2007年〕，頁445。聶雙江（豹，1487-1563）也有言：「《中庸》之學，先天也；物格而後知者，後天也。」〔明〕聶豹：〈送王惟中歸泉州序〉《聶豹集》〔南京：鳳凰出版社，2007年〕，頁79。然而，究竟「先天／後天」在「致良知」的工夫論中具有何種意義呢？此正是「陽明後學」的爭議所在。

[20] 王時槐：〈答謝居敬〉戊戌，《王時槐集》，頁404。

惟此一竅，乃太虛中生生之靈竅也，一切念慮知識、萬事萬物皆從此一竅流出，此是天然自有，不學不慮，而人人具足者也。[21]

體用之間，不落有無，強名曰竅。是聖門所謂不睹聞而顯見之獨，動而未形，有無之間之幾也。[22]

王塘南所言的「發竅」乃是專從人而言，指人乃所具有能貫於生生流行的「性理」之通孔，此「發竅」的殊異處正在於不落於「有／無」、「體／用」，而獨為人所有並能循而復至於「性」。依此，王塘南認為此「發竅」即是一切工夫修養的可能根據所在，亦是「獨」，是「幾」也。

從上述「先天／後天」的區分與「發竅」的概念來看，王塘南所言的「體」與「用」實即是「性」與「（形）氣」之區別，亦即「性之體」與「性之用」（〔形〕氣、命）。至於「發竅」即是人之「心」能居於此「性之體」與「性之用」之間的可能性。以王塘南言「道心」與「人心」之別來看，則更能突出其所強調的「發竅」的作用。王塘南曾說：「道心性也。性無聲臭，故微；人心情也。情有善有惡，故危。惟精者，治其情也。惟一者，復於性也。情與性一，則體用隱顯，融鎔無二，故曰中。」[23]依此，「道心」乃是「性」是「體」，而「人心」則是「情」是「用」，而「人心」能從「惟精惟一」而通於「道心」，正在於「發竅」的能從「道心」而貫於「人心」之間，既然只是貫通於「道心」（體）與「人心」（用）之間，王塘南即言「竅」的定位實是「體用之間，不落有無」。

---

21 王時槐：〈答王養卿〉甲午，《王時槐集》，頁380。
22 王時槐：〈書南皋卷後〉，《王時槐集》，頁577-578。
23 王時槐：〈三益軒會語〉甲申，《王時槐集》，頁481。

回到王塘南所言「知在體用之間」的問題。王塘南所說的「良知」僅從「發竅」而說,「知」僅依於「人心」而說,並非是屬於「先天」的「性體」,然而,「知」雖屬於「後天」,卻因「發竅」而具有能通貫於「性體」的可能,更是「性體之呈露」或「性之靈」的表現,王塘南遂言「良知」乃是在「體用之間」。其說:

> 所謂良知者,正指仁義禮智之知,而非知覺運動之知,是性靈,而非情識也,故良知即天理,原無二也。[24]

依此,王塘南所說的屬於「先天之性」,乃是一超越實在的「性理」,即一種本然狀態的「性體」。而王塘南所說「良知」則理應有二義:其一是作為「性理」之同義詞,此即其言「良知貫徹天地萬物,不可言內外」及「能為天地萬物之根」之義,此義之要是讓「良知」具有天地萬物本源之意義,是以言「良知」乃「性之靈」,「理之昭明」;其二是作為「性」貫落於人的道德本質,此即其言「知之根於性」及「性之虛圓瑩徹」之義,此義之要是偏重於「良知」乃內在於個體之意義,是以言「良知」乃「仁義禮智之知」。然而,「性」與「良知」仍然是有所分別的,王塘南明言:

> 問:「性與知有辨乎?」曰:「歧而二之固不可。雖然,性不容言,若以知名性,亦未可也。」[25]

從「良知」即是「性」貫通於個體的內在化而言,兩者固然不可以說成「歧而二之」;然而,從「良知」特重於個體的內在化,「性」

---

24 王時槐:〈三益軒會語〉甲申,《王時槐集》,頁491。
25 王時槐:〈三益軒會語〉甲申,《王時槐集》,頁484。

乃是一超越實在的「性理」來說，則又不可以單單用「良知」來說「性」，故「以知名性，亦未可也」。依王塘南言「先天／後天」的區分來說，「性」是「先天之理」，而「良知」是「後天之發竅」，亦是「先天之發竅」，即使「良知」可從「發竅」通於「性」，又是「性」的個體內在化，「良知」仍然是混雜於「形氣」之中，是以「性」與「良知」仍然有分別的，此一分別可說是王塘南以高舉「性為未發（隱），心為已發（顯）」之故。綜言之，王塘南所說的「知」並非「性體」，於「知」之上或之後，仍然有一「先天之理」的「性體」，此是其學說的最重要的概念，亦是其言「透性為宗」所高舉的「性體」之超越義。而「知」雖處於「形氣」之中，但卻具有「根於性」之義，即不完全僅為「性之用」。

（二）從「然與所以然」言「未發與已發」而論王塘南「透性研幾」之遠離王學

牟宗三先生指出王塘南並不能至「以心著性」一路，即是遠離王學[26]，其言：「王塘南則既遠離良知教，亦不能至『以心著性』之一路。蓋彼走上『由性體下衍知覺意念，復由知覺意念上溯性體』之思路。此種思路乃籠統地從未發說已發，又從已發溯未發，此並不見佳。」[27]究竟王塘南的「透性研幾」是如何遠離於王學（或不能至「以心著性」一路）呢？簡單來說，王塘南實以「然與所以然」的分

---

[26] 此處言「不能至『以心著性』一路」即「遠離王學」，並非說「『以心著性』一路」為「王學」之意，僅是說「不能至『以心著性』一路」即「遠離於王學」之意。此一理解乃依牟宗三先生的兩組說法而來，其一是從「五峰、蕺山系」與「象山、陽明系」實是「同一圓圈的兩來往而可合而為一大系」。（牟宗三：《從陸象山到劉蕺山》，頁457。）另一是從「近於朱子」，即「走不上『以心著性』（盡心化氣以成性）一路」亦「非王學」。（牟宗三：《從陸象山到劉蕺山》，頁362。）

[27] 牟宗三：《從陸象山到劉蕺山》，頁352。

解方式說「未發／已發」,並依此嚴格區分「發屬心,未發屬性」,而未能從「心之覺照或感通」能得「一時頓著性體」後達「心性是一」(即「以心著性」之一路)。牟宗三先生明言:「塘南之所達者非孟子義。蓋再於此分別情與性,然與所以然,那是無意義者,徒為重疊,頭上安頭,至少亦是另一套,而非孟子義,亦非陸、王義,走上『性即理,而非心即理』之一路,此乃就存有論的體悟以言性,體悟之為一『只存有而不活動』之理(先天、未發、無為而不容言之理),而非就道德實踐之可能以言性。」[28]即是說,王塘南所強調的「悟性」,其所體悟之「性」實只是一「只存有而不活動」之理,此「性理」的體悟正因王塘南以「然與所以然」言「未發與已發」並區分「發屬心,未發屬性」所致。先說王塘南以「未發／已發」所言「性體」,其言:

> 「性」之一字本不容言,無可致力。知覺意念,總是性之呈露,皆命也,似不可以知為性而意為命也。[29]
> 《中庸》所謂未發者,是人生而靜之真性,所謂為天地萬物之根,亙萬古而常不發者也。不離乎群動而體常靜者也。此性本無聲臭,何有氣象?有氣象則發矣,時時發者,其用也,時時未發者,其體也。若謂有未發之時,恐未然。延平之言,姑借此令學者稍定心氣則可,要之,亦非究竟法也。若以此為《中庸》未發之本旨,則遠矣。[30]

王塘南常常強調「性之一字本不容言」、「性先天也,無可狀無可

---

28 牟宗三:《從陸象山到劉蕺山》,頁361。
29 王時槐:〈答蕭勿菴〉丁酉,《王時槐集》,頁392。
30 王時槐:〈三益軒會語〉甲申,《王時槐集》,頁509。

名」等,其所謂「未發之中固是性」實是將王陽明所言「未發╱已發」收攝於「心之本體」(「良知」),其中「未發╱已發」是就良知之「一理隱顯而為動靜」之討論,移轉至「性體」的本質問題。[31]從王塘南論「喜怒哀樂之未發謂之中」,「未發╱已發」的使用具有兩層意思:一是與「已發」相對的「未發之性」,即靜存而不活動的「性體」,此所謂「不離乎群動而體常靜」之意;另一是「已發」僅是從「氣動」而致,此「氣動」實是「性之用」非「性之體」,依此,王塘南已完全把「未發╱已發」在於言「心」之使用轉移至「性」之使用。換言之,王塘南使用「未發╱已發」的作用主要區分「性之體」

---

[31] 王塘南使用「未發╱已發」的區分主要是以「性之體」與「性之用」(命)。關於「未發╱已發」的區分,最初是源於《中庸》,其說:「喜怒哀樂之未發謂之中,發而皆中節謂之和。中也者,天下之大本也;和也者,天下之達道也。」楊祖漢:《中庸義理疏解》〔臺北:鵝湖月刊社,1984年〕,頁95。依朱子(熹,號晦庵,1130-1200)的解釋:「已發未發,只是說心有已發時,有未發時。方其未有事時,便是未發,纔有所感,便是已發,卻不要泥著。」(朱熹:〈中庸一〉,《朱子語類》(三),《朱子全書》第十六冊〔上海:上海古籍出版社,2002年〕,頁2039。)又言:「喜怒哀樂之未發,無所偏倚,此之謂中。中,性也。……喜怒哀樂之發,無所乖戾,此之謂和。和,情也。」(朱熹:〈中庸一〉,《朱子語類》(三),《朱子全書》第十六冊,頁2041。)即是說,「未發╱已發」的區分主要是言「心」的狀態,依於情感是否被激發而作為前後兩個階段,喜怒哀樂之情「未發」的階段,心之體呈現,即是未發之中,即是性體;喜怒哀樂之情「已發」的階段,則見心之用,即是「情」。然而,在「陽明後學」的爭論中,「未發╱已發」則主要是環繞著「心之本體」(良知)的狀態而討論工夫之入路,王龍溪有言:「良知即是未發之中,即是發而中之和,此是千聖斬關第一義,所謂無前後內外,渾然一體者也。」(王畿:〈致知議辯〉,《王畿集》,頁132。)歐陽南野(德,1496-1574)也有言:「先師於答問中,發其義曰:『良知即是未發之中』,正欲人知『致知』即是『致中』,破前此深求之蔽,易為通曉,庶幾念念慎其獨知,文理密察,無自欺而求自慊。」(歐陽德:〈答聶雙江〉,《歐陽德集》〔南京:鳳凰出版社,2007年〕,頁189。)另外,從王塘南使用「先天╱後天」、「未發╱已發」來區別「性之體」與「體之用」來說,以「先天╱後天」作區分主要是從形而上與形而下的層次而言;以「未發╱已發」作區分則主要是從理氣的動靜之別而說。

與「性之用」上乃有動靜、理氣之別，也反映出其所言的「性體」主要是一只存有而不活動之「理」而已，而「性之用」則摻雜著「氣」、「動」等的影響而成就出「實然」的呈現狀態。牟宗三先生指出：「今王塘南亦作此圓融之妙談，然其分解地說卻非良知教，最後倒反近於朱子，以採用『然與所以然』之方式分發與未發，由未發以說性故也。性不容言，只是一生之理。而呈露則是生之實。所謂『生生之密機』、所謂『默運』……皆呈露也、皆發也，即言思路絕而『強名本心』的相于無相之呈露之發也，無相真心、澄然無念，皆發也。凡發皆後天。……如是，凡心之流行（性之呈露之實、生機之默運）皆發也、皆氣也，亦即皆一氣之流行。……透性研幾，則『本體宇宙論的體悟』之意味重，而致良知教之道德實踐之勁力全減殺矣。」[32]依牟宗三先生的說法，王塘南言「未發／已發」的區分乃是以「所以然」與「實然之呈現」作為判準，此一區分突顯了分解地言「未發」即「性」，而凡「已發」皆為「命」。這種「從未發說已發，又從已發溯未發」僅算是從「本體宇宙論的體悟」，實未能直接貫通於道德實踐，是以牟宗三先生以為這一思路實是「不見佳」。

所謂「然與所以然」，即是從「（實）然」到「所以然（之理）」之論證，或從「所以然（之理）」到「（實）然」之分析的思考方式。牟宗三先生說：「吾人平常說『所以然』即是『所以然之理』。『所以然』即是『所以之而然者』，此自然指示一個『理』字（reason）。」[33]牟宗三先生指出王塘南實以「然與所以然」的方式來說「未發／已

---

32 牟宗三：《從陸象山到劉蕺山》，頁356-357。
33 牟宗三：《心體與性體》(一)，《牟宗三先生全集》第五冊〔臺北：聯經出版事業公司，2003年〕，頁93。牟宗三先生析論「所以然（之理）」實有「形構之理」與「存在之理」（實現之理）之別，並以此析別伊川、朱子與五峰、蕺山、象山、陽明之「天理實體」的不同。

發」,並以「未發/已發」說「性體」的呈露或發用,即區別「性」與「命」。其分解地說的方式有二:一是「從已發溯未發」(復由知覺意念上溯性體);一是「從未發說已發」(由性體下衍知覺意念)。

> 若捨發而別求未發,恐無是理,既曰「戒懼」,曰「慎」,非發而何?子思亦未嘗於戒懼慎獨之外,別說一段未發工夫也。但今人將發字看粗了,故以澄然無念時為未發,不知澄然無念正是發也。[34]
>
> 未發之中,性也。性本空寂,故曰未發。性能生天、生地、生萬物,而空寂固自若也。天地有成毀,萬物有生滅,而空寂固自若也。此空寂之性,彌宇宙,貫古今,無一處不偏,無一物不具,無一息不然;無邊際,無方所,無始終;常為天地萬物之根柢,而了無聲臭,不可睹聞,以其不可得而名,故強名之曰未發而已。[35]

以「從已發溯未發」(復由知覺意念上溯性體)而言,王塘南斷然指出不能「捨發而別求未發」,所謂「已發」即「性之呈露」、「生生之真幾」,凡「知覺意念」、「澄然無念」皆是「已發」;「已發」即是實然之呈現。然而,從「已發」如何追溯「未發」呢?王塘南言:「此尤難言矣。澄潭之水固發也,山下源泉亦發也,水性乃未發也。」此「難」在於只能從超越的論證方式而言實然之呈現背後乃具有一超越實在的「性理」,是以王塘南所言的「未發」即是以「所以然(之理)」來說。牟宗三先生據王塘南此以「水之性」言「未發」

---

[34] 王時槐:〈答錢啟新邑侯八條・其一〉戊子,《王時槐集》,頁360。
[35] 王時槐:〈潛思劄記〉甲辰,《王時槐集》,頁517。

說：「此言『水之性』即水之所以為澄潭、為源泉、為急灘迅波：總之，具體的水之所以為水之理。此正是不可說不可說之先天之理。就發與未發，如此言性，正是落於以『然與所以然』之方式說性。就『然』（實然呈現者）存有論地推證其所以然以為性。」[36]

以「從未發說已發」（由性體下衍知覺意念）而言，王塘南明言「未發」即「性」，此「性」具有「能生天生地生萬物」、「彌宇宙貫古今」、「為天地萬物之根柢」的作用，「未發」即「性」，即是「實然之所以然」。依此「未發之性」來說，則凡是實然之呈現，如「知覺意念」、「澄然無念」、「無相真心」等，也皆可以由此「未發之性」而推衍來說。然而，正是王塘南以「然與所以然」的方式強調「未發／已發」之別，致使其「透性研幾」之說遠離王學，近於朱子。牟宗三先生曾言：「就『所以然』之性分析地推衍其實然，即推衍其呈露或發用之經過，以為命。水之與性無論說得如何不即不離（不支不混不歧），而此種分解方式總是被預設著。而因不即不離，故進一步有圓融地說。上錄5.2條[37]即是圓融地說『天下無性外之物』，連性與其所含攝之一切通而為一以言『性』與『中』正是圓融地說，此不碍分解地說，亦不能代替那分解地說下對于性界定為先天之理。」[38]

綜言之，王塘南言「未發／已發」主要區別「性之體」與「性之用」上乃有動靜、理氣之別，也反映出其所言的「性之體」主要是一

---

36 牟宗三：《從陸象山到劉蕺山》，頁353。另外，「具體的水之所以為水之理」一句，在《牟宗三先生全集》版中寫成「具體的心之所以為水之理」，其中的「心」字與前文後理皆未有提及，應該是誤字，今據臺灣學生書局版本而修改。

37 此處「上錄5.2條」即：「未發之中固是性。然天下無性外之物，則視聽言動，百行萬事，皆性矣，皆中矣。若謂中只是性，性無過不及，則此性反為枯寂之物，只可謂之偏，不可謂之中也。」王時槐：〈答錢啟新邑侯八條・其三〉戊子，《王時槐集》，頁361。

38 牟宗三：《從陸象山到劉蕺山》，頁353。

靜態而不活動之「理」而已，而「性之用」則摻雜著「氣」、「動」等的影響而成就出「實然」的呈現狀態。以「從已發溯未發」（復由知覺意念上溯性體）和「從未發說已發」（由性體下衍知覺意念）言「未發」與「已發」，可見王塘南實以「然與所以然」方式說「性之體」與「性之用」。依此義，王塘南實是以「然與所以然」言「未發與已發」。

對於王塘南從「然與所以然」言「未發與已發」，牟宗三先生曾言：「今王塘南亦作此圓融之妙談，然而其分解地說卻非良知教，最後反倒近於朱子，以採用『然與所以然』之方式分發與未發，由未發說性故。」[39]即是說，王塘南這種以「然與所以然」言「未發與已發」的分解方式，最終推衍成只有「性之體」為「未發」，其餘「心」、「意」、「知」、「念」等皆為「已發」，致使其「透性研幾」理論內容不單止誤解王學，實是接近於朱子學，此所謂「近於朱子」即王塘南以「然與所以然」的分解方式嚴分「性」與「心」的關係，亦即牟宗三先生言「順其分解之極，反喪失良知教之本旨，而不能至此，倒反而更近於朱子」[40]中的「分解之極」。

---

39 牟宗三：《從陸象山到劉蕺山》，頁356-357。
40 牟宗三：《從陸象山到劉蕺山》，頁344。牟宗三先生言王塘南「近於朱子」、「必終歸于朱子」可從兩方面言：
一，關於王塘南以「然與所以然」說「未發／已發」，並以「未發」說「性」的論述。牟宗三先生在論析朱子的心、性關係時已判斷朱子是同樣地以「然與所以然」的分解方式來說，此亦是牟宗三先生判斷王塘南「透性研幾」之「近於朱子」的理據，詳見牟宗三：〈心、性、情之形上學（宇宙論的）解析〉，《心體與性體》（三），《牟宗三先生全集》第七冊（臺北：聯經出版事業公司，2003年），頁516-539。
二，關於王塘南未以「廣義之發籠統概括心之一切」視為「氣」。牟宗三先生判別朱子的心為「實然的心氣之心」，即「心只是氣」，其言：「伊川、朱子系：此系是以《中庸》、《易傳》與《大學》合，而以《大學》為主。……於孟子之本心則轉為實然的心氣之心。」牟宗三：《心體與性體》（一），頁53。然而，依王塘南說：「心有體有用，虞廷所謂道心者，以體言也，所謂人心者，以用言也。」王時槐：〈答

另外，牟宗三先生說王塘南「透性研幾」乃遠離於王學，除了從其「近於朱子」言外，亦有其「不能至『以心著性』之一路」的問題。依牟宗三先生的說法，「以心著性」的要旨：本心之覺照活動雖為生命所限，但其於有限的生命所表現的卻是根源於天道、性體，則其活動意義不限於生命的普遍之意義。即其始雖是「心與性有距離」，而其終卻是「心性是一」。

依王塘南從「然與所以然」的分解方式區分「性」與「心」的關係，則「心」僅能作為「已發」、「後天」的「（實）然」；「性」則為「未發」、「先天」的「所以然（之理）」。此一嚴格區分之下，王塘南所言的「性」與「以心著性」一路同樣地著重於「性體」的客觀性，但王塘南所言的「心」卻受限於僅為「（實）然」，而並未能具「心知之覺照或感通」，其所特重的「悟性」（「透性」）則僅是意味著「本體宇宙論的體悟」，這正是其不能走上「以心著性」的理由。牟宗三先生以此判定：「至於王塘南，則因把『良知之當機表現為受限者』誤視良知為已發、為後天，屬命，故只顯出先天未發之理為性，性無為，不可言，故只能言『悟性修命』，『透性研幾』，而不能言『以心著性』也。」[41] 如此，王塘南從「然與所以然」言「未發與已發」，嚴分「發屬心，未發屬性」，使「心」僅具有「（實）然」之意義，致其「透性研幾」既「近於朱子」又不能言「以心著性」。此正是牟宗三先生屢言王塘南的「透性研幾」遠離王學之處。

王徵所〉辛丑，《王時槐集》，頁415。則其言「心」即兼具「先天未發之性體」及「後天已發之形氣」的綜合結構，是以王塘南並未直接以「心」為「只是氣」。此即是牟宗三先生判斷王塘南「透性研幾」僅是「近於朱子」的理由。不過，王塘南雖未有明言「心」為「只是氣」，但其表明了「心」為「後天」、「已發」的「實然之呈現」，其義實則與「只是氣」極為接近了。

41 牟宗三：《從陸象山到劉蕺山》，頁345-346。

三　論牟宗先生三對王塘南「透性研幾」詮釋之可能發展及進一步討論

　　牟宗三先生對王塘南「透性研幾」的詮釋可謂獨具慧眼，指出王塘南本於其分解性的思路，強調「（實）然與所以然（之理）」的思維模式，致使其說「知在體用之間」實為不解王學；其具「發屬心，未發屬性」的思維更使「心」僅具有「（實）然」之意義，致其「透性研幾」既「近於朱子」又不能言「以心著性」。如此，從王陽明的「良知學」與劉蕺山的「慎獨之學」（即「以心著性」之一路）兩個座標對王塘南的「透性研幾」作定位（即從宋明理學的義理分判來看），王塘南的「透性研幾」實是從王陽明的「良知學」到劉蕺山的「慎獨之學」之過渡（此可言從江右王門的劉兩峰、劉師泉到王塘南成為脫離陽明學形態的契機）。此可謂諦當之說。

　　然而，這是否代表牟宗三先生對王塘南的詮釋可以毫無誹議之處呢？答案恐怕並不盡然。從回應「陽明後學」的流弊問題，王塘南的「透性研幾」即特別具有救弊的意義；又從「陽明後學」的追求「第一義工夫」[42]之問題意識來看，則王塘南對於「透性」（「悟性」）的追求亦算是一致的，問題是王塘南所言「透性研幾」如何能追求「第一義工夫」，這正是王塘南「透性研幾」在工夫論上的理論效力問題。

---

42 以「第一義工夫」作為「陽明後學」的工夫論之共同意識乃林月惠先生所提出，其言：「在陽明後學卻共同意識到在先天『心體』（良知本體）上用功的重要時，如何『致良知』的提問，轉為如何『悟本體』的問題，成為工夫論探究的焦點。實則，此『悟本體』的工夫，其全副精神是在『在本體上做工夫』，更確切地說，即悟本體與保任本體。此工夫相對於在後天『意念』上作為善去惡的工夫，龍溪、雙江均稱之為『先天之學』，彭書名之為『究竟工夫』，筆者以『第一義工夫』來指涉。」（林月惠：《良知學的轉折：聶雙江與羅念菴思想之研究》〔臺北：臺灣大學出版中心，2005年〕，頁666-667。）

這些討論正好可以從牟宗三先生「透性研幾」之詮釋作出可能發展與進一步的討論。

(一) 回應「陽明後學」流弊之時代意義

從王塘南對於「陽明後學」的各種流弊的言論來看,不難發現其「透性研幾」的問題意識即救弊於「蕩而不檢」與「違其本真」,從「蕩而不檢」的問題而提出「悟由修得」的「研幾為要」工夫;從「違其本真」的問題而提出「直透本性」的「透性為宗」之說。下文即依王塘南言「陽明後學」流弊之說法來把握其「透性研幾」的要旨。先說王塘南對於「陽明後學」流弊之說法,其言:

> 今學者喜談無思無為、無修證,則其流將至於蕩而不檢,或以必思為、必修證為學,則又未免於扭捏造作,而違其本真。予謂此兩家之說,執之則落二邊,總之皆離性以談學也。性者何?仁是已。學莫先於識仁,以識仁為主,則自其透體之難於入微,與習氣之未能頓淨者,謂之有思為修證可也;自其性體不容著纖毫者,謂之無思為修證亦可也。[43]

王塘南對於「陽明後學」的流弊觀察,主要是從工夫論入路著手指出兩大的流弊:一是「無思無為無修證」,其後果是「蕩而不檢」;一是「必思為必修證」,其後果是「違其本真」。依於王龍溪(畿,1498-1583)的說法:「夫聖賢之學,致知雖一,而所入不同。從頓入者,即本體以為工夫,天機常運,終日兢業保任,不離性體,雖有欲念,一覺便化,不致為累,所謂性之也。從漸入者,用工夫以復本

---

[43] 王時槐:〈書示友人〉,《王時槐集》,頁599-600。

體,終日掃蕩欲根,卻除雜念,求以順其天機,不使為累,所謂反之也。」[44] 此即詮釋「致良知」的工夫論入路乃以「即本體以為工夫」和「用工夫以復本體」兩者為要。然而,不難看出,正在於「陽明後學」對於此兩套工夫論的理解有誤,卒造成王塘南所觀察出的兩大主要流弊:「蕩而不檢」與「違其本真」。

所謂「蕩而不檢」,是王塘南針對於王龍溪與羅近溪的說法而來;所謂「違其本真」,則是王塘南針對於聶雙江與羅念菴的說法而來。先說王塘南對王龍溪與羅近溪的說法,其言:

> 承論羅近溪不學不慮之說,以此言性則是也。在上智固能默契之,第中下根人,不無習氣之蔽,若一切冒認習氣,以為不學不慮之性,正是認賊作子,後學遂至於蕩恣而叛道者多矣。[45] 今世談性本現成,無俟修證者紛紛矣。此說良是,然惟上根徹悟真得者,可以契此。顧主盟者不辨根器,漫然語之,以凡夫目視耳聽手持足行,即與聖無異,不必更言修治,遂以縱恣狂肆不循矩法者為有悟,一涉省躬滌慮,則云是於性上加添矣。[46]

所謂「性本現成」,即是對於王龍溪而說;所謂「不學不慮之說」,更是直言是對羅近溪而說。然而,兩人的主張何以會產生「蕩而不檢」的問題呢?王塘南認為兩人的說法本身都是合理的,此即「此言性則是」及「此說良是」之意,問題是兩人的說法實只能為「上根以上」的根器之人才能契合,「中根以下」的根器之人遂因其「習氣之蔽」而以「習氣」為「性」,以「虛見」為「悟」,又以為

---

44 王畿:〈松原晤語〉,《王畿集》,頁42-43。
45 王時槐:〈答按院吳安節公〉甲辰,《王時槐集》,頁436。
46 王時槐:〈贈別陳文臺〉庚子,《王時槐集》,頁608。

「不必言修」，遂引來許多「蕩恣而叛道」的問題。其中，問題的關鍵是尊悟而輕修。是以王塘南明言：「學貴實修，不貴玄悟。今之所謂悟者，皆脫空懸想，腳不點地，口口談玄，念念從慾者不少，此等最為害道，可戒也。」[47]針對這「蕩而不檢」乃「尊悟而輕修」的問題，王塘南乃有「研幾為要」的「實修」工夫。所謂「研幾」工夫，王塘南曾言：

> 所云研幾者，或於未發時微用覺照，或於發動時拔去一切人為之私。此二說皆未盡。夫所謂幾者，蓋此體空寂之中脈脈呈露處，乃無中生有，自然不容已，無一刻間斷，非謂念頭發動時，亦非謂泯然未發也。若於此用覺照及拔去人為之私，即涉於造作，反害其自然呈露之幾矣。惟是收斂沉潛，退藏於密，則研幾底於極深，所謂淵淵其淵，立天下之大本也。日用應酬，無分動靜，一以退藏為主，此堯、舜、周、孔主敬立極之實學。《大學》所謂知止，《中庸》所謂戒懼篤恭者，此也。[48]

王塘南言「研幾」乃是一「實修」的工夫，也明確地指出「研幾」的殊異，它並不是從「未發」時以「覺照」的工夫，也非從「已發」中用「拔去人為之私」的工夫，其理由在於王塘南言「未發／已發」乃是言「性之體」與「性之用」的分解式區分，從「念頭發動」言「研幾」則所研者只是「已發」中之粗者，根本並非「幾」；從「拔去人為之私」言「研幾」則「涉於造作」。王塘南的「研幾」即是「收斂沉潛，退藏於密」，究竟甚麼是「收斂沉潛，退藏於密」呢？王塘南曾指出：「所諭內裡，正收斂歸根之謂。思入於無思，念

---

47 王時槐：〈答劉惕予〉庚寅，《王時槐集卷》，頁370。
48 王時槐：〈答周時卿〉辛丑，《王時槐集》，頁422。

入於無念，知入於無知。此全在忘情契性，非懸想也。」⁴⁹簡言之，王塘南所言「研幾」即「收斂沉潛，退藏於密」即是一種從靜（坐）中保養的工夫⁵⁰。此靜（坐）中保養的工夫即是要「思入於無思，念入於無念，知入於無知」，從中以能「忘情契性」。依此，王塘南所言的「研幾」實即是從「性之呈露」，即「命」處，作出「實修」的工夫，是以又可說此即是「修命」。

再說王塘南對聶雙江與羅念菴的說法，其言：

> 未發之中，性也，有謂必收斂凝聚以歸未發之體者，恐未然。夫未發之性，不容擬議，不容湊泊，可以默會，而不可以強執者也。在情識則可以收斂，可凝聚；著本性無可措手，何以施收斂凝聚之功？收斂凝聚以為未發，恐未免執見為障，其去未發也益遠。⁵¹

所謂「於靜坐中默識自心真面目」和「收斂凝聚」，即是指羅念菴的「收攝保聚」說；所謂「以歸未發之體」，即是指聶雙江的「歸寂」說。然而，兩人的主張（即「主靜」工夫：始於靜坐，終於動靜內外兩忘）何以會產生「違其本真」的問題呢？王塘南認為兩人的「主靜」說法對於「初學之士」來說是合適的，此即「靜坐中默識自心真面目」之意，此亦是王塘南在「研幾」工夫上所主張的。問題是

---

49 王時槐：〈答王球石三條・其三〉己亥，《王時槐集》，頁408。
50 王塘南重視「靜坐」作為修養的具體工夫，其曾言：「學無分於動靜，惟始學之士，本心未明，平時精神遂外紛擾已久，且不識何者謂之本心，故必藉靜坐，暫遠塵俗，離外境，而後本心漸可識也。識本心，則隨動隨靜，皆致力之地矣。」王時槐：〈三益軒會語〉甲申，《王時槐集》，頁508。當然，「靜坐」是宋明儒學上的重要工夫，不同的理學家自有其不同的工夫論架構下而重視「靜坐」工夫。
51 王時槐：〈三益軒會語〉甲申，《王時槐集》，頁510-511。

兩人所主張的「主靜」工夫實是並未能「真悟」於「未發」的、「先天」的「性理」，理由是「未發之性」是「不容擬議，不容湊泊」的，如果以為「強執」於「待守頑空冷靜」或「收斂凝聚以為未發」，都只是「執見為障」，並未能「默會」（體悟）到那一靜態而不活動之「性理」，遂引來「以意見障本體」的「違其本真」之問題。其中，問題的關鍵是「性貴悟」。是以王塘南言：「性貴悟而已，無可措心處，纔一拈動，即屬染污矣。」[52]針對這「違其本真」乃「性貴悟」的問題，王塘南乃有「透性為宗」的「頓悟」或「徹悟」工夫。所謂「透性」工夫，王塘南曾言：

> 格物致知者，悟性之功也。……格者，通徹之謂也。即天地萬物而窮其原，能悟此性之為本，洞然通徹，無纖芥之疑，是謂物格而知至。[53]

> 今只患不能直透本性，勿疑透性者或墮於外道他歧，而預立一法以防之也。此理非猜想講說可明，直須精神心思打拼歸一，凡經書言語，一字勿留於胸中，必密密體認父母未生以前畢竟是如何，透到水窮山盡處，當有豁然大徹時，然後知此理偏滿宇宙，渾淪充塞，即用即體，即末即本，即灑掃應對，便是盡性至命，一了百了，更無精粗、隱顯、內外、大小之可言矣。[54]

王塘南的「透性」實是一「頓悟」工夫，此「頓悟」工夫並僅能從「洞然通徹」或「豁然大徹」來說。至於具體的做法是「精神心思歸一」和「密密體認」（「默會」），所謂「精神心思歸一」即是非知識

---

52 王時槐：〈石經大學略義〉，《王時槐集》，頁574。
53 王時槐：〈石經大學略義〉，《王時槐集》，頁570。
54 王時槐：〈答嶺北道龔修默公〉甲辰，《王時槐集》，頁440。

性的學習來說，此是「一字勿留於胸中」之意；所謂「默會」即是從非言說的經驗描述可成來說，此是「非猜想講說可明」之意。依此，王塘南所言的「透性」實即「悟性」。

綜言之，王塘南提出「透性研幾」之問題意識實是救弊於「陽明後學」的兩大流弊：「蕩而不檢」與「違其本真」，其「透性研幾」的提出，把「良知」定在「體用之間」，所強調的是「良知」的根源於「性體」，使得「良知」雖然處於「形氣」之中，但卻具有「根於性」之義，又不完全僅為「性之用」，是以「內不倚於空寂，外不墮於形氣」。依此而言，黃梨洲嘗言王塘南「言良知者，未有如此諦當」則可理解為相對於救弊意識來說。

（二）「第一義工夫」之追求的定位

牟宗三先生對於「陽明後學」研究在工夫論上僅以其為「常行」或「保任而守住」而已。然而，從「第一義工夫」之追求的問題意識來看，則王塘南所言「透性研幾」亦是以「悟本體與保任本體」為其工夫論探究的重點：

> 問：「有謂性無可致力，惟於念上操存，事上修飭，則性自在，如何？」曰：「似也而未盡也。悟性矣，而操存於念、修飭於事可矣。性之未悟，而徒念與事之致力，所謂可以為難矣，仁則吾不知也。」[55]

顯然地，王塘南對於「操存於念、修飭於事」等的工夫是以「悟性」為前提與根據，此正是其共通於「第一義工夫」之追求。然而，

---

[55] 王時槐：〈三益軒會語〉甲申，《王時槐集》，頁511。

究竟王塘南是以怎樣的工夫論而追求此「第一義工夫」（悟性）呢？此即是王塘南「透性研幾」的工夫論問題。

先說王塘南言「透性」（「悟性」），其言：

> 意者知之默運，非與之對立而為二也。是故性不假修，只可云悟。命則性之呈露，不無習氣隱伏其中，此則可修矣，修命者盡性之功。[56]
> 夫體認入微，即謂真修。是悟由修得。[57]

王塘南言「透性」的要點是「性貴悟」，其所言為「悟」者僅能從「洞然通徹」或「豁然大徹」來說。雖然王塘南言「透性」可從「精神心思歸一」和「密密體認」（「默會」）而作，但這些工夫的實義即是「修」。王塘南曾言：「終日密密，切己體認，剝落枝蔓，務徹本原，即所謂真修也，故修非徒點檢末節之謂也。切己體認之修，真積力久而豁然通，乃為真悟，未有不修而能真悟者也。」[58] 王塘南雖然著重「悟性」，但其「真悟」卻是從「真修」而得，此即「悟由修得」之意。依此，王塘南言「透性」工夫的提出實是虛說而已，牟宗三先生已指出：「若問如何悟性？塘南必應答曰：即在修命中悟，亦即在盡性中悟性。」[59] 是以王塘南的「透性」（悟性）與「研幾」（修命）並無二致。

再說王塘南言「研幾」（「修命」），「研幾」的具體工夫即是「收斂沉潛，退藏於密」，而「幾」則是「性之呈露」，是以「研幾」實亦

---

56 王時槐：〈答蕭勿菴〉丁酉，《王時槐集》，頁392。
57 王時槐：〈吳安節先生日省編序〉甲辰，《王時槐集》，頁461。
58 王時槐：〈潛思劄記〉甲辰，《王時槐集》，頁520。
59 牟宗三：《從陸象山到劉蕺山》，頁350。

是「性之修」，王塘南言：

> 或謂性無為者也，安所事修？至於意而善惡分，於是乎有修。予謂意自性生，則即謂性之意可也。意之修孰能使之修哉？則謂性之修可也。故即性即修，若謂修無關於性，便落二見。[60]

王塘南明言「修」是「性之修」，或「即性即修」，其中的理據是「意自性生」；說「意之修」實即別無性外的根據可說，仍只是本於性、出乎性，率性以修罷了。是以其言「即性即修」。然而，牟宗三先生指出：「知與意雖屬後天，然因一是『在體用之間』，一是『生生之密機、知之默運』，故為純善，無可修也。……今言『知覺意念皆命也』，於知與意如何言修耶？是則王塘南之說不如其前輩所說者為諦當矣。」[61] 換言之，王塘南雖言「修」實即只能從「念」而作「收斂沉潛，退藏於密」的工夫，其又屢言「性之修」，「命則性之呈露，不無習氣隱伏其中，此則有可修矣」，似乎並未察覺其說的「命」中之「知」與「意」並不能「修」。此正是牟宗三先生說王塘南「於工夫不警策」之所在[62]。

---

60 王時槐：〈潛思劄記〉甲辰，《王時槐集》，頁526-527。
61 牟宗三：《從陸象山到劉蕺山》，頁351。
62 王塘南對於「意」的說法常常是意思混雜的。「意」有時是「良知」之義，其言：「陽明先生曰：『《大學》之要，誠意而已矣。格物致知者，誠意之功也，知者意之體，非意之外有知也。物者意之用，非意之外有物也。』但舉意之一字，則寂感體用悉具矣。意非念慮起滅之謂也，是生幾之動而未形、有無之間也。」王時槐：〈與賀汝定〉庚寅，《王時槐集》，頁371。「意」有時是指「良知」默運下的情識，其說：「情識即意也。意安從生？從本心虛明中生也。故誠意在致知，知者意之體也。若又以情識為知，則誠意竟為無體之學，而聖門盡性之脈絕矣。」王時槐：〈三益軒會語〉甲申，《王時槐集》，頁487-488。依此，王塘南言「意」時而可修時而不可修，正是其「知」、「意」、「念」的區分問題。

至此，王塘南的「透性研幾」工夫即主要落在從「念」上作「收斂沉潛，退藏於密」的工夫。然而，王塘南有言：「悟性矣，而操存於念、修飭於事可矣。性之未悟，而徒念與事之致力，所謂可以為難矣，仁則吾不知也。」[63]即是說，「操存於念」的「研幾」工夫為可行乃在於「悟性」；而「悟性」的具體工夫卻又在於「研幾」，兩者似乎僅是理論上的迴環。不過，王塘南有言：「所謂順性以動，即修是性，天行之健，寧有停歇之期？若謂悟後無修，則必非真悟，總屬虛見。」[64]又言：「既云有悟，豈遂廢修哉。必兢業保任，造次顛沛不違，……是修之無盡，即謂悟之無盡也。」[65]依此，王塘南所說的「透性」（悟）與「研幾」（修）的工夫可表述如下：「即性是修」即是悟前之修，目的乃是消磨習氣，趨向悟性；「即修是性」即是悟後之修，目的乃是保任悟境。兩者即是一「修之無盡，即謂悟之無盡」的關係。此即王塘南「透性研幾」的工夫論之殊異處。

四　結論：在牟宗三先生之後的「陽明後學」研究

總的來說，牟宗三先生指出：「王塘南則正從此不解而復漸遠離於王學」、「師泉塘南雖對於良知之知之了解較之雙江念菴為諦當，然而卻不能如黃梨洲所云『最為諦當』或『未有如此諦當』。」這一判定是本其深刻而整全的宋明理學研究脈絡為依據，並且，從「知在體用之間」的詮釋，指出王塘南言「知」（「良知」）是以「體用之間」為定位，致其言「性」、「意」等皆非王學；又從「然與所以然」言「未發與已發」的詮釋，指出王塘南言「未發之性」、「先天之（性）

---

[63] 王時槐：〈三益軒會語〉甲申，《王時槐集》，頁511。
[64] 王時槐：〈潛思劄記〉甲辰，《王時槐集》，頁520-521。
[65] 王時槐：〈吳安節先生日省編序〉甲辰，《王時槐集》，頁461。

理」等強調「性體」乃是一形而上、靜而不活動之理，強調「性」與「心」的不混不雜，更是遠離於王學。可謂諦當之說。

然而，從王塘南的救弊意識來看，則其「透性研幾」的提出實是能撥正於「陽明後學」的兩大流弊：「蕩而不檢」與「違其本真」，使得「良知」的根源意義在於「性體」，把「良知」的意義能夠固定於客觀意義，而免卻「以虛見為實悟」的全然根源於主觀意義，依此救弊的問題意識而言，則可理解黃梨洲言王塘南「言良知者，未有如此諦當」的判語亦非無道理。

最後，從牟宗三先生對王塘南「透性研幾」的詮釋來看，雖然在文獻搜集上僅能依據黃梨洲的《明儒學案》，但是從義理的把握上卻能為「陽明後學」帶來確當的理解，也帶來極大的啟發，嘉惠後學。林月惠先生曾說：「與唐、牟兩位先生所處的學術環境相較，目前是研究陽明後學的絕佳時機。隨著前輩學者的耕耘，以及陽明後學研究文獻與原典的大量出現，『陽明後學』也可作為二個新的研究領域來探究，有其獨立性，不必成為陽明思想的附屬品。從哲學義理的研究來說，陽明後學文獻與陽明思想的交相對比印證，可以加深兩者的義理深度。」[66]在此，本人僅望能在牟宗三先生之後繼續在「陽明後學」的領域中探索與研究。

---

66 林月惠：〈唐君毅、牟宗三的陽明後學研究〉，頁32。

第七章
論牟宗三先生對「哲學語言」的理解
——從牟譯《名理論》來看

> Whereof one cannot speak, thereof one must be silent.
> ——L. Wittgenstein[1]

> 「可說」有分解地可說與非分解地可說。
> ——牟宗三:《名理論》[2]

一 引論:為甚麼牟宗三先生要翻譯《名理論》?

在牟宗三先生的學術生命裡,西方哲學的經典翻譯是他專注於學術研究以外的重要工作。依牟宗三先生的說法,他做翻譯工作的主要目的在於「消化」,他曾言:

> 翻譯並非易事,要有充分的從容時間。……我翻譯《第一批判》後,寫了一部書叫做《現象與物自身》,那一部書就是消化《第一批判》的。還寫了一部《圓善論》,《圓善論》是消化

---

[1] L. Wittgenstein, C. K. Ogden trans. *Tractatus Logico-Philosophicus*. New York: Barnes & Noble Books. 2003. p.157.

[2] 牟宗三著〈中譯者之言〉,維特根什坦著《名理論》,《牟宗三先生全集》第十七冊(臺北:聯經出版事業公司,2003年),頁17。

《第二批判》的書。這個《第三批判》我現在翻譯出來的；我寫了很長的一篇文章，這就是消化這個《審美批判》。[3]

至於牟宗三先生自言的「消化」實是他一貫地對於經典詮釋的態度，即：先以客觀了解（包括「知性」及「理性」兩方面），再從主觀的生命相應來作確解及鑒別。[4]牟宗三先生所抱持著這樣的經典詮釋態度，在其翻譯康德的三大批判時也說得明白，其言：

---

[3] 牟宗三著：〈學思・譯著〉，《時代與感受續編》，《牟宗三先生全集》第二十四冊（臺北：聯經出版事業公司，2003年），頁443-444。

[4] 牟宗三就曾對宋明理學的經典詮釋說：「姑就宋、明六百年中彼體道諸大儒所留之語言文字視作一期學術先客觀了解之，……意義釐清而確定之，曰知性之了解。會而通之，得其系統之原委，曰理性之了解。……理性之了解亦非只客觀了解而已，要能融納於生命中方為真實，且亦須有相應之生命為其基點，否則未有能通解古人之語意而得其原委者也。」（牟宗三：〈序〉，《心體與性體》第一冊，《牟宗三先生全集》第五冊〔臺北：聯經出版事業公司，2003年〕，頁5-6）牟宗三先生也曾以文字、邏輯與見表明其經典詮釋的要求，其說：「有三個標準，一個是文字，一個是邏輯，還有一個是『見』（insight）。我們要了解古人必須通過文字來了解，而古人所用的文字儘管在某些地方不夠清楚，他那文字本身是ambiguous，但也並不是所有地方通通都是ambiguous，那你就不能亂講。另外，還有一點要注意的，你即使文字通了，可是如果你的『見』不夠，那你光是懂得文字未必就能真正懂得古人的思想。」（牟宗三：《中國哲學十九講》，《牟宗三先生全集》第二十九冊〔臺北：聯經出版事業公司，2003年〕，頁71。）依此，客觀了解（「知性」與「理性」）與主觀的生命相應，正是牟宗三先生對經典詮釋的基本態度。鄭宗義老師曾以知識、思辨與感觸來論說牟宗三先生的中國哲學研究之方法論，此以知識、思辨與感觸即本文所言的客觀了解與主觀的生命相應，見鄭宗義：〈知識、思辨與感觸——試從中國哲學研究論牟宗三先生的方法論觀點〉，鄭宗義：《儒學、哲學與現代世界》（石家莊：河北人民出版社，2010年），頁65-88。當然，上述論述的客觀了解與主觀的生命相應之經典詮釋方法，牟宗三先生並未有特別就其譯著而立論，然而，依據下文的分析，則不難發現牟宗三先生那獨特的「翻譯」觀其實亦沿用著他的經典詮釋方法，只是詮釋的經典對象由中國古代經典轉換成西方哲學的經典而已，牟宗三先生更曾表明其「翻譯」的本懷，其言：「真切地譯就是真切地講習。能真切地譯與講習始能把康德的義理吸收到中國來，予以消化而充實自己。」（牟宗三著〈序〉，《智的直覺與中國哲學》，《牟宗三先生全集》第二十冊〔臺北：聯經出版事業公司，2003年〕，頁6。）

> 康德學是哲學,而哲學仍須哲學地處理之。康德學原始要終之全部系統雖在基督教傳統制約下完成,然而其最後之總歸向卻近於儒家,擴大言之,近於中國儒釋道三教傳統所昭顯之格範。故吾可謂內在於康德學本身予以重新消化與重鑄而得成為善紹者將在中國出現。此將為相應之消化。有人譏吾所講者決非康德學,然是否康德學,是否相應或不相應,決非欺詐無實之輩所可妄言。[5]

由於牟宗三先生持著「哲學地」處理康德的《純粹理性之批判》的翻譯,其目的並不止於「翻譯」,[6]更在於依中國傳統智慧「重新消化與重鑄」西方哲學經典中的智慧傳統。[7]如是,牟宗三先生作翻譯所言及的「消化」之實義即有二:一者是以客觀了解(「知性」與「理性」)與主觀的生命相應的詮釋態度,對相關的西方哲學經典作出相應的重構;二者是依中國傳統智慧消化並重鑄個人的哲學思想。

5　牟宗三:〈譯者之言〉,《康德「純粹理性之批判」》(上),《牟宗三先生全集》第十三冊(臺北:聯經出版事業公司,2003年),頁19。

6　對於「翻譯」,牟宗三先生直指「翻譯並非易事」,這說法並非說自己的語言理解能力或語文翻譯能力的問題,而是重點在於牟宗三先生個人對於翻譯的嚴格要求,尤其是概念層面的要求,以《名理論》來說,朱建民先生指出:「牟先生在文字表達上刻意採用直譯法,並隨處添加案語以疏解之。」(朱建民:〈《名理論》全集本編校說明〉,牟宗三譯:《名理論》,頁1)牟宗三先生這種「直譯」及「隨處添加案語」的翻譯方式正是其對於經典理解與詮釋的基本態度,也正由於這種態度而形成牟宗三先生自言的「翻譯並非易事」,蓋因「翻譯」已變成義理上的分判與詮釋。

7　牟宗三先生嘗言:「讀者讀《現象與物自身》,可解吾如何依中國傳統智慧消化《第一批判》;讀《圓善論》,可解吾如何依中國傳統智慧消化《第二批判》;讀此〈商榷〉長文,可解吾如何依中國傳統智慧消化《第三批判》。了解中西兩智慧傳統並非易事,此需要時間慢慢來。吾一生無他務,今已八十四。如吾對中華民族甚至對人類稍有貢獻,即吾能依中國智慧傳統會通康德並消化康德。」(牟宗三著〈譯者之言〉(上),《康德「判斷力之批判」》(上),《牟宗三先生全集》第十六冊〔臺北:聯經出版事業公司,2003年〕,頁7-8。)

換言之，牟宗三先生的翻譯工作的主要目的即在於對西方哲學的經典作出具有相應的理解並統攝於其自身的哲學思考之中。

至此，上述所言牟宗三先生對翻譯一事的討論都主要依據他對於康德三大批判的翻譯而言。然而，牟宗三先生在晚年也翻譯了維特根什坦（L. Wittgenstein, 1889-1951，又譯維根斯坦、維特根斯坦）的《名理論》（*Tractatus Logico-Philosophicus*，又譯邏輯哲學論）。[8]依上文所說，牟宗三先生對西方經典的翻譯工作主要的目的是「消化」，究竟牟宗三先生翻譯維特根什坦《名理論》所「消化」的是甚麼呢？蔡仁厚先生曾經指出：「先生在《認識心之批判》出版三十年後擬予以重印之時，特將維氏之《名理論》譯出以為導引。於此，正見先生學術心靈之綿穆不已，與哲學思理之圓密融貫。同時，這一步前後之呼應，亦表示先生在融攝康德之外，對另一系西哲思想（萊布尼茲與羅素邏輯分析一套）之吸納與消化。」[9]這樣的說法與牟宗三先生在《名理論》的〈中譯者之言〉所說的相應地符合。[10]然而，本文卻認為牟宗三先生翻譯《名理論》所「消化」的並不止於把邏輯分析一套的思考融攝於其對康德思想的重鑄，也觸及牟宗三先生對於「哲學語

---

8 由於本文主要以牟宗三先生的譯著《名理論》為分析對象，著重的是牟宗三先生對《名理論》內容的詮釋，是以本文所引用的譯文（包括譯名）皆依循牟宗三先生的譯本為準，如譯L. Wittgenstein為維特根什坦，而非現在學界普遍通譯的維根斯坦或維特根斯坦。

9 蔡仁厚：〈學行紀要〉，《牟宗三先生學思年譜》，《牟宗三先生全集》第三十二冊（臺北：聯經出版事業公司，2003年），頁71-72。

10 牟宗三自言：「我今譯此書是因為我要重印我的《認識心之批判》一書。《認識心之批判》之寫成正是處於羅素與維氏學鼎盛之時，其目的是想以康德之思路來消融彼二人之成就，雖然我當時並未透徹了解康德。我當時只了解知性之邏輯性格，並未了解知性之存有論的性格，而此後者卻正是康德學之拱心石，而吾之《認識心之批判》亦正是知性之邏輯性格之充分展現。知性之邏輯性格有如許可說者正以維氏書之故也，或至少由維氏書而激起，激起已，兼以融攝羅素而扭轉之，故有如許可說也。」（牟宗三譯：《名理論》，頁4。）

言」（philosophical language）的理解，[11]尤其是牟宗三先生以「分解地說」與「非分解地說」來重新釐定維特根什坦的「可說」與「不可說」的界限劃分，此一「分解地說」與「非分解地說」的區分更是涉及牟宗三先生論說其「兩層存有論」或「哲學」觀之是否可能的問題，甚至能透現出牟宗三先生所作的經典詮釋方案之可能的根據。依此，本文的問題意識即在於從牟宗三先生對《名理論》的翻譯與「消化」，梳理牟宗三先生對「哲學語言」的理解，再從而窺探牟宗三先生哲學思想的兩大重要工作（哲學思想和哲學詮釋）的意義。[12]本文

---

11 本文的問題意識即大膽地認為牟宗三先生翻譯《名理論》具有不止於融攝於其對康德思想的重鑄的意義，更涉及牟宗三先生自身的哲學思想系統的意義，這種大膽的假設建基於兩項觀察：其一，從牟宗三先生的學思年譜來看，他翻譯《名理論》完稿於一九八六年，是時牟宗三先生已出版了《智的直覺與中國哲學》（1971年）、《現象與物自身》（1975年）及《圓善論》（1985年）等「消化」康德哲學思想之著作，並已翻譯出版了《康德的道德哲學》（1982年）、《康德純粹理性之批判》（1983年）等「疏解」康德哲學思想之著作，依此背景來看，牟宗三先生翻譯維特根什坦《名理論》乃是本於其已吸收並消化康德哲學之後，即其哲學思想的完成型態之後。既然牟宗三先生對於「翻譯」的理解乃是「義理上的分判與詮釋」，則《名理論》的「翻譯」實是涉及牟宗三的哲學思想完成型態的某一特定面向（即「哲學語言」的理解）；其二，牟宗三先生在《名理論》的〈中譯者之言〉中以「分解地可說」與「非分解地可說」來重新釐定「可說」與「不可說」的意義，這正是牟宗三先生表達個人對於「哲學語言」的理解之論述。在這兩項觀察之下，本文認為牟宗三先生翻譯《名理論》所「消化」的思考已觸及牟宗三先生對於「哲學語言」的理解，更是涉及牟宗三先生哲學系統（「兩層存有論」）的建構問題。下文的討論即針對於此。

另外，吳明老師曾經述說其〈言意之辨與魏晉名理〉一文實引發了牟宗三先生對《名理論》的翻譯，表達對語言哲學的關注，其言：「這篇論文（按：〈言意之辨與魏晉名理〉）格外的意義是：觸發牟宗三先生對語言哲學和美學目的論的關注。先生隨即著手翻譯維特根斯坦的《名理論》，晚年更把康德的《判斷力之批判》全部譯出。」（吳甿：《玄理與性理》，香港：經要文化出版公司，2002年，〈序論〉，無頁碼）這可以說牟宗三先生翻譯《名理論》是有著對語言哲學關注的動機。

12 首先，「分解地說與非分解地說」即牟宗三先生提出的「分別說與非分別說」的不同表達，本文對於牟宗三先生使用「分解地說與非分解地說」及「分別說與非分別

說」的理解，僅作為同義詞的交互使用。至於「分解地說與非分解地說」或「分別說與非分別說」這組概念是牟宗三先生從《般若經》的思想詮釋而來，然而，依牟宗三先生的使用及說法，「分解地說與非分解地說」的區分甚至適用於整體人類的思考歷程，他曾言：「分別說與非分別說，這個問題，西方哲學並未考慮過，它是從佛教啟發出來的。……分別說與非分別說是佛教的詞語，或稱差別說與非差別說，若用現代西方的說法，則是分解地說與非分解地說。提到這個問題，我覺得人類的思考歷程，大體都可以概括在分別說與非分別說之下。」（牟宗三：《中國哲學十九講》，頁331-332。）而在《名理論》的〈中譯者之言〉，牟宗三先生即以「分解地說與非分解地說」來疏解維特根什坦的「可說」與「不可說」。

其次，對於牟宗三先生的「分別說與非分別說」的區分與使用，徐波先生曾經指出：「牟宗三在甄別何者為圓、何者為不圓的問題上，有著一套自成系統的評判標準。而在這一評判標準之中，《佛性與般若》中首先提出的『分別說』與『非分別說』是最為基礎的一步，也是其圓教思想的核心所在。」（徐波：〈牟宗三「分別說」與「非分別說」辨析——兼與馮耀明先生商榷〉，《東吳哲學學報》第三十期，2014年8月，頁86。）徐波先生該文的主要目的是疏解並補充牟宗三先生使用「分別說」與「非分別說」作為理解佛教思想的理論效力。與此不同，本文則從牟宗三先生對「分別說」與「非分別說」這一對概念的使用，揭示牟宗三先生對於「哲學語言」之可能理解，討論的重點並不是牟宗三先生對於「分別說」與「非分別說」作為理解佛教思想的理論效力問題，或是依於佛教思想來討論牟宗三先生對於「分別說與非分別說」詮釋與使用的問題。然而，本文對於牟宗三先生使用「分別說」與「非分別說」的討論亦多參考徐波先生的論文，特此註明。

再者，對於牟宗三先生的「哲學語言」之使用問題，蕭振聲先生曾指出：「道德形上學所獲得的評價之所以如此兩極化，撇除一些學派因素或情感成分不論，筆者認為這可能與牟先生的表達方式稍見特殊、以及『以道德為進路說明天地萬物之存在』此一立場看似悖理有關。這些問題即使沒有導致對道德形上學的誤解，最少亦在某程度上構成了學人在進行討論時的阻滯或盲點。本文的目的，就是試圖對牟宗三先生的哲學用語作一番分析與釐清的工作，由此對其道德形上學立一新詮。」（蕭振聲：〈牟宗三道德形上學新詮〉，《中正漢學研究》第二十四期，2014年12月，頁98。）蕭振聲先生該文的主要工作是對牟宗三先生在建構「道德形上學」中的關鍵「哲學語言」之使用作出釐清，如「創造」、「物」、「存在」等，從而為牟宗三先生的「道德形上學」作出「新詮」。與此不同，本文則從牟宗三先生對「分別說」與「非分別說」這一對概念的使用，揭示牟宗三先生對於「哲學語言」之可能理解，討論的重點並不是牟宗三先生對於個別的「哲學語言」的使用問題，與蕭振聲先生該文的論旨不同，卻同樣地是以牟宗三先生的「哲學語言」作研究對象，本文的論述亦多參考蕭振聲先生的論文，特此註明。

嘗試分作三部分來討論：(一)、維特根什坦論「可說」與「不可說」；(二)、牟宗三先生對「可說」與「不可說」的重新釐定；(三)、論牟宗三先生對「哲學語言」的理解及其哲學意涵。

二　維特根什坦論「可說」與「不可說」

「可說」及「不可說」的劃分可以說是維特根什坦於《名理論》的重要工作。維特根什坦在《名理論》的正文指出：「凡我們所不能說者，我們必須在沉默中略過。」（7）[13]更在〈序文〉中明確地說明這一句話作為全書綜括的說話之意義，其言：「本書之目的是想對於思想劃一界限，或寧這樣說，即：不是對於思想劃一界限，而是對於『思想之表示』劃一界限。因為要想對於思想能夠劃一界限，我們定須去找出『界限之兩邊』為可思的（即定須能夠去思那不能被思者）。……因此，那只有在語言中，界限始能被劃出，而那放在界限之其他一邊者將只是無意義。」[14]換言之，「可說」與「不可說」的劃分即是以「語言」的可被理解、可被思考作為要義，至於分析「語言」的可被理解、可被思考或不可被理解、不可被思考之判別，在《名理論》中即是對「命題」（Proposition）[15]的分析，透過對「命題」的分析，維特根什坦區別出「可說」的「有意義的命題」、「缺乏意義的命題」和「不可說」的「無意義的命題」。然而，在「可說」

13　"What can be said at all can be said clearly; and whereof one cannot speak thereof one must be silent." L. Wittgenstein, C. K. Ogden trans., *Tractatus Logico-Philosophicus*, New York: Barnes & Noble Books, 2003, p.157；維特根什坦著，牟宗三譯：《名理論》，頁107。為了行文的方便，除個別具討論問題的引文外，下文對於《名理論》的引文則只列明編號而不再以註腳方式列明出處。

14　L. Wittgenstein, *Tractatus Logico-Philosophicus*, p.3；《名理論》，頁2。

15　維特根什坦曾指出：「全部命題之綜集就是語言。」（4.001）（*Tractatus Logico-Philosophicus*, p.37；《名理論》，頁19。）

與「不可說」的區分以外,究竟維特根什坦的說法有沒有「自我推翻」的問題呢?即是說,《名理論》所作出「可說」與「不可說」區分的設準,其自身是否也是「不可說」呢?對於這問題的討論實是涉及《名理論》內的「梯子問題」。下文即以「可說」與「不可說」的區分、「梯子問題」來討論《名理論》內的「可說」與「不可說」。

(一)「可說」與「不可說」的區分

依《名理論》,對於「語言」的批判分析實是對「命題」的分析。維特根什坦曾指出:「弗雷格說:『命題是名字。』羅素說:『命題對應於複合物。』二者都是錯的。『命題是複合物的名字』的說法則尤為錯誤。」[16]究竟維特根什坦所言的「命題」是甚麼意思呢?對他而言,所謂「命題」即是表達思想內容(事實)的基本單位。維特根什坦說:「在一命題中,一思想找到一種表示可為感官所覺知。」(3.1)並說:「我們使用一個(說的或寫的)命題之可覺知的符號作為一可能情況之投影。投影法就是去思維命題之意義。」(3.11)換言之,「命題」的意義在於它能以「命題符號」(Propositional sign)組合來「投影」出「事實」。維特根什坦又言:「如果我們想像一個由空間對象而組成的命題符(例如桌子、椅子、書),而不是一個由書寫的符號而組成的命題符,則一命題之本質是很清楚地被看見的。既如此,則這些事物之空間的排列將即表示命題之意義。」(3.1431)依此,「命題」即是被書寫符號(「語言」)所代表的思想內容,即是說,「命題」的意義在於它既是「語言」,又是「思想」的內容,更是「世界」的「事實」之「投影」,這可以說是在《名理論》中所討論的「命題」,實是以世界、思想和語言的一個「三重結構」所形成的

---

16 維特根斯坦,陳啟偉譯:《邏輯筆記》,涂紀亮主編:《維特根斯坦全集》第一卷(石家莊:河北教育出版社,2002年),頁9。

意義理論，此即《名理論》中著名的「意義的圖像論」（The picture theory of meaning）。在《名理論》內「可說」與「不可說」的區分即本於「意義的圖像理論」所判別。那麼，何以「意義的圖像理論」可以劃分出「可說」與「不可說」的界線呢？此源於維特根什坦對於世界、思想與語言的獨特看法及其間的「三重結構」之關係說明。

先說《名理論》內「世界」、「思想」與「語言」的意思。在《名理論》的1至2.063節詳細地說明了維特根什坦所說的「世界」，其言：「世界是『事實』之綜集，不是『物』之綜集。」（1.1）又言：「一件事情（一事物之狀態）是對象（事物）底一種結合。」（2.01）[17]重點地說，「世界」的最基本單位即是「基本事實」（原子事實），而「對象」即是不可再區分的基本原子。在《名理論》的2.1至3.05節已仔細地闡明了維特根什坦所言的「思想」，他說：「事實之一邏輯的圖像是一思想。」（3）又說：「在一圖像中，圖像之成素是對象之代表。」（2.131）扼要言之，「思想」的最基本單位即是「邏輯圖像」，[18]而「邏輯圖像」即是由代表「對象」的成素所組成。在

---

17 牟宗三先生的《名理論》是據皮亞斯（D. F. Pears）的英譯本「state of affairs」而把德文「Sachverhalt」譯作「事情（一事物之狀態）」。然而，韓林合先生則指出以「state of affairs」來翻譯「Sachverhalte」，則至少未能明確地表現出維特根什坦使用「Sachverhalte」來傳達原子性意義，而且，以「atomic fact」翻譯「Sachverhalte」也是維特根什坦所默許的，即奧格登（C. K. Ogden）的英譯本是經過維特根什坦親自的檢閱後才出版。依此，韓林合說：「為了一方面充分地強調維特根斯坦欲用『Sachverhalt』傳達的那種原子性意義，另一方面照顧到他在不同的語境下對其所做的不盡相同的使用，我選擇了我上面的做法：用『基本事實』（elementary fact）和『基本事態』（elementary situation）這兩個不同但密切相關的詞來翻譯『Sachverhalt』這同一個德語詞。」（韓林合：《〈邏輯哲學論〉研究（修訂、完整版）》〔北京：商務印書館，2007年〕，頁43-44。）本文認同韓林合先生的說法，即僅以「事情」或「事物之狀態」並未能突顯維特根什坦所表達的原子性意思，是以本文將以「基本事實」或「原子事實」來討論維特根什坦對「世界」的想法。

18 所謂「邏輯圖像」，維特根什坦說：「一圖像，其圖畫性的形式是邏輯形式者，便名

《名理論》的3.1至4.0641節則詳細地展示了維特根什坦所說的「語言」，其言：「全部命題之綜集就是語言。」（4.001）又言：「在一命題中，一名字是一對象之代表。」（3.22）簡要來說，「語言」的最基本的單位即是「基本命題」，而基本命題即是由代表「對象」的名稱所組成。由此可見，在《名理論》中的「世界」、「思想」與「語言」皆有由一個共同的結構形式所組成，即「世界」（或「思想」、或「語言」）由最基本的單位（即「基本事實」、或「邏輯圖像」、或「命題」）所組成，而這些最基本的單位卻也同樣地由不可再區分的基本原子成素所組合而成（即「對象」，或「代表對象的成素」、或「名稱」），這種獨特的共同結構形式，即構成了《名理論》內「世界」、「思想」與「語言」的「三重結構」之關係。

再說《名理論》內「世界」、「思想」與「語言」之關係。《名理論》內「世界」、「思想」與「語言」是一種「三重結構」之關係，即：「世界」與「思想」、「思想」與「語言」及三者的共同邏輯結構（common logical structure）的關係。從「世界」與「思想」之關係來看，「思想」即是重現我們所觀察到的「世界」，是以「思想」中的「邏輯圖像」即是「世界」之中的「基本事實」的表象，維特根什坦

曰一邏輯圖像。」（2.181）那麼，甚麼是「邏輯形式」呢？依《名理論》可作兩個層面的詮釋：其一，「邏輯形式」即是從邏輯的可能性作為組合的關係形式，維特根什坦說：「一圖像呈現邏輯空間中的一個情況，即呈現事情之存在與不存在。」（2.11）此即從操作的層面而說「邏輯形式」，如此，「邏輯圖像」即是表明由「對象」的成素所組成邏輯可能性之關係；其二，「邏輯形式」是「不可說」的，維特根什坦明言：「命題能表象全部實在，但它們卻不能表象那種東西，即：『它們所必須與實在共同有之，有之以便能去表象實在』的那種東西，即邏輯形式那種東西——它們不能表象邏輯形式。要想能夠去表象邏輯形式，我們定須能夠去把我們自己與命題安置於邏輯外的某處，即是說，安置於世界外的某處。」（4.12）此即從本質意義的層面而說「邏輯形式」，這就涉及維特根什坦在《名理論》中的「梯子問題」，下文將再討論。

即言:「一圖像是實在之一模胎(model)。」(2.12)又說:「圖畫性的關係(摹擬的關係)以『圖像底成素』與『事物』間之交互關係而組成。」(2.1514)又言:「任何圖像,不管是什麼形式,所必須和實在共同有之的那個東西便是邏輯形式,即實在底形式。任何圖像要想無論如何能夠正確地或不正確地去描畫實在,它便必須和實在共同有那邏輯形式,即實在底形式。」(2.18)從「思想」與「語言」之關係來說,「語言」即是能夠投射或表達我們內在的「思想」,是以「語言」中的「基本命題」即是「思想」之中的「邏輯圖像」的投射或表達,維特根什坦曾說:「在一個命題中,一思想能依以下的方式而被表示,即:命題符底成素相應於思想底對象。」(3.2)「在一命題中,一思想找到一種表示可為感取所覺知。」(3.1)「我們使用一個(說的或寫的)命題之可覺知的符號作為一可能情況之投影。投影法就是去思維命題之意義。」(3.11)從「世界」與「思想」之關係及「思想」與「語言」之關係來說,則維特根什坦推論著三者具有共同的邏輯形式(common logical form)之關係,此關係的結構如下:「思想」中的「邏輯圖像」即是「世界」的「基本事實」之可能性,「語言」的「基本命題」即是「思想」的「邏輯圖像」。換言之,「世界」、「思想」與「語言」共同的邏輯形式即是共同具有確定的組合方式而成,維特根什坦指出:「在一事情中,對象互相間立於一決定性的關係中。」(2.031)又說:「那構成一『命題符』者即是這事實即:命題符之成素(字)在命題符中互相處於一決定關係中。一命題符是一事實。」(3.14)這種「決定性的關係」(Definite way)即是邏輯形式的關係。如此,「基本事實」以邏輯形式的關係組合「對象」;「邏輯圖像」以描繪的方式組合出「基本事實」中的邏輯形式之關係;「基本命題」即是以投射的方式表達出「邏輯圖像」中的邏輯形式之關係。

這樣,對於「語言」的「命題」(基本命題)分析就能夠完全地描述「世界」,維特根什坦說:「事實之一邏輯的圖像是一思想。」(3)又說:「真的思想之綜集是世界之一圖像。」(3.01)又說:「如果一切真的元素命題已被給予,則結果便是對於世界作成一完整的描述。世界是因著給出一切元素命題,並加上其中那個是真的那個是假的,而完整地被描述。」(4.26)所謂的「意義的圖像論」即是透過「邏輯的圖像」的邏輯形式來釐清「語言」的「命題」(基本命題)之意義。依此,維特根什坦遂可以區分「可說」與「不可說」,甚至「可想」與「不可想」(即思想之可否表達)。所謂「可說」,即是能夠被分析的「命題」(具有真的或假的意義),即「命題表象事情之存在與不存在」(4.1);所謂「不可說」即是不能夠被分析的「命題」(缺乏具有真的或假的意義)。這亦即是維特根什坦在《名理論》的序言上所說:「本書之目的是想對於思想劃一界限,或寧這樣說,即:不是對於思想劃一界限,而是對於『思想之表示』劃一界限。因為要想對于思想能夠劃一界限,我們定須去找出『界限之兩邊』為可思的(即定須能夠去思那不能被思者)。……因此,那只有在語言中,界限如能被劃出,而那放在界限之其他一邊者將只是無意義。」[19]結果,維特根什坦更可以區分出三種命題:「可說」的「有意義的命題」、「缺乏意義的命題」和「不可說」的「無意義的命題」。

所謂「可說」的「有意義的命題」和「缺乏意義的命題」,前者即「自然科學」,即「真的命題之綜體就是自然科學之全部(或說自然科學之全集)」(4.11);後者即「邏輯」,即「一般命題皆表示它們所說的是什麼。套套邏輯與矛盾則表示它們一無所說。一套套邏輯無真假條件,因為它們是無條件地真的。而一矛盾則是沒有條件可依以

---

19 維特根什坦著,牟宗三譯:《名理論》,頁21。

為真。套套邏輯與矛盾缺乏意義（缺乏一特定的實質）。……但是，套套邏輯與矛盾並不是『無意義的』」（4.461-4.4611）。[20] 所謂「不可說」的「無意義的命題」即是指倫理學、形上學或宗教等，即「如果茲存有任何『實有價值』的價值，則它必須處於那發生者以及那是如此這般之實情者（如此存在者）之全部範圍之外。……因此，說到茲存有道德之命題，這亦是不可能的。命題不能表示有什麼較高尚的東西。……顯然道德不能被表述（被言詮）。道德是超越的。（道德與審美是一會事）」（6.41-6.421）[21] 至此，維特根什坦即已清晰地劃分了「可說」與「不可說」。[22]

---

20 維特根什坦以「缺乏意義」（without sense）與「無意義」（senseless）來區別「套套邏輯與矛盾」與「不可說」的命題，其中的要義在於「套套邏輯與矛盾」具有邏輯形式，即「套套邏輯」必然地為邏輯地真；「矛盾」則必然地為邏輯地假，所謂「缺乏意義」僅在於沒有對應於「事實」的內容，卻仍然具有邏輯形式的意義，這是「缺乏意義」的意思。然而，「不可說」的命題卻是沒有邏輯地真與假的意義，這是「無意義」的意思，亦即是後來邏輯實證論等人常常說形上學命題是「連假也不是」的意思。

21 關於「命題不能表示有什麼較高尚的東西」（6.42），韓林合先生指出：「這裡所謂『高超的事項』（按：即牟宗三先生所譯的「較高尚的東西」）是指處於世界之外的所有事項——神秘的事項或倫理意志、審美情感、絕對的善、絕對的美等等。」（韓林合：《〈邏輯哲學論〉研究（修訂、完整版）》，頁764。）所謂「較高尚的東西」（anything higher）在《名理論》的6.42一節中雖僅言及道德的命題，但是從6.421及《名理論》中的其他論題上，則實是指「不可說」的部分，如此，則本文認同韓林合先生說此節的「較高尚的東西」即是「世界之外的所有事項」，即倫理學、形上學或宗教等。

22 關於維特根什坦對於「可說」與「不可說」的區分依然有許多的理論上的技術問題需要多作釐清，如「世界」、「命題」、「名稱」、「對象」等概念的分析。然而，本文的目的僅在於扼要地提出維氏對「可說」與「不可說」區分的要義，即「意義的圖像論」，並以此來比較牟宗三先生以「分解地說」與「非分解地說」區分所作的重新釐定，是以本文並不會鉅細無遺地討論《名理論》的論題，相關的研究可參考：韓林合：《〈邏輯哲學論〉研究（修訂、完整版）》，或李國山：《言說與沉默：維特根斯坦《邏輯哲學論》中的命題學說》（天津：南開大學出版社，2004年）。

（二）「梯子問題」

維特根什坦以「命題」分析而作出「可說」與「不可說」的區分，似乎已經完成了《名理論》的任務。然而，相關於《名理論》所使用的「哲學語言」來說，則仍然遺留下問題，即：究竟在《名理論》所使用的「語言」（命題分析）是「可說」的還是「不可說」的呢？維特根什坦曾自言：

> 我所說以上命題以下的樣式足以充作使事物明白的一種說明，即：任何人，他若了解我，他最後將確認我的那些命題為無意義，當他已使用它們作為階梯向上攀登以越過它們時。（如普通所謂在向上攀登已越過梯子後，他必須捨棄那梯子。）他必須超離這些命題，如是，他將會正確地看世界。（6.54）

維特根什坦用「梯子」作為比喻他在《名理論》的「命題」分析，更直言此一「命題」分析的表達其實只是「梯子」，攀登過後便必須捨棄。問題是：《名理論》中的「命題」分析雖然可以當作梯子後便捨棄，但《名理論》中的「命題」分析是否就是「無意義」呢？與維特根什坦的另一句結論：「凡我們所不能說者，我們必須在沉默中略過。」（7）兩者並列來看，似乎《名理論》中的「命題」分析也是「無意義」，也是必須「捨棄」的。這就是一種「自我推翻」的問題，亦即是《名理論》中的「梯子問題」。[23]

---

23 維特根什坦在《名理論》中的「梯子問題」不同於一般「語言層次」的混淆問題（即混淆「對象語言」與「後設語言」的區分），維氏在（6.54）中直接指出在《名理論》中的命題為無意義，即維氏在《名理論》中「命題」分析，如此，「梯子問題」實是一種「自我推翻」的問題。

另外，對於《名理論》的「梯子問題」至少具有兩種不同的詮釋意見：其一，是

然而,依維特根什坦在《名理論》中對「哲學」或「邏輯形式」等討論,則「哲學」或「邏輯形式」等雖然是「不可說」的「無意義的命題」,但卻可以「呈現」(displaying)或「顯示」(show)出來,此即是維特根什坦在《名理論》中建構的「顯示理論」(The theory of showing)。維特根什坦說:「哲學意在思想之邏輯的釐清。哲學不是一地主張,但只是一種活動。一哲學作品本質說來是以說明而構成。哲學並不以『哲學的命題』為結果,但只以『命題之釐清』為結果。」(4.112)又說:「哲學將因著清楚地呈現(displaying)那能被說者而指表那不能被說者。」(4.115)換言之,假如《名理論》是一部「哲學作品」,則它的本質上即在於從事一種「命題的釐清」之工作,在此一「命題的釐清」過程中即「呈現」了「哲學作品」的本質。而維特根什坦在《名理論》的〈序文〉已表明:「此書處理一些哲學問題,而且我相信它表明了這些哲學問題所以被提出之理由乃是

「攀爬梯子」,即認為維特根什坦在《名理論》提出的「命題」分析是嘗試說那不可說的而只能顯示的命題,它們具有「啟發性的無意義」(illuminating nonsense),由它們的幫助下,人們才能獲得正確的邏輯觀點,導引人們認清世界的本質、善與惡的超克、獨我論的意義等。持這樣想法的有Max Black和P. M. S. Hacker。其二,是「拋棄梯子」,即認為維特根什坦在《名理論》提出的「命題」分析同樣地嘗試說那不可說而只能顯示的命題,但在顯示過後則必須放棄「我們的確談論著實在的特徵或實在的邏輯形式」的想法,自覺地認出《名理論》提出的「命題」分析其實亦只是「全然的無意義」(plain nonsense),《名理論》的要義僅在於其序言和最後的兩個論題。持這樣想法的有F. P. Ramsey和C. Diamond。兩者的分別或爭論(按:P. M. S. Hacker和C. Diamond確實引發過一場相關的學術爭論)的要義,實是源於兩者對於「維特根什坦哲學」的詮釋取向,即詮釋《名理論》乃「維特根什坦哲學」作為「治療哲學疾病」,或「哲學邏輯真理」之表達,以「哲學邏輯真理」來說,則詮釋《名理論》為「『攀爬梯子』;以「治療哲學疾病」來說,則詮釋《名理論》為「拋棄梯子」。相關的討論可參考:Alice Crary and Ruppert Read ed., *The New Wittgenstein*, London and New York, 2000.或林益光:《維根斯坦的梯子、世界和沉默》(臺北:東吳大學碩士論文,2005年)。

因為我們的語言底邏輯已被誤解故。」[24]如是,《名理論》作為一部「哲學作品」,則它的作用(尤其是指「命題」分析的內容)即在於以「命題的釐清」方式來「顯示」「哲學問題」的解決方案。依此而言,「梯子問題」即是表明《名理論》所具有的「哲學」意義就在於它「呈現」了解決「哲學問題」的方案,它並沒有對應於「事實」內容的「缺乏意義」,卻是僅具有邏輯形式的「顯示」意義。米建國先生曾整合了維特根什坦的「顯示理論」作為「哲學」所具有的意義:「哲學做為顯示不可說者,主要是在於顯示語言的限制(the limits of language),而這個顯示的工作,是建基於一切可說的語言之上。透過顯示語言的限制,我們可以顯示出語言形式或邏輯的特徵,我們也可顯示『世界中的事實、思想中的圖像、和語言中的語句』之間的共同邏輯形式,『世界、思想、和語言』之間的共同邏輯結構,『世界、事實、與事物』的存在,最後也顯示出邏輯空間中的一切可能性。」[25]

至於《名理論》的「顯示理論」是要解決甚麼的「哲學問題」呢?維特根什坦說:「他必須超離這些命題,如是,他將會正確地看世界。」(6.54)換言之,維特根什坦所說的「哲學問題」即是「應當如何正確地看世界?」或「世界是甚麼?」的問題,而《名理論》即從「意義的圖像論」而區分「可說」與「不可說」,以「顯示」的方式為「世界」劃出「可說」(可想)與「不可說」(不可想)的界線,從而讓人可以「正確地看世界」,即「世界」是具有「可說」與「不可說」的兩部分。這樣,《名理論》即可以為「應當如何正確地看世界?」或「世界是甚麼?」這樣的「哲學」問題提出(顯示)一個獨特的解決方案,即以《名理論》的理論具有「梯子」的形式意義,理解「可

---

24 維特根什坦著,牟宗三譯:《名理論》,頁21。
25 米建國:〈世界、思想、和語言:維根斯坦的「論叢之梯」〉,《意義、真理與信念:語言哲學論文集》(臺北:學富文化事業公司,2004年),頁62-63。

說」的「世界」之部分,才能「顯示」出「不可說」的「世界」之部分,「超離」了《名理論》的「命題」分析才能「正確地看世界」。

三 牟宗三先生對「可說」與「不可說」的重新釐定

牟宗三先生對於維特根什坦在《名理論》內的「可說」與「不可說」之詮釋,究竟是否符合維特根什坦的解說呢?又牟宗三先生是本於甚麼理解之下以「分解地說」與「非分解地說」對《名理論》內的「可說」與「不可說」作出重新釐定呢?簡要來說,牟宗三先生對於維特根什坦的「可說」與「不可說」,他在〈中譯者之言〉提出了批判式的釐清,重新界定「可說」的意思,並以「分解地可說」與「非分解地可說」對「哲學語言」作重新釐定,其中涉及的討論可分別從兩道問題來思考:一,牟宗三先生如何以「分解地可說」來重新釐定維特根什坦的「可說」呢?二,牟宗三先生為何會以「非分解地說」來取替維特根什坦的「不可說」(或「顯示理論」)呢?這是本節所要處理的問題。[26]

---

[26] 牟宗三先生對於維特根什坦《名理論》的處理,有著兩個重要的步驟:其一,從「邏輯之哲學」(「名理論」)來理解《名理論》,即牟宗三先生在〈中譯者之言〉中對 Tractatus Logico-Philosophicus 的書名之分析,從而衡定《名理論》乃是一本講「邏輯之哲學」的書,「其最大的貢獻在講套套邏輯與矛盾,此正是邏輯本性之正文,一切對於邏輯形式之洞悟與妙語皆源於此」(牟宗三:〈中譯者之言〉,《名理論》,頁6)。依此,牟宗三先生即說出自己翻譯《名理論》的工作是要將此書的「邏輯之本性」置於《認識心之批判》一書的系統之中,牟宗三先生明言:「吾今順其講套套邏輯而進一步了解邏輯之本性,重解邏輯之系統,如吾《認識心之批判》中所說。」(牟宗三:〈中譯者之言〉,《名理論》,頁6。)這是牟宗三先生翻譯《名理論》文本之意義;其二,從「哲學問題」來理解《名理論》,即牟宗三先生在〈譯者之言〉中對「可說與不可說」的重新釐定部分。對於《名理論》以「邏輯之本性」中所旁及的「哲學問題」,牟宗三先生表明並不滿意,認為僅算是「消極地觸及」,其言:「至於其講世界,講事實,講命題,講圖像,涉及知識,消極地觸

（一）「分解地可說」與「可說」

牟宗三先生對於維特根什坦「可說」的質疑是本於「邏輯形式」是否「只能被展示」的問題。維特根什坦說：「凡只能被顯示者不能被說。」（4.1212）又說：「命題不能表象邏輯形式：邏輯形式反映于命題中。」（4.121）換言之，「邏輯形式」即只能被展示而不能被說出。然而，牟宗三先生指出：「它（按：邏輯形式）既可以符式來展示，似乎是可說。但既只可被展示而不能被表述（被陳述），似乎又不可說。……不可說者理性形式非事件故。可說者以其可為符式所展示故。然則可說者只限於自然科學之命題為過狹矣。」[27] 何以牟宗三先生認為《名理論》中的「可說」限於作為「自然科學之命題」是「過狹」呢？

首先，牟宗三先生指出所謂「可說」即「只有時空中的經驗事件始可說」，而「可說者可陳述之為一命題」，是以「可陳述之為一命題者為科學知識」。[28] 維特根什坦曾說：「那是如此之實情者（即是說是一事實者）是『事情』之存在。」（2）又說：「真的命題之綜體就是自然科學之全部。」（4.11）但是，在《名理論》的「可說」與「不可說」區分中並不止於「自然科學之命題」為「可說」，「可說」至少

及哲學問題，因而劃定可說與不可說之範圍，把超絕形上學一概歸於不可說而置於默然不說之域，凡此等等皆非邏輯本性之研究之主文，乃是因著知識命題而消極地觸及者。」（牟宗三：〈中譯者之言〉，《名理論》，頁6。）如是，牟宗三先生認為《名理論》僅是「消極地」觸及「哲學問題」而劃定「可說」與「不可說」，此實未能「積極地」涉及「哲學問題」，是以牟宗三先生即從「分解地說」與「非分解地說」來重新釐定「可說」與「不可說」，並「積極地」以此來討論「超絕形上學」等「哲學問題」，而非依從維特根什坦僅「消極地」把「超絕形上學」等「哲學問題」置於「不可說」。這是牟宗三先生在《名理論》的〈譯者之言〉重新釐定「可說」與「不可說」之意義，亦是牟宗三先生表達其對「哲學語言」的理解之論述。

27 牟宗三：〈中譯者之言〉，《名理論》，頁8。
28 牟宗三：〈中譯者之言〉，《名理論》，頁8。

還可以區分為「有意義的命題」和「缺乏意義的命題」，前者即「自然科學」；後者即「邏輯」。換言之，牟宗三先生在〈中譯者之言〉所言的「可說」並非完全依據《名理論》的說法來討論，他對於《名理論》所言的「可說」是從「事件」作為理解的基礎。維特根什坦明言：「世界是『事實』之綜集，不是『物』之綜集。」（1.1）又說：「邏輯空間中之『事實』即是所謂世界。」（1.13）維特根什坦所講的「事實」至少具有兩層意義，一者是「事實」是實際發生的事情，即具有「時間空間」的經驗性質之「事實」；二者是「事實」的結構是由「基本事實」（「原子事實」）在「邏輯空間」中所組成，即具有「邏輯空間」的形式性質之「事實」。所謂「邏輯空間」即是從「基本事實」的存在與否來說，維特根什坦說：「事情之存在與不存在便是實在。（我們也名事情之存在曰積極的事實，而名其不存在曰消極的事實。）」（2.06）依此，「邏輯空間」即有區別於「時間空間」的經驗性質。牟宗三先生以具有時空性質的經驗之「事件」來詮釋維特根什坦的「可說」，即指出「可說」僅是「有意義的命題」，自然地認為這樣的「可說」是「過狹」。至於牟宗三先生何以不以具有「邏輯空間」性質的形式之「事實」來討論「可說」？這可理解為維特根什坦關乎「邏輯形式」僅為可「展示」的說法之考慮，這正是牟宗三先生認為維特根什坦的「可說」為「過狹」的另一個理由。

其次，牟宗三先生指出「可說」並不止於「經驗事件」的「可陳述之命題」，從「辨解歷程」中「可拉開」之「純粹者」亦是「可說」。維特根什坦曾說：「命題不能表象邏輯形式：邏輯形式反映於命題中。凡語言中找到其反映者，語言便不能表象之。……命題展示（display）實在之邏輯形式。」（4.121）「邏輯形式」為「不可說」的理由在於它不可能以自己（「邏輯形式」）來表述自己（「邏輯形

式」），否則，「邏輯形式」只會是自相矛盾或無窮倒退的表述。[29]維特根什坦明確地說：「要想能夠表象邏輯形式，我們定須能夠去把我們自己與同命題安置於邏輯外的某處，即是說，安置於世界外的某處。」（4.12）既然「邏輯形式」只能安置於「世界」之外，則表述

---

[29] 關於「邏輯形式」為「不可說」的討論，羅素（B. Russell, 1872-1970）在《名理論》的〈導言〉曾說：「正如維特根什坦所說，每個語言都有一個結構。在這個語言中並不能對其中的結構作出任何陳述，但卻可以存在著另一個語言來處理這個語言（first language）的結構，而這另一個語言又可以具有一個新的結構。語言的這種等級系統或許是沒有極限的。」（L. Wittgenstein, C. K. Ogden trans., *Tractatus Logico-Philosophicus*, xxxiii-xxxiv）換言之，羅素是企圖用「語言層次」（「對象語言」與「後設語言」的區分）的方式來處理《名理論》中「邏輯形式」為「不可說」的問題。然而，依《名理論》的說法：「這樣，一個命題『fa』顯示對象a依此命題之意義而出現。兩個命題『fa』與『ga』顯示同一對象既在『fa』中被說及，又在『ga』中被說及，即在它們兩者中被說及。……如果兩個命題互相矛盾，則它們的結構即顯示其為互相矛盾；如果兩個命題中之此命題隨另一命題而來，則亦是它們的結構顯示為如此。依此類推，其他皆然。」（4.1211）即是說，以「語言層次」的方式來處理「邏輯形式」為「不可說」的問題，只會產生自相矛盾或無窮後退的問題。不過，究竟「邏輯形式」是否真的「不可說」呢？維特根什坦在後期的《哲學研究》中已經表明對這種「『邏輯形式』為『不可說』」的論述作最根本的批判，即「邏輯形式」並沒有神秘的地方，它的意義僅在於它的使用，他說：「思想被一個光暈環繞。——它的本質，邏輯，展示一種秩序，實際上是世界的先驗秩序：即可能性的秩序。這種秩序必須是世界和思想共有的。但這種秩序似乎必須是十分簡單的。它先於一切經驗，必須貫穿一切經驗；不允許任何經驗的迷霧或不確定影響它——它必須似乎是最純粹的晶體。……我們處在幻覺之中，以為我們的探討中特殊的、深奧的、實質性的東西在於它企圖抓住語言無以倫比的實質，即存在於命題概念、字詞、證明、真理、經驗等等之間的秩序。這種秩序是一種超秩序，可以存在於超概念之間，可是當然，如果『語言』、『經驗』、『世界』這些詞有用處，它們一定像『桌子』、『燈』、『門』這些詞一樣卑微。」（維特根斯坦著，湯潮、范光棣譯：《哲學研究》第一部分，第97節〔北京：生活．讀書．新知三聯書店，1992年〕，頁62。）當然，對《名理論》作出最根本又最激烈性的評論其實就是維特根什坦本人，他就曾在石里克（Schlick）的那本《名理論》扉頁上寫上：「（這書）一句話都是一種病態的表現。」（轉錄於冼景炬：〈維根斯坦與現代分析哲學〉，《新亞學術集刊》第九期〔1989年〕，頁46。）

「邏輯形式」的命題並不能表象事情的存在或不存在,缺乏真或假的意義,故劃分為「不可說」。然而,牟宗三先生卻不認同「邏輯形式」為「不可說」,即使「邏輯形式」並不等同於「套套邏輯」,而「套套邏輯」乃是「可說」的「缺乏意義的命題」,牟宗三先生仍然認為「邏輯形式」也是「可說」的。牟宗三先生指出:「理性形式之所以可以符式展示,蓋以其雖非一事件,然卻必須在辨解歷程(discursive process)中呈現。無辨解歷程亦無四根本原則,亦無理則,即不能有推斷,便無邏輯。」[30]換言之,「理性形式」在於「辨解歷程」中仍然是「可說」,所謂「辨解歷程」亦即「思解運行的邏輯歷程」,牟宗三先生曾言:「由思解運行而識純理之展布,固亦由之而識展布之步位。然當脫離思解運行而觀此展布之純理,則其展布之步位即無時間性,以其非事故。故其展布只為邏輯之展布,而非事實之展布。其展布之歷程亦為邏輯歷程,而非事實歷程。故其步位亦為邏輯步位,而非時間段落。譬如一純粹而形式之推演系統中之步位即為邏輯步位,其歷程亦為邏輯歷程。」[31]由於牟宗三先生認為「邏輯」並不是一「推演形式以系統化之指示法」或「命題自身之結構」,而是「推理自己之結構」之學,即邏輯的解析並不是為了意指於外向的「潛存的共理」作依歸,反之,乃可以意指於內在的「邏輯之理」而收攝於「知性主體」,是以「邏輯」作為「推理自己之結構」之學,仍然可以透過「即用顯體」的方式來辨識「邏輯」之自性。牟宗三先生曾言:「吾今由邏輯系統之意指的解析以明邏輯之何所是,則須先『即用顯體』以識邏輯之自性,……即用顯體以識邏輯之自性為『推

---

30 牟宗三:〈中譯者之言〉,《名理論》,頁8-9。另外,依牟宗三先生的論述脈絡,其所言的「理性形式」實即指《名理論》中的「邏輯形式」。

31 牟宗三:《認識心之批判》(上),《牟宗三先生全集》第十八冊(臺北:聯經出版事業公司,2003年),頁165。

理自己』,則此推理自己所示者即『純理』也。此理不是有『存有』意義之『潛存之共理』,而是『邏輯之理』,故不能歧出而外陳,只能回向而內攝:內攝於『知性之主體』。」[32]依此,從牟宗三先生對於「邏輯系統」的解析來看,至少有兩點可以辨明其言「可說者只限於自然科學之命題為過狹」的理由:

其一,所謂「辨解歷程」即是「思解運行的邏輯歷程」,此「思解運行的邏輯歷程」的實義亦即《名理論》中具有「邏輯空間」性質的形式之「事實」。維特根什坦固然認為此「邏輯空間」性質的形式之「事實」為「可說」,即僅是「缺乏意義的命題」而已。然而,牟宗三先生卻認為此「思解運行的邏輯歷程」的「可說」是在於「純粹而形式之推演系統中之步位即為邏輯步位」,此即以形式的程序步驟作為「可說」之依據,與《名理論》中以具有「邏輯空間」性質的形式為「可說」之依據實有不同之處,《名理論》的「邏輯空間」性質之形式僅為邏輯的可能性作立論,而牟宗三先生以形式的程序步驟來說則包括了邏輯的可能性與形式的程序步驟,實是比較《名理論》的說法更為廣延。如此,牟宗三先生即具有理由認為《名理論》中的「可說」是「過狹」。

其二,維特根什坦認「不可說」的乃是潛存於此「邏輯空間」性質的形式之「事實」中的「邏輯形式」;然而,牟宗三先生卻認為從「思解運行的邏輯歷程」仍然可以「拉開」並「可說」其中的「純粹者」(即「邏輯形式」),即在形式之「事實」中的「邏輯形式」也是「可說」的。兩者差別的關鍵在於對「邏輯系統」的不同理解。維特根什坦認為「邏輯系統」的意義在於:「邏輯並不是一套主張,但只是世界底一個映像。」(6.13)「邏輯中之命題描繪『世界之鷹架』

---

[32] 牟宗三:《認識心之批判》(上),《牟宗三先生全集》第十八冊,頁146。

（Scaffolding of the world），或寧說它們表象『世界之鷹架』。它們沒有主題（Subject-matter）。它們預設名字有意指，並預設元素命題有意義；而那就是它們之與世界相連繫。顯然，有關於世界的某種甚麼事必須為這事實，即：『某些符式之結合（其本質包含著一決定性格之領有）是套套邏輯』，這事實所指示。此點含有決定性的意義。」即是說，「邏輯系統」的意義在於能反映「世界」；相對地，牟宗三先生是有意識地指出自己對於「邏輯系統」的意義之思考與維特根什坦是有差別的，他指出：「依維氏，邏輯並非一推演系統，只為推演法則之一部，或只為如何將推演形式以系統化之指示法。」[33]這種「指示法」所導致的問題即在於認為每一「邏輯系統」皆在表示一「潛存世界」，牟宗三先生直言：「由『命題自身之結構』處想其意指，遂歧出而有『潛存世界』之說。以為每一命題結構，雖在形式系統中，只是一個命題形式或架子，然若論其意指，則必表示一潛存之共理。（潛存云者，可能而不必實現之謂。）每一成文系統既是由命題而組成，故每一成文的邏輯系統，皆表示一潛存世界。此實歧出外指之論。直視命題結構所表示之『形式』為一『存有之形式』。」[34]與此不同，牟宗三先生對於「邏輯系統」的意義之反思是從「推理自己之結構」來想，所謂「推理自己之結構」，即「不是有特殊內容之推理，即不是關於什麼之推理。故就純邏輯自己言，每一成文系統皆是表示推理自己。故邏輯學可定為研究『推理自己之結構』之學。」[35]牟宗三先生依此進路來思考「邏輯系統」的意義具有三個步驟：（1）釐定「邏輯」與「邏輯學」之區別，「邏輯是一，而成文的邏輯系統是多」[36]，

---

[33] 牟宗三：《認識心之批判》（上），頁143。
[34] 牟宗三：《認識心之批判》（上），頁142。
[35] 牟宗三：《認識心之批判》（上），頁141。
[36] 牟宗三：《認識心之批判》（上），頁136。

「邏輯與邏輯學不同，亦與成文系不同。邏輯是推理自己，邏輯學是研究此推理自己。……成文系統實不是邏輯，而只是顯示邏輯者。」[37]（2）「邏輯」中的「邏輯之理」當具有其自身獨立的研究意義，「既言推理自己，此中自亦有『理』，但此理既非知識對象之理，亦非形上之理，總之非『存有之理』，此只是一個如何從前提過轉結論之一『邏輯之理』，只是推理自己之『邏輯之理』當該有其自身獨立之意義。此而有其自身獨立之意義，則邏輯系統，如其向外指陳一潛存世界為其意指，實不如收回來而回歸於推理自己以為其意指。此為第一步收攝。」[38]（3）以「即用顯體」的方式來指示出「邏輯之理」乃是一「純理」，此「純理」實是內攝於「知性主體」，「即，就各種成文系統之用之一無所說而唯顯推理自己，即以此推理自己為邏輯之自性，為邏輯之體。是以作為『如何』之虛用之指示法實即『推理自己』之映現。」[39]「吾人既將四超越原則與邏輯概念俱予以超越的解析，如是，則邏輯之絕對性與先天性乃至其理性上之必然性與定然性俱得而證明。如是，則邏輯唯是『純理自己』，而每一成文系統則是表示此『純理自己』。純理不空掛，必內宿於『知性主體』：此之謂顯於理解（知性）而歸於理解。由此以明知性主體為一『超越的客觀而邏輯的我』。」[40]依此，「邏輯系統」作為「推理自己之結構」，其意義實是顯明「知性主體」為一「超越的客觀而邏輯的我」。至此，牟宗三先生言「可說者只限於自然科學之命題為過狹」的根本關鍵即在於從《名理論》中認為「不可說」的「邏輯形式」，在牟宗三先生對於「邏輯系統」的解析之下，仍然是可以用「即用顯體」的方式證明為

---

[37] 牟宗三：《認識心之批判》（上），頁142。
[38] 牟宗三：《認識心之批判》（上），頁143。
[39] 牟宗三：《認識心之批判》（上），頁146。
[40] 牟宗三：《認識心之批判》（上），頁162。

第七章　論牟宗三先生對「哲學語言」的理解——從牟譯《名理論》來看 ❖ 209

「可說」，反來過說，此「即用顯體」的方式也可以說明「思解運行的邏輯歷程」（「辨解歷程」）乃是「可說」的依據。如此，牟宗三先生即反向地認為《名理論》中的「可說」是「過狹」。

　　由此可見，牟宗三先生認為「可說者只限於自然科學之命題為過狹」乃依於「經驗事件」、「辨解歷程」、「邏輯形式」（「理性形式」）等的概念分析，從而指出僅以具有時空性質的經驗之「事件」為「可說」；或僅具有邏輯可能性質的形式之「事件」為「可說」；或潛存於此「邏輯空間」性質的形式之「事實」中的「邏輯形式」為「不可說」，三者皆是把「可說者只限於自然科學之命題」的「過狹」之表現。在牟宗三先生重新釐定「可說」之中，「理性形式」的「辨解歷程」至為關鍵，牟宗三先生嘗言：「凡可以拉開而成一歷程者皆可說。」[41]換言之，此「歷程」作為一種純粹形式的程序步驟（或「邏輯之步位」）即是「可說」的憑據，即以純粹形式的程序步驟作為「即用顯體」的可能方法。依此，牟宗三先生更逐步引申出「數學」[42]、

---

[41] 牟宗三：〈中譯者之言〉，《名理論》，頁9。
[42] 牟宗三先生嘗言：「數學之可說亦同邏輯之可說。」（牟宗三：〈中譯者之言〉，《名理論》，頁9。）雖然在《名理論》的〈中譯者之言〉並沒有多作討論，但在《認識心之批判》中則同樣以「純理之開展」（「辨解歷程」）來賦予具有「純理之外在化」及「播弄成間架」之意義，其言：「播弄步位符，因步位符即是數，則步位符即目的，故目光注於此，因而為數學。……步位符即是數，自身為目的，為必然，為定然，不可變，乃主而非客故終於為數學。……數是步位之外在化，序是步位序之外在化。故終可云：數學實為純理之外在化。此謂自內轉外之歷程。……數學最逼近於純理，然而不即是純理，但有純理性。」（牟宗三：《認識心之批判》（上），頁172。）相對地，維特根什坦說：「數學是一邏輯方法。數學中之命題是等式（equations），因而它們是假偽命題（擬似命題〔pseudo-propositions〕，似之而非也）。」（6.2）又說：「一數學中之命題並不表示一思想。」（6.21）又說：「世界底邏輯，因著邏輯中之命題而被展示於套套邏輯之中者，是因著數學而被展示於等式中。」（6.22）即是說，數學命題的「可說」，僅在於數學命題具有可以顯示世界的邏輯性質。明顯地，牟宗三先生所說「數學之可說亦同邏輯之可說」與《名理論》

「實踐理性之道德學」及「凡可被置於關聯中者」皆為「可說」。

從「實踐理性之道德學」作為「可說」來講，牟宗三先生指出：「道德之為可說惟在分解地展示一自由意志所發之定然命令。定然命令為形式，此亦須被展示，由道德應當而被展示。（非如邏輯形式由套套邏輯而被展示）。但是此形式之於自由意志。自由意志即在與定然命令之關聯中而被說及，因亦為『被說及』之可說。」[43]依《名理論》，道德與審美皆是「不可說」的，理由是相關於道德或審美的「命題」缺乏具有真的或假的意義。然而，牟宗三先生則認為「可說」的關鍵並不在於「具有真的或假的意義」，即「可說」不能只是俱有時空性質的經驗之「事件」。從「辨解歷程」來看，牟宗三先生指出：「道德行為亦須拉開而在一意志因果關係中呈現。……既是因果，自然亦可拉開而成一歷程，此曰實踐理性之辨解歷程，非思辨理性之辨解歷程。」[44]如此，則至少純粹形式的程序步驟中可以「即用顯體」的方式來「可說」道德行為中的「自由意志」，此一「可說」並不是直接的論說，而是以展示或呈現的方式來說，故曰：「被說及」的「可說」，或「被可說」。

從「凡可被置於關聯中者」為「可說」來講，牟宗三先生指出：「凡積極地可說者即能清楚地（限定地）被說；凡消極地可說者不能限定地清楚地被說，但不能因此即為不清楚地被說者。它是不限定清楚地被說者，它是智的直覺地清楚地被說者，是證悟地被說者。」[45]既然「自由意志」是可以「被可說」，則「上帝」、「道」及「無限心」皆是為「被可說」者，理由在於「自由意志」、「上帝」、「道」及

中的取態是不同的，是以牟宗三先生在《名理論》的〈中譯者之言〉特意重新釐定數學之「可說」，其意義從「辨解歷程」作開展而定。
43 牟宗三：〈中譯者之言〉，《名理論》，頁10。
44 牟宗三：〈中譯者之言〉，《名理論》，頁9。
45 牟宗三：〈中譯者之言〉，《名理論》，頁10。

第七章　論牟宗三先生對「哲學語言」的理解——從牟譯《名理論》來看 ❖ 211

「無限心」等皆可置於一「關聯」的狀況下而呈現。然而，此一「關聯」的狀況並不是從具有時空性質的經驗之「事件」，如此，牟宗三先生提出「積極地」、「限定地」與「消極地」、「不能限定地」的「可被說」之區別，能「積極地」、「限定地」的「可被說」者，即是具有時空性質的經驗之「事件」；只能「消極地」、「不能限定地」的「可被說」者，即僅能於「超越的關聯」中而被呈現。[46]既然只能在「超越的關聯」中而被呈現，則其中的「自由意志」、「上帝」、「道」及「無限心」等便不能依於具有時空性質的經驗之「事件」以概念的界定作出為認識的途徑，只能從「逆覺體證」的方式作「悟入」。[47]如此，「自由意志」、「上帝」、「道」及「無限心」等即使不能「積極地」、「限定地」的「可被說」，卻仍然能夠從「超越的關聯」中得以證悟地「可被說」，也由於此「超越的關聯」也是屬於「辨解歷程」

---

[46] 關於「超越的關聯」，可借牟宗三先生對於「無限智心」乃「超越而內在」的說法來理解，其言：「分解地言之，它（按：無限智心）有絕對普遍性，越在每一人每一物之上，而又非感性經驗所能及，故為超越的；但它又為一切人物之體，故又為內在的。」（牟宗三：《圓善論》，《牟宗三先生全集》第二十三冊〔臺北：聯經出版事業公司，2003年〕，頁330。）依此，所謂「超越」即具有「絕對普遍性」及「非感性經驗所能及」的兩個要點。以「超越的關聯」來說，則此一「關聯」即以「絕對普遍性」及「非感性經驗所能及」作特質作理解。另外，關於「超越而內在」或牟宗三先生的「超越」義，學界已多所討論，本文重點在於揭示牟宗三先生對於「哲學語言」之可能理解，對此不多作討論，相關的討論可參考：劉保禧：《隱匿的對話：牟宗三與海德格論有限與超越》的〈第五章超越：天道與界域〉（香港：香港中文大學博士論文，2012年，頁199-249。）

[47] 關於「逆覺體證」，牟宗三先生曾指出：「致良知底致字，在此致中即含有警覺底意思，而即以警覺開始其致。警覺亦名曰『逆覺』，即隨其呈露反而自覺地意識及之，不令其滑過。故逆覺中即含有一種肯認或體證，此名曰『逆覺體證』。此體證是在其於日常生活中隨時呈露而體證，故此體證亦曰『內在的逆覺體證』，言其即日常生活而不隔離，此有別於隔離者，隔離者則名曰『超越的逆覺體證』。不隔離者是儒家實踐底定然之則，隔離者則是一時之權機。」（牟宗三：《從陸象山到劉蕺山》，《牟宗三先生全集》第八冊〔臺北：聯經出版事業公司，2003年〕，頁189。）

之中，是以「凡可被置於關聯中者」即是「分解地可說」，只是這一「分解地可說」只是一「消極的」、「不能限定地」的「可被說」。

簡言之，牟宗三先生對於「可說」的重新釐定，主要的工作在於以「辨解歷程」來作為「可說」的關鍵，是以牟宗三先生言「可說」是以「分解地可說」作定位。然而，從「即用顯體」作為「可被說」的呈現方式來看，牟宗三先生對於「可說」的重新釐定，與《名理論》中的「顯示理論」所作的理論效力上並沒有太大的差別，即同樣地以界定「可說」（或分解地可說）的部分，從而呈現「不可說」（或證悟地被說）的部分。[48] 至此，牟宗三先生即提出了「非分解地可說」來討論《名理論》中的「不可說」問題。

（二）「非分解地可說」與「顯示理論」

牟宗三先生曾清楚地指出：「『可說』有分解地可說與非分解地可說。」[49] 從上一節的討論來看，維特根什坦雖然在《名理論》中表示出「凡我們所不能說者，我們必須在沉默中略過」（7）的講法，但是，他也提出「顯示理論」來處理「不可說」的「世界」之部分，即《名理論》作為一具有「哲學語言」的哲學作品，卻可以「顯示」出那「不可說」的「世界」之部分，「超離」了《名理論》的「命題」分析即能「正確地看世界」。雖然牟宗三先生並沒有討論《名理論》中的「顯示理論」的問題，但是，從他對於《名理論》「因著論知識

---

[48] 單獨地看牟宗三先生以「分解地可說」來重新釐定《名理論》的「可說」，則可以發現牟宗三先生確實以《認識心之批判》中的知識論概念來重新釐定《名理論》的理論，即牟宗三先生實以《認識心之批判》融攝維特根什坦的邏輯分析之理論。然而，牟宗三先生對「可說」與「不可說」的重新釐定卻不止於「分解地可說」一部分，更進一步論及「非分解地可說」，而這部分也正是牟宗三先生認為「哲學語言」具有「積極地」討論「超絕形上學」等「哲學問題」之可能根據。

[49] 牟宗三：〈中譯者之言〉，《名理論》，頁17。

命題而消極地解及者（按：哲學問題）」的批評來看，則「顯示理論」仍然是他所不能完全接受的。至此，牟宗三先生遂提出「非分解地可說」。

牟宗三先生說：「然則實踐理性中有無非分解地說的呢？曰有。凡此中非分解地說者皆是啟發語言或指點語言。……本體之**圓教中的關於圓滿的體現**之語言為非分解地說者。」[50]究竟「非分解地可說」具有何種的特性呢？所謂「啟發語言或指點語言」又是否不能作理性或概念的分析呢？

首先，牟宗三先生指出「非分解地說」乃是以「圓教中圓滿的體現」為背景所作的語言。牟宗三先生曾說：「判教以圓教為究極。凡聖人之所說為教，一般言之，凡能啟發人之理性，使人運用其理性從事於道德的實踐，或解脫的實踐，或純淨化或聖潔化其生命之實踐，以達致最高的理想之境者為教。圓教即是圓滿之教。圓者滿義，無虛欺謂之教。凡未達致此圓滿之境者皆是方便之權說，即對機而指點地，對治地，或偏面有局限地姑如此說，非如理之實說。」[51]換言之，所謂「圓教中圓滿的體現」，即是牟宗三先生的「圓教」思想中達致「最高理想之境」，或「徹悟」，而相關於此「圓教中圓滿的體現」所作的語言，即「非分解地可說」，牟宗三先生更以三教的言說作為「非分解地可說」的示例：「三千在理同名無明，三千果成咸稱常樂」（佛教）、「實相無相，所謂無相，即是如相」（佛教）、「俄而有無矣，而未知有無之果孰有孰無也」（道家）、「體用顯微只是一機，心意知物渾是一事」（儒家）、「無心之心其藏密，無意之意其應圓，無知之知其體寂，無物之物其用神」（儒家）。從這些「非分解地可說」的示例來看，不難發現它們所在語言表達上似乎都陷於「自相矛

---

50 牟宗三：〈中譯者之言〉，《名理論》，頁11。
51 牟宗三：《圓善論》，頁260。

盾」的境況，然而，牟宗三先生卻指出：「非分解地說者雖指點不可說，然並非不清楚，亦並非不理性，乃只是玄同地說，詭譎地說。凡詭譎地說者是詭譎地清楚的。」[52]即是說，「非分解地可說」只是具有「詭譎」的表達形式，卻並非「不理性」或「不清楚」。何以「非分解地可說」能夠既是「詭譎地說」又能「理性」、「清楚」呢？牟宗三先生指出：「詭譎地說者概念無所當，用之即須撥之，撥之以顯示如相之謂也。……凡詭譎地說者是一遮顯之歷程。此一歷程不能成為構造的平鋪者，因此，它總須詭譎地被棄掉，及一旦被棄掉，則圓教的圓滿中之如體便圓滿地朗然呈現，此則是一體平鋪，全體是跡，亦全體是冥，即全體是『如』也。」[53]依此，「非分解地可說」作為相關於「圓教中圓滿的體現」之語言，它能夠是「理性」與「清楚」的理據是在於它乃是處身於「一遮顯之歷程」，即從「圓教中圓滿的體現」所作的語言來看，「非分解地可說」僅是作為理解或朗現「圓教中圓滿的體現」的語言而已，此即是「凡此中非分解地說者皆是啟發語言或指點語言」的意思，是以「非分解地可說」雖然並沒有受概念的限定，但從這「一遮顯之歷程」中卻仍然是「理性」及「清楚」的，即在「一遮顯之歷程」所使用的「啟發語言」或「指點語言」的意義並不僅從語句的內容為準，實是配合在不同的語境中所作的表述之內。借分析哲學家奧斯丁（J. L. Austin, 1911-1960）的「言語行為理論」（Theory of speech-act）中「話語施效行為」（Perlocutionary act）來說，「話語施效行為」即是「通過說某些事情我們實現或取得某些果效，如使人信服、說服、阻止，甚至是使人吃驚或使人誤導」。[54]依

---

52 牟宗三：〈中譯者之言〉，《名理論》，頁12。
53 牟宗三：〈中譯者之言〉，《名理論》，頁12。
54 J. L. Austin, *How to Do Things with Words*. Oxford: Oxford University Press. 1962, p.109; 奧斯丁，楊玉成譯：《如何以言行事》（北京：商務印書館，2013年），頁103。
另外，奧斯丁的「言語行為理論」一般區分成三個層次，即「話語行為」（locutionary

此，作為在「一遮顯之歷程」所使用的「啟發語言」或「指點語言」，其為「理性」與「清楚」的理據即在於「非分解地可說」乃是以言語行為來理解，所聚焦的並不是「說了甚麼」，而是從產生的效果來衡量，從整個言語情境中的整個言語行為作考量。

其次，雖然牟宗三先生已清楚地指出「非分解地可說」的意思，但從《名理論》的思想與詮釋來看，則至少仍有兩道問題可問：其一，「非分解地可說」作為具有「指點不可說」的作用，與「分解地可說」具有怎樣的關係呢？其二，又「非分解地可說」既然是「總須詭譎地被棄掉」，則它與《名理論》中的「梯子問題」（或「顯示理論」）又有何差別呢？前者是牟宗三先生對於「分解地可說」與「非分解地可說」的合理使用問題；後者則是牟宗三先生重新釐定「不可說」的理論根據問題。

先說前者，究竟「分解地可說」與「非分解地可說」是一種怎樣的關係呢？牟宗三先生解釋「非分解地可說」其實是「是一遮顯之歷程。此一歷程不能成為構造的平鋪者」，即「分解地可說」與「非分解地可說」之關係並不是從理論的同一層次（構造的平鋪）來說，乃是以一種不同的層次（立體的歷程）作為理解的關鍵。借用分析哲學的用語來說，則兩者可以說是「知道什麼」（Knowing-that）與「知道怎樣」（Knowing-how）的分別。[55]所謂「知道什麼」是指概念性知識

---

act)、「話語施事行為」（illocutionary act）和「話語施效行為」（Perlocutionary act），其中「話語施事行為」和「話語施效行為」皆是可以透過非言語的方式來實施言語行為來表達出言外之意，然而，兩者的差別在前者需要具有約定俗成或較強的傳統之內來完成，後者則不一定需要依據約定俗成或傳統，依此來說，則「非分解地可說」的表達形式是比較接近於「話語施效行為」，是以本文以此作為「非分解地可說」的類比說明，這說法主要參考徐波：〈牟宗三「分別說」與「非分別說」辨析——兼與馮耀明先生商榷〉，頁105-106。

55 「知道什麼」（Knowing-that）與「知道怎樣」（Knowing-how）的區分出於萊爾（G. Ryle, 1900-1976）的《心的概念》（*The Concept of Mind*）一書，借用「知道什麼」

的認知活動;所謂「知道怎樣」則是指技術性知識的認知活動。以游泳、滑雪或書法等技能性活動的掌握為例,這些技能固然不能僅僅透過語言概念就能夠掌握,但是,對於已掌握了相當技能的人來說,他們還是可以通過「知道什麼」的方式來指點或教授其他人掌握這些技能,而其他人也可以透過「知道什麼」的方式來學習或領悟其中的竅門。不過,透過「知道什麼」的學習也並不能保證能夠學懂其中的技能,而從已學懂當中的技能者來說,那些「知道什麼」的方式則是可以棄掉或至少不是必要的。以「知道怎樣」來類比於「非分解地可說」來看,則「非分解地可說」即是「圓教中的關於圓滿的體現道者」(真理的當握者)以「分解地可說」的方法「指點不可說」,然而,這種「指點」卻是具有「詭譎」的性質,即其中「分解地可說」使用的概念卻並非固定不移,甚至透過否定的方式來達致「指點不可說」的果效,是以牟宗三先生表明:「詭譎地說者概念無所當,用之即須撥之,撥之以顯示如相之謂也。」[56]如此來說,「分解地可說」與「非分解地可說」之關係,即是對應於「圓教中圓滿的體現」中一種不同層次的表達方式。

再說後者,「梯子問題」最重要是表明《名理論》中「可說」與「不可說」的劃分僅是讓人可以「正確地看世界」的「梯子」,「在向上攀登已越過梯子後,他必須捨棄那梯子。」(6.54)相近地,牟宗三先生曾指出「非分解地說」也是具有這種「捨棄那梯子」的作用,他說:「它總須詭譎地被棄掉,及一旦被棄掉,則圓教的圓滿中之如體便圓滿地朗然呈現,此則是一體平鋪,全體是跡,亦全體是冥,即全

與「知道怎樣」來討論「分解地可說」與「非分解地可說」,則是參考徐波先生:〈牟宗三「分別說」與「非分別說」辨析──兼與馮耀明先生商榷〉一文。

[56] 牟宗三:〈中譯者之言〉,《名理論》,頁12。

體是『如』也。」[57]那麼，究竟牟宗三先生的「非分解地說」與《名理論》中的「梯子問題」有何差別呢？簡要來說，牟宗三先生的「非分解地可說」與《名理論》的「梯子問題」最大的區別是對待「不可說」的問題。依《名理論》，「梯子問題」是以「顯示理論」作為解決方案，以「可說」的界限來顯示出「不可說」的部分，從而整全地「正確地看世界」，「不可說」的仍然是神秘的，處於「世界」之外的，亦只能由此而間接地觸及哲學問題，即把形上學等的討論一律置於「不可說」。然而，牟宗三先生的「非分解地可說」雖然只是「指點不可說」，但並不認為「不可說」就是「一往不可說的」，甚至指出「非分解地可說」其實是「可說而不可說，不可說而可說的」[58]。所謂「可說而不可說」即是指從「分解地可說」來看「世界存在」、「世界底意義」、「價值，善，美」以及「生命底意義」等則是「不可說」的；而所謂「不可說而可說」則是指從「非分解地可說」來看，這些「不可說」的其實仍然是「可說」，其中的關鍵在於「非分解地可說」並非以「概念限定」作為表達的要點，而是從「啟發」或「指點」作為表達的目的，所要「啟發」或「指點」正是達致「圓教中圓滿的體現」之可能（即「悟入」）。對於「非分解地可說」可作為「詭譎地被棄掉」，理由不在於從「非分解地可說」來劃分「不可說」，相反地，「非分解地可說」作為「啟發」或「指點」達致「圓教中圓滿的體現」為目的，在完成「遮顯之歷程」後，則此「非分解地可說」也可以「詭譎地被棄掉」或至少是不必要的了。討論至此，則可以發現牟宗三先生提出「非分解地可說」即是以「啟發」或「指點」的語言功能來說明「不可說」，如此，即是重新釐定《名理論》中「不可說」的其實也是「不可說而可說」。

---

[57] 牟宗三：〈中譯者之言〉，《名理論》，頁12。
[58] 牟宗三：〈中譯者之言〉，《名理論》，頁15。

至此，牟宗三先生析論「非分解地可說」為「啟發語言或指點語言」後，即以「分解地可說」與「非分解地可說」來重新釐定「可說」與「不可說」，把《名理論》中的「不可說」取消，而對「可說」重新定性為「分解地可說」與「非分解地可說」。其中的劃分如下圖表所示：

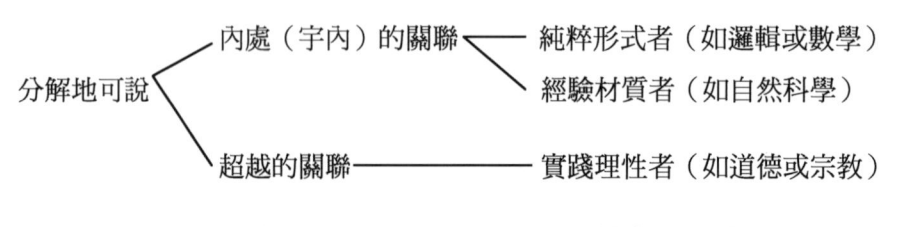

```
                    ┌─ 內處（宇內）的關聯 ──┬── 純粹形式者（如邏輯或數學）
                    │                      └── 經驗材質者（如自然科學）
分解地可說 ─────────┤
                    └─ 超越的關聯 ─────────── 實踐理性者（如道德或宗教）
```

圖一　非分解地可說──實踐理性中圓教之圓滿體現者

四　牟宗三先生對「哲學語言」的理解及其哲學意涵

從上文的討論而見，牟宗三先生以「分解地可說」與「非分解地可說」來重新釐定《名理論》中的「可說」與「不可說」之區分，自有其清晰與言之成理的精彩之處。本文認為：透過牟宗三先生對《名理論》中「可說」與「不可說」的重新釐定，則可以發現其對於「哲學語言」的理解，從而展現出牟宗三先生哲學思想體系的關鍵處。如此，本文其中一個思考的問題是：為何牟宗三先生要以「分解地可說」與「非分解地可說」重新釐定《名理論》「可說」與「不可說」呢？這可以從牟宗三先生對於「哲學語言」的理解來說起，牟宗三先生曾在批評分析哲學中對「哲學語言」的問題有過簡要的討論，他說：「或則你說我們現在說的話是哲學語言（philosophical language），但這也是我們的生活，我們總得用它，你能說它不是普通語言（ordinary language）？那什麼是普通語言呢？這是很難劃界限的，既然難以劃

分,那又為什麼一定要限定在此呢?好比你說『上帝』,這到底是不是屬於普通語言的範疇呢?所以我們對某些層次的語言,不可以存著偏見,輕易就把它化掉;必須完全敞開地加以分析,才能確實把握住真正的意涵。」[59]換言之,牟宗三先生並沒有別標舉「哲學語言」具有特別不同於「普通語言」之處,相反地,對「哲學語言」的理解則理應置於相關的語言脈絡或層次,「完全敞開地加以分析」。依此來說,牟宗三先生以「分解地可說」與「非分解地可說」來取消《名理論》中的「不可說」,則緣於他對「哲學語言」的理解。這一步的理解,一方面表明了牟宗三先生不同意《名理論》把「倫理學、形上學或宗教等」劃分為「不可說」;另一方面也說明了牟宗三先生自己的「分解地可說」與「非分解地可說」的「哲學語言」使用需要還原於牟宗三先生的哲學思想中來論說,以問題的方式來說,即:何以在牟宗三先生的哲學思想中,有必要對提出「分解地可說」與「非分解地可說」的區分呢?本文認為牟宗三先生這一「哲學語言」的使用即在於他「哲學原型」(「兩層存有論」)的思想架構與經典詮釋有關。

(一)「可學」作為「可說」理由

牟宗三先生曾在《現象與物自身》提出「兩層存有論」作為「哲學原型」的思想,其言:

> 依此,我們只有兩層存有論:對物自身而言本體界的存有論;對現象而言現象界的存有論。前者亦曰無執的存有論,「無執」是相應「自由的無限心」(依陽明曰知體明覺)而言。後者亦曰執的存有論,「執」是相應「識心之執」而言。[60]

---

59 牟宗三:《中國哲學十九講》,《牟宗三先生全集》第二十九冊,頁342。
60 牟宗三:《現象與物自身》,頁40。

我們依聖人底盈教所決定的哲學原型不過就是兩層存有論：執的存有論與無執的存有論，並通過此兩層存有論而為一整一系統。此是決定哲學原型底唯一真正途徑。[61]

如果哲學原型可由聖人底生命而朗現，而吾人亦依聖人底朗現而規定此原型，則此原型是具體地存在的。如果它是具體地存在的，則它亦是可學的。不過它之為可學雖可類比於數學，而與數學不同。因為數學是形式的科學，而此卻是「內容的真理」，即「把一切知識關聯到人類理性底本質目的上之學」。因此，在此，學必須是「覺悟」義。「學者覺也」。學者以自家真誠心與聖人底生命，以及與依聖人底朗現而規定的哲學原型，存在地相呼應相感通之謂也。假定吾人以兩層存有論攝一切哲學知識，則在「學」字底此義之下去學時，雖即使是歷史的，亦同時即是理性的，雖暫時是經院式的，亦最終是宇宙性的。[62]

「兩層存有論」作為牟宗三先生哲學思想的一個基本架構，自有其精彩的學理深度。[63]牟宗三先生的「兩層存有論」最重要的是區分了屬於「現象界」（執的存有論）與「本體界」（無執的存有論），並以「一心開二門」作為一個具有普遍性的共同模型，以心學傳統意義的「心」（知覺明體）來詮釋「智的直覺」，使得「智的直覺」

---

61 牟宗三：《現象與物自身》，頁482。
62 牟宗三：《現象與物自身》，頁483。
63 李瑞全先生曾說：「最能全面而又能表現中國哲學現代化的第三期儒學可以牟宗三先生的兩層存有論為代表。我們可以此系統來展示中國哲學現代化所達致的學理深度：一方面繼承熊十力先生之光大儒學的學統，融會儒、釋、道三家的義理，一方面吸收西方自康德以來的哲學、知識論、邏輯數理哲學的學統，鎔鑄為通貫中西哲學的兩層存有論的龐大體系，其結構與西方任何大哲學家的體系比較都毫不遜色。」（李瑞全：《儒家道德規範根源論》〔新北：鵝湖月刊社，2013年〕，頁269-270。）

（「心」）既是感性亦是理性，既通於仁亦貫於智，一「心」之執與不執即可通於現象與物自身兩個領域。[64]牟宗三先生更認為這樣的「兩層存有論」即是「哲學原型」。所謂「哲學原型」即是一客觀而共認的，具有普遍而必然的哲學系統。康德（I. Kant, 1724-1804）說：「哲學從不能被學習，除只依歷史的樣式去學；就那有關於理性者而言，我們至多能學著去作哲學的思考。……哲學是一切哲學知識底系統。如果我們理解哲學為估計一切從事於哲學活動的嘗試的基型（原型），又如果這個基型是可用來對於每一主觀哲學作出估計（主觀哲學底結構常是千差萬別的，而且是可更變的），則此基型必須客觀地來視之。這樣地視之，則哲學只是一可能學問底理念，此理念在現實上是無處可存在的。」[65]換言之，在康德來說的「哲學原型」似乎只是一個可接近而並不存在的觀念。然而，牟宗三先生卻說指出「哲學原型」已經「朗現」，尤其是依循康德的「宇宙性的概念」之「哲學」，即「哲學是把一切知識關聯於人類理性底本質目的之學」，更由此「哲學原型」可以被表象於「理想的哲學家」之中。牟宗三先生則指出此「理想的哲學家」即是孔子，他說：「真能人化那個被思議為宇宙性哲學的那個人就是聖人；而這個聖人當該是孔子，因為他的智慧方向是正盈之教，而亦符合康德所說的『把一切知識關聯於人類理性底本質目的』的那個哲學，即哲學原型的哲學。如果依古希臘的意義，哲學家指『道德家』而言，則康德所說的『理想的哲學家』亦當

---

64 關於牟宗三先生的「兩層存有論」，無論是毀與譽的言論，學術界已作過多方多層次的不同討論，本文對於「兩層存有論」的論述僅屬於介紹性質，目的在於討論牟宗三先生認為「兩層存有論」作為「哲學原型」的「可學」問題，其中即涉及「非分解地可說」的必要性，是以本文對「兩層存有論」不作詳細討論。

65 I. Kant, P. Guyer & A. W. Wood trans. *Critique of Pure Reason*, Cambridge University Press, p.694.（A838/B866）；中譯則引自牟宗三著：《現象與物自身》，頁474。

該是指孔子。」⁶⁶即是說,「哲學原型」既然能夠從「聖人」中「朗現」,則表示此「哲學原型」是「可學」的,只是,此「可學」卻不同於形式科學的「可學」,而是以「覺悟」義作為「可覺」的「內容真理」,此「覺悟」義「可學」即與聖人的生命與「哲學原型」存在地相呼應相感通為要義。至此,牟宗三先生提出的「分解地可說」與「非分解地可說」的意義即在於此「哲學原型」之「可學」上。

　　作為「可學」的「哲學原型」,其「可學」的意義在於「覺悟」。然而,究竟怎樣可以得到「覺悟」而「可學」呢?牟宗三先生在論述「哲學原型」時並沒有多作論述,反之,他在論述「覺悟」義的「學」時,則反覆論述「覺悟」在「學」的可能,他說:「假定吾人以兩層存有論攝一切哲學知識,則在『學』字底此義之下去學時,雖即使是歷史的,亦同時即是理性的,雖暫時是經院式的,亦最終是宇宙性的。……學即是通過歷史的哲學事實而啟發自己的理性生命,因此,隨時是學,隨時即是覺,而不只是模倣也。因為兩層立法原是我們的理性之所本有,原是我們的無限心之所必有的展現,因此,學哲學即是覺悟此兩層立法之全部系統而使之在我生命中如如朗現。」⁶⁷依此,「覺悟」義「可學」則至少可以從「歷史的哲學事實」作為入手。回到「分解地可說」與「非分解地可說」的區分來看,牟宗三先生在重新釐定《名理論》的「可說」與「不可說」時,屢屢強調維特根什坦所規定的「可說」是「太狹」或「過狹」,⁶⁸其實,由「覺悟」

---

66 牟宗三:《現象與物自身》,頁479-480。
67 牟宗三:《現象與物自身》,頁483。
68 牟宗三先生言:「然則可說者只限於自然科學之命題為過狹矣。」(牟宗三著〈中譯者之言〉,《名理論》,頁8。) 又說:「他的『可說』底規定太狹,他只有表達科學知識的語言,如是,形上學便完全屬萬不能言說的範圍,因為它裡面的那些命題不能有任何知識的意義,因而也是一些似是而非的命題,不能認作是命題。」(牟宗三:〈中譯者之言〉,《名理論》,頁16。)

義的「可學」可以從「歷史的哲學事實」為入手來說，維特根什坦所劃分的「可說」與「不可說」是直接地否定了牟宗三先生這一「覺悟」義的「可學」，即形上學、道德倫理或美學皆為「不可說」，則根本不能言說「歷史的哲學事實」，即使是「可說」亦僅能言說「歷史的事實」而已。如此，則牟宗三先生在其「兩層存有論」（「哲學原型」）的構想中必然地需要否定維特根什坦的「可說」與「不可說」。依牟宗三先生對「可說」與「不可說」的重新釐定，則「超絕形上學中的語言都是啟發語言或指點語言。凡屬康德所說智思界者皆屬啟發語言中事」。如此，作為「歷史的哲學事實」的「超絕形上學」或康德的智思界論說，皆是可以從「非分解地說」的方式成為「不可說而可說」，而「非分解地可說」的「可說」之意義即在於能「啟發自己的理性生命」，由此而「覺悟此兩層立法之全部系統而使之在我生命中如如朗現」。

　　從這一點來看，則可以至少得出兩項「可說」的理由：一、牟宗三先生翻譯維特根什坦的《名理論》，並對其中的「可說」與「不可說」作重新釐定的意義，其實不止融攝維特根什坦的邏輯分析之理論於《認識心之批判》的知識論思想架構，更重要的是在牟宗三先生成熟的思想體系（「兩層存有論」）中不可不面對《名理論》中「不可說」的挑戰。尤其是當牟宗三先生以「分解地可說」與「非分解地可說」來重新釐定「可說」與「不可說」時，把「不可說」取消，如此則可以表明「哲學原型」的「可學」即具有「可說」之意義。二、從「哲學語言」的解理來看，「非分解地可說」具有的「指點」或「啟發」意義，並不是如分析哲學進路的言語行為理論（speech act theory）中的「義蘊」（implicatures）概念，[69]即以為「指點」或「啟發」僅以語

---

69 言語行為理論中的「義蘊」概念是由格賴斯（H. P. Grice, 1913-1988）在"Logic and Conversation"（H. P. Grice, *Studies in the Way of Word*, Harvard University Press, 1989,

用學的層面來表述某些「言外之意」;「非分解地可說」所具有的「指點」或「啟發」作用乃是以「啟發自己的理性生命」或「覺悟此兩層立法之全部系統」為要義。從牟宗三先生對於後期維特根什坦的評論來看,則更可以發現牟宗三先生所反對的並不止於規定「可說」是「太狹」或「過狹」,他說:「有些人說後期的維根斯坦已經有這種開朗的氣象,他承認每一種語言都有它的意義;此種看法,比他早期的思想較為開朗、寬容。如此一來,他們也承認教徒在祈禱上帝時,『上帝』本身有其意義,而不只是一個毫無意義的詞語。但維根斯坦只是寬容地承認,他並沒有積極地對宗教作正面的建立。而康德卻因為他的僕人相信上帝,才把上帝的存在救住了;『上帝』對他的僕人而言,就是屬於普通語言,是僕人每天生活必定用到的詞語。康德對於宗教的態度是:他不但是承認宗教,而且還要進一步從學問或理性上肯定宗教、建立宗教。」[70]換言之,牟宗三先生對於「哲學語言」的理解,一方面認為「哲學語言」仍然是「普通語言」,在理解上不能脫離語用的脈絡,或隨便判斷為其中的意義;另一方面更認為可以「完全敞開地加以分析,才能確實把握住真正的意涵」,至此,所謂「完全敞開加以分析」即不限於理解「哲學語言」作為「普通語言」的概念層面,更在理論上應當以「啟發自己的理性生命」或「覺悟此兩層立法之全部系統」來看待「哲學語言」背後所具有「指點」或「啟發」意義。

---

p.22-40.)一文中所提出,所謂「義蘊」是一個語用學的概念,「義蘊」與「說出」(say)是相對的,所謂「說出」是一個語義學的概念,意即一句話由詞語意義及句子結構所決定的那部分的語義內容,而相對的「義蘊」概念正是非由詞語意義及句子結構所決定一句話的內容,由此,我們可以簡單地說「義蘊」即是「言外之意」的意思。

70 牟宗三:《中國哲學十九講》,頁343-344。

(二)「詮釋」作為「可說」的理由

除此之外，牟宗三先生又特別指出「哲學原型」之「可學」是「存在地相呼應相感通」，[71] 這種「存在地相呼應相感通」是牟宗三先生在經典詮釋時常常提及的，他說：

> 了解有感性之了解，有知性之了解，有理之了解。彷彿——，望文生義，曰感性之了解。意義釐清而確定之，曰知性之了解。會而通之，得其系統之原委，曰理性之了解。……理性之了解亦非只客觀了解而已，要能融納于生命中方為真實，且亦須有相應之生命為其基點，否則未有能通解古人之語意而得其原委者也。[72]

> 吾愧不能如康德，四無傍依，獨立運思，直就理性之建構性以抒發其批判的哲學；吾只能誦數古人已有之慧解，思索以通之，然而亦不期然而竟達致消融康德之境使之百尺竿頭再進一步。於以見概念之分解、邏輯之建構，與歷史地「誦數以貫之，思索以通之」（荀子語）兩者間之絕異者可趨一自然之諧和。……知識與思辨而外，又謂必有感觸而後可以為人。感觸大者為大人，感觸小者為小人。曠觀千古，稱感觸最大者為孔子與釋迦。知識、思辨、感觸三者備而實智開，此正合希臘人視哲學為受智慧愛學問之古義，亦合一切聖教之實義。[73]

依此，牟宗三先生的經典詮釋觀可分成知識、思辨與感觸等三個

---

71 牟宗三先生說：「學者以自家真誠心與聖人底生命，以及與依聖人底朗現而規定的哲學原型，存在地相呼應相感通之謂也。」（牟宗三：《現象與物自身》，頁483。）
72 牟宗三：《心體與性體》第一冊，頁5-6。
73 牟宗三：《圓善論》，頁15-16。

條件,知識即是文獻的掌握;思辨即是從理性之認知來了文獻義理;感觸則是要求解釋者本身對於經典背後透出的生命智慧有一存在的感應與契合。[74]然而,作為經典詮釋的一步之「存在地相呼感相感通」或「感觸」是如何可能呢?鄭宗義老師曾從三方面來展示「感觸」的實義:一、生命的感觸作為理解的條件是主觀的;二、感觸既是理解的主觀條件,則反過來也可以說感觸是能左右理解的一種限制;三、「感觸」並不應視之為一同情理解原則,感觸有著期望通過名言的了解而把詮釋者的生命提升至理性之境,即把理解由方法論的層面轉入存有論的層面。[75]「感觸」作為經典詮釋的一步,一方面推動著詮釋者向經典追問其所蘊藏的感觸信念;另一方面亦限制著詮釋者通過尋求體會經典所蘊藏的感觸信念觸動自己。至此,「感觸」的可能即是通過經典(尤其是中國哲學)中記錄學人自我生命轉化的體驗語、勸勉實踐的工夫語,或具有教導脈絡的指點語、啟發語及警誡語等,讓詮釋者能依此而有所觸動。

回到「分解地可說」與「非分解地可說」的討論,作為經典詮釋中的「感觸」或「存在地相呼感相感通」的可能某程度上正是依賴於「非分解地可說」所具有的「指點」或「啟發」作用,理由在於經典

---

[74] 鄭宗義老師曾論述牟宗三先生研究中國哲學的方法論,即:知識、思辨與感觸三個條件。(鄭宗義:〈知識、思辨與感觸——試從中國哲學研究論牟宗三先生的方法論觀點〉,《儒學、哲學與現代世界》,頁65-88。)在另文,他更曾直言此三個條件即牟宗三先生的經典詮釋觀,其言:「順著〈知〉(按:〈知識、思辨與感觸——試從中國哲學研究論牟宗三先生的方法論觀點〉)又進一步申說那三個條件同時即是牟先生對經典詮釋的看法。因為在一個意義下,哲學思考的發展根本就離不開對經典的詮釋,這於中國哲學而言尤其如此。眾所周知,過去中國學術思想不管是傳承或創新大都憑藉對經典的注釋疏解進行。」(鄭宗義:〈論牟宗三先生的經典詮釋觀:以先秦道家為例〉,《儒學、哲學與現代世界》,頁89。)

[75] 鄭宗義:〈知識、思辨與感觸——試從中國哲學研究論牟宗三先生的方法論觀點〉,《儒學、哲學與現代世界》,頁81-86。

第七章　論牟宗三先生對「哲學語言」的理解——從牟譯《名理論》來看 ❖ 227

中的感觸信念每每就是說明「世界存在」，說明「世界的意義」，說明價值、善、美以及生命的意義，這些作為可透過經典而能夠被感觸者，即以「非分解地可說」作為「不可說而可說」。從這一點來看，則牟宗三先生的經典詮釋觀，實可以作為「分解地可說」與「非分解地可說」的「可說」之理由。換言之，從牟宗三先生的經典詮釋觀來說，假如依於維特根什坦所劃分的「可說」與「不可說」，則直接地否定了牟宗三先生那可被「感觸」或「存在地相呼應相感通」的可能，職是之故，牟宗三先生的經典詮釋觀，在理論上應當以「分解地可說」與「非分解地可說」來取消《名理論》中的「不可說」，從而肯定經典中的感觸信念具有能夠被感觸的可能——「非分解地可說」。[76]

從另一個方面說，牟宗三先生提出「非分解地可說」的必要性，乃在於他認為具有某些可被「詮釋」的「真理」而未能以「分解地可說」的方式來表述。牟宗三先生曾區分「真理」為「內容真理」（或「強度的真理」，intensional truth）與「外延真理」（或「廣度的真理」，extensional truth），「外延的真理大體是指科學的真理，如自然科學的真理或是數學的真理」[77]；「內容的真理，它不能離開主觀態度。……進一步當該說，它不能脫離主體性（subjectivity）」[78]，兩者的差異在於「外延真理」是「抽象的普遍性」；而「內容真理」是「具體的普遍性」。所謂「抽象的普遍性」即是從「概念」作為普遍性的關鍵，這種「抽象的普遍性」，牟宗三先生曾借用海德格（M.

---

[76] 從一個更為普遍的角度，即「經典詮釋」的可能性而非僅以牟宗三先生個別的「經典詮釋」觀來說，「經典」必須是可以被詮釋的或「可說」的，理由在於：假如「經典」並不能被「理解」的話，則此「經典」並不能成為「經典」。
[77] 牟宗三：《中國哲學十九講》，頁20-21。
[78] 牟宗三：《中國哲學十九講》，頁25。

Heidegger, 1889-1976）的「表象的思想」作解釋，說：「因為你通過這些概念、這些範疇，你就可以一個對象的各方面表象出來，表象出這個對象的那些普遍的性相、那些普遍的特徵。」[79]至於所謂「具體的普遍性」即是以「真實生命裡具體呈現的」為關鍵，這種「具體的普遍性」，牟宗三先生曾以「仁」和「孝」作說明：「孔子講仁並不是抽象地講，仁是可以在我們的真實生命裡具體呈現的，所以孔子當下從生活中指點仁。孝也是仁的表現，也具有普遍性，只不過孝這種表現是在對父母的特殊關係中表現。這情形本身是特殊的，但表現出來的是理，是普遍的真理。」[80]對應於這兩種真理，牟宗三先生遂認為表達「內容真理」的該當是「非分解地可說」（「啟發語言」或「指點語言」），他說：

> 我們要表現真理必須使用到語言，……唐君毅先生就曾經提出一個觀念來，他提出從我們事實上使用語言所表現的來看，當該是三分：科學語言是一種；文學語言是情感語言；至於道家、儒家所講的，這些還是學問，他們所講的是道。道不是情感，道是理性。……它既然是理性，因此表達這種理性的語言就不是文學語言這種情感語言，可是這也不是科學語言。所以唐君毅先生提議把這種語言叫做啟發語言（heuristic language）。[81]

---

79 牟宗三：《中國哲學十九講》，頁33。
80 牟宗三：《中國哲學十九講》，頁35。關於牟宗三先生兩種真理觀之相關討論，可參考：鄭宗義：〈本體論與知識論——當代新儒家的真理觀〉，景海峰編：《儒學的當代發展與未來前瞻》（北京：人民出版社，2015年），頁220-240。
81 牟宗三：《中國哲學十九講》，頁28。

五　結論：牟宗三先生融攝《名理論》的「哲學語言」觀之必要

總的來說，牟宗三先生對《名理論》中「可說」與「不可說」的區分作出了重新釐定。對於「可說」，牟宗三先生以「辨解歷程」(即「思解運行的邏輯歷程」)來作為「可說」的關鍵，「可說」的實義為「分解地可說」，解決了「可說者只限於自然科學之命題為過狹」的問題，更把「實踐理性之道德學」及「凡可被置於關聯中者」皆列為「可說」(準確地說，即從「即用顯體」而作為「可被說」)。對於「不可說」，牟宗三先生指出「非分解地可說」實相關於「圓教中圓滿的體現」之語言，「非分解地可說」具有「啟發」或「指點」的語言功能以達致「圓教中圓滿的體現」為目的，在完成「遮顯之歷程」後，則此「非分解地可說」也可以「詭譎地被棄掉」或至少是不必要的了。如此，以「分解地可說」與「非分解地可說」來重新釐定「可說」與「不可說」，即是把《名理論》中的「不可說」取消，而把「可說」重新定性為「分解地可說」與「非分解地可說」。這一步的重新釐定別具意義，即牟宗三先生翻譯《名理論》所「消化」的是「可說」與「不可說」的「哲學語言」觀，牟宗三先生分別從「分解地可說」(《認識心之批判》的知識論架構融攝維特根什坦的邏輯分析之理論)及「非分解地可說」(指點「不可說」的「實踐理性中圓教之圓滿體現者」)把「可說」與「不可說」重新釐定，展示出他對「哲學語言」的理解，即「哲學語言」理應置於相關的語言脈絡或層次，並「完全敞開地加以分析」。

其次，從牟宗三先生的「哲學」觀與經典詮釋觀來看，他的「分解地可說」與「非分解地可說」實是必然地需要融攝《名理論》之「哲學語言」觀。分而言之，從牟宗三先生的「哲學原型」之「可

學」（覺悟義）說，必然地涉及「可說」，否則，依《名理論》而把形上學、道德倫理或美學皆納入為「不可說」，則「哲學原型」之「可學」變成無從憑藉，無有所學。從牟宗三先生的經典詮釋觀之「感觸」，也必然地涉及「可說」，否則，依《名理論》而對經典的感觸信念只能「沉默中略過」，則「感觸」亦變成無有依據或可能。合而言之，牟宗三先生翻譯維特根什坦的《名理論》並以「分解地可說」與「非分解地可說」來重新釐定「可說」與「不可說」，實是具有一理論上的必要性，即在牟宗三先生的思想架構中必然地不容許《名理論》中的「可說」與「不可說」之區分。於是，牟宗三先生翻譯及重新釐定「可說」與「不可說」中，即融攝《名理論》的「哲學語言」觀於其「分解地可說」與「非分解地可說」之中。

最後，本文認為牟宗三先生翻譯維特根什坦的《名理論》，雖然翻譯的緣起或動機有不同的說法，但是，從牟宗三先生以「分解地可說」與「非分解地可說」來重新釐定《名理論》的「可說」與「不可說」來看，則牟宗三先生的翻譯《名理論》，至少可以看作是牟宗三先生表述其對「哲學語言」的理解。從本文的論述中更可以發現，《名理論》的翻譯作為牟宗三先生較被忽略的出版著作，實則自有它所能補足牟宗三先生思想架構中的「哲學語言」之理解部分。而，本文僅從《名理論》的翻譯與詮釋來窺探牟宗三先生的「哲學語言」觀，即其強調「分解地可說」與「非分解地可說」皆具有「可說」的必要，但是，本文並未有對於「分解地可說」與「非分解地可說」中的類型作出分析或討論，尤其是「非分解地可說」的部分，如「言默」是否「非分解地可能」的討論，是以本文的寫作僅能算是以《名理論》的翻譯來窺探牟宗三先生的「哲學語言」觀，而並未能作出全面的剖析，這方面則唯有留待日後再作探討。

第八章
論牟宗三先生的「歸宗儒家」
——從牟著《五十自述》來看

> 吾今忽忽不覺已八十矣。近三十年來發展即是此自述中實感之發皇。
>
> ——牟宗三：《五十自述》[1]

一　引論：從哲學思辨與存在體驗的「歸宗儒家」

牟宗三先生被尊稱為「一代儒哲」。[2]然而，作為一名深受西方哲學影響的學者，[3]為甚麼牟宗三先生會「歸宗儒家」呢？牟宗三先生曾言：

> 吾自學校讀書起至抗戰勝利止，這十餘年間，先從西方哲學方

1　牟宗三：《五十自述》，《牟宗三先生全集》第三十二冊（臺北：聯經出版事業公司，2003年），頁3。

2　吳甿主編：《一代儒哲牟宗三》，香港：經要文化出版公司，2001年。以「一代儒哲」來形容牟宗三先生。

3　從牟宗三先生早年的學術訓練來看，他自言：「我那時（即：就讀北京大學哲學系的時期）所能親切接得上的是羅素的哲學、數理邏輯、新實在論等。但我只是聽，並不能主動地作獨立的思考。我個人自修，則興趣集中在《易經》與懷悌海的哲學，這在學校是沒人講的。」（牟宗三：《五十自述》，頁38）從牟宗三先生最初出版的著作來看，如《周易的自然哲學與道函義》（1935年）和《邏輯典範》（1941年），則可說牟宗三先生早年的哲學素養是很受西方哲學的影響。

面釐清吾人所吸取於西方思想之混雜,而堅定其「理想主義」之立場。此階段之所思以《邏輯典範》(後改寫為《理則學》)與《認識心之批判》兩書為代表,此後至今,則歸宗於儒家,重開生命之學問。[4]

牟宗三先生自言的「歸宗儒家」並「重開生命的學問」,乃在完成《邏輯典範》與《認識心之批判》之後,究竟牟宗三先生在那個時期發生了甚麼事呢?或者,究竟牟宗三先生在那個時期是有著怎樣的體驗而「歸宗儒家」呢?另外,牟宗三先生更明言其「歸宗儒家」也是「重開生命之學問」的肇始,眾所周知,「生命的學問」是牟宗三先生一生奉持的為學態度,也是其詮釋中國哲學的核心觀念,此處所言的「重開」之實義又是甚麼意思呢?

依牟宗三先生的學思自述來看,[5] 其言「此後至今」的那段時期大約是牟宗三先生四十至五十歲的時間,亦即牟宗三先生陸續發表了《道德的理想主義》、《歷史哲學》和《政道與治道》三書各篇文章的時期。然而,牟宗三先生曾在《五十自述》的第五章〈客觀的悲情〉說過在五十歲以前雖然有《歷史哲學》、《政道與治道》及《道德的理想主義》等書來闡發儒學的思想(尤其「外王」部分),但從主觀的、存在的感受來看仍然感到「痛苦」,牟宗三先生自言此時期是「吾病矣」,牟宗三先生甚至形容此段時期是他的「生死關頭」。換言之,牟宗三先生雖然有客觀的悲情,對歷史文化有「具體的解悟」,但在主觀的層面上卻未能「和悅調伏我自己,真正地作到進德修

---

4 牟宗三:《生命的學問》(臺北:三民書局,1970年),頁39。
5 牟宗三的學思自述可見於〈我的學思經過〉(1974年8月)及〈哲學之路——我的學思進程〉(1990年4月),兩文均收錄在牟宗三:《時代與感受續篇》,《牟宗三先生全集》第二十四冊,臺北:聯經出版事業公司,2003年。

業」，飽受痛苦掙扎的煎熬。牟宗三先生說：

> 純理智思辨之《認識心之批判》是客觀的，非存在的；《歷史哲學》雖為「具體的解悟」，然亦是就歷史文化而為言，亦是客觀的。此兩部工作，就吾個人言，皆是發揚的，生命之耗散太甚。吾實感疲憊。子貢曰：「賜倦於學矣。」吾實倦矣。倦而反照自己，無名荒涼空虛之感突然來襲。由客觀的轉而為「主觀的」，由「非存在的」轉而為「存在的」，由客觀地存在的（「具體解悟」之用於歷史文化）轉而為主觀地、個人地存在的。這方面出了問題，吾實難以為情，吾實無以自遣。這裡不是任何發揚（思辨的或情感）、理解（抽象的或具體的），所能解答，所能安服。吾重起大悲，個人的自悲，由客觀的悲情轉而為「主觀的悲情」。客觀的悲情是悲天憫人，是智、仁、勇之外用。主觀的悲情是自己痛苦之感受。智、仁、勇是否能收回來安服我自己以解除這痛苦呢？吾實在掙扎中。在此痛苦中，吾病矣。……當子貢說「賜倦於學矣」，願息這，願息那，而孔子告以皆不可息。子貢言下解悟，吾無子貢之根器。吾將如何再主觀地恢復此「不息」以和悅調伏我自己，真正地作到進德修業？這將是「大的行動」能否來臨之生死關頭。吾為此而病。這是我現階段的心境。[6]

牟宗三先生自言他在這段四十至五十歲的時期雖然以儒家精神發表對歷史文化等的見解，但是，那些見解實在只是「客觀的悲情」，即以具體的、存在的心態來專注於國家天下、歷史文化之中所產生的

---

6 牟宗三：《五十自述》，頁118。

精神上之悲憫感情。然而,在他個人的、主觀的「存在體驗」上卻是另有一番的思考與感受。可想而知,牟宗三先生這種「存在體驗」正是他「歸宗於儒家,重開生命之學問」的關鍵。究竟牟宗三先生在後來的時間如何可以「調伏自己」呢?此答案正好在《五十自述》的第六章〈文殊問疾〉中所呈現出來。換言之,從〈文殊問疾〉中當能找出牟宗三先生「歸宗儒家」的理由。本文的寫作目的即嘗試從《五十自述》重構牟宗三先生「歸宗儒家」的理由,並從中展示出其言「重開生命之學問」的哲學意涵。本文認為,牟宗三先生的「歸宗儒學」乃有其哲學思辨(思考)與存在體驗(實感)的理由,並從證悟「慧根覺情」乃與儒家傳統「主體的覺醒」之思想互相符合;此「歸宗儒家」更是促成了牟宗三先生獨特的哲學觀(尤其是中國哲學觀與哲學方法論),依此即可以理解牟宗三先生所言「生命的學問」乃中國哲學的主要課題之實義。[7]

---

[7] 鄭宗義老師曾屢屢提及研究者易於視新儒家偏重於理論化與知識化的一面,而忽略他們的存在體驗的一面。他說:「以往研究者或囿於以為主觀經驗不可作準,遂忽略新儒家此存在體驗的一面。實則你若能正視這面,就知道它是要全面把握新儒家思想不可或缺的一環;它是新儒家的思辨表述的底子;它是新儒家以「生命的學問」來重建「中國哲學」的憑藉;當然,它也是新儒家證成、充實儒學的宗教性的宗教經驗。」(鄭宗義:〈生命的虛無、沉淪、悲情與覺情──當代新儒家的存在體驗〉,收於羅秉祥、謝文郁編:《耶儒對談:問題在哪裡?(上)》〔桂林:廣西師範大學出版社,2010年〕,頁134-135。) 又說:「由於唐、牟兩先生的文字極富思辨性,且最終各自建立起自家的哲學體系,人於此遂易視他們的學問為偏重理論性,而忽略他們自始至終都宣稱其學問的背後是以一存在的真實感來支撐的。」(鄭宗義:〈生命的學問──當代建構『中國哲學』的一個嘗試〉,載於鄭家棟編:《拾薪集──「中國哲學」建構的當代反思與未來前瞻》〔北京:北京大學出版社,2007年〕,頁261。)本文的寫作方向是由鄭宗義老師的課堂與文章所啟發。本文認為,牟宗三先生以「生命的學問」來重建「中國哲學」實是從其「存在體驗」而來,而牟宗三先生的「存在體驗」又可從《五十自述》深刻地表述出來,探討《五十自述》中的「存在體驗」,即能更把握著牟宗三先生以「生命的學問」來重建「中國哲學」的意涵。

二 從《五十自述》論牟宗三先生的「歸宗儒學」

（一）《五十自述》的「自述」意義

牟宗三先生直言寫《五十自述》之時處於「意趣消沉，感觸良多」，卻又由此而「印證許多真理」，並且表明其於五十歲以後的學思生命的發展乃在於「此自述中實感之發皇」。牟宗三先生在《五十自述》〈序〉有言：

> 此書為吾五十之時之自述。當時意趣消沉，感觸良多，並以此感印證許多真理，故願記之以識不忘。書中後四章曾發表於各雜誌，唯首二章則未曾發表。諸同學皆願將此全文集於一起付印，以便讀者之通覽。此或可為一學思生命之發展之一實例也。……吾今忽忽不覺已八十矣。近三十年來發展即是此自述中實感之發皇。[8]

牟宗三先生五十歲以後有疏通中國哲學傳統的《才性與玄理》、《心體與性體》、《從陸象山到劉蕺山》、《佛性與般若》；也有依中國傳統智慧消化康德哲學的《現象與物自身》、《智的直覺與中國哲學》、《圓善論》等極具影響力的經典著作，假如依牟宗三先生所言這些著作的背後乃是「此自述中實感之發皇」，則可見《五十自述》中的所述的「實感」對牟宗三先生的學思發展具有指導性的作用，而此處所言的「實感」即是牟宗三先生在《五十自述》中的「存在體驗」。可是，在《五十自述》中又如何表達出牟宗三先生的「存在體

---

[8] 牟宗三：《五十自述》，頁3。為了行文的方便，下文如引錄《五十自述》，則只附頁，不另加注釋標示。

驗」呢?這問題涉及《五十自述》的內容與表達形式之意義,甚或可言即關乎《五十自述》的「自述」意義。

究竟《五十自述》算是一部怎樣的著作呢?是自傳?還是哲學論著?《五十自述》固然是一部以牟宗三先生自身的經歷為底本寫成的自傳體著作,但是,它卻並不像胡適的《四十自述》或馮友蘭的《三松堂自序》的寫作形式,即並不是以平鋪直敘的編年體方式寫成。鄭家棟先生曾言:「該書(按:《五十自述》)的寫作目的也主要在於思想的自我清理,更確切地說是生命的自我調整與轉化,……在寫法上,也會頗令史學家們嘆息,其所注重者與其說在於編年敘述,不如說在於抒發感受,前者反成為後者的某種鋪墊。」[9]從編年的敘述來看,《五十自述》自然是一部自傳式的著作;但從內容與表達形式來看,《五十自述》卻不止於是一部自傳體著作,更可以說是一部有文學形式成分的哲學思辨著作(literary philosophy)。[10]《五十自述》不是單純地抒發牟宗三先生個人對生命感受(或哲學思辨)的寫作,而是從一個特別的表達形式來展示其獨特的「存在體驗」(或「實感」)。此種表達的形式可從「轉化自我」與「實踐指點」的雙向關係來說。[11]

---

9 鄭家棟:《牟宗三》(臺北:東大圖書公司,2000年),頁42。
10 劉昌元說:「文學與哲學是兩個古老而相關的學科。這種關係至少有三方面可說。首先,有些哲學作品具有較高的文采,使用了詩、對話、故事、寓言等體裁,可稱為文學的哲學(literary philosophy)。其次,我們可以對文學的意義、解釋、批評作理論性反省而形成文學哲學(philosophy of literature)或文學理論,第三,有些文學作品具有豐富的哲學意味,堪稱為哲學的文學(philosophical literature)。」(劉昌元:《文學中的哲學思想》,〈序〉〔臺北:聯經出版事業公司,2002年〕,頁i。)依此,《五十自述》所具的文學體裁之成分,實可稱為「文學的哲學」。
11 林鎮國先生曾說:「牟氏當時寫《自述》並非如一般自傳的敘平生以昭來世,而是藉著自傳的寫作,默觀生命處境,照察存在危機,以尋求自我救贖。書寫自我成為轉化自我的實踐工夫。……既用來詮釋自我,也可以用來做為實踐的指點——指點

1 從「轉化自我」看《五十自述》

所謂「轉化自我」是指《五十自述》的著述,乃是牟宗三先生用以詮釋自我的實踐工夫。從《五十自述》的敘述架構:「生命之在其自己—生命之離其自己—生命之歸復其自己」來看,「轉化自我」或「詮釋自我」的表述則容易顯明出來。牟宗三先生說:

> 我現在所以說這滿盈無著之春情,一方面是在表明這混沌洄漩的生命之蘊在我的生活發展上的意義,一方面也旨在由之以對顯那虛無怖慄的「覺情」。這當是存在的人生,生命之內在其自己之最富意義的兩種感受,人若不能了解生命之「離其自己」與「在其自己」是不能真切知道人之艱苦與全幅真意義的。(頁9)
>
> 是在曲中發展,不斷地學即不斷地曲。在不斷的曲與「曲之曲」中來使一個人的生命遠離其自己而復回歸於其自己,從其「非存在」消融而為「存在的」,以完成其自己。這個道理說來只是一句話,然而現實發展上,卻是一長期的旅行,下面我要敘述我的那由曲而成的間接發展。(頁16)
>
> 真正恰當意義的生活,生活如其為生活,當該是在生命中生活。唯農民的生活是在生活,是生命「在其自己」之生活。而我們則是在對象上生活,是生命「離其自己」之生活。所以是耗費生命的生活,不是保聚生命引發生命的生活。但人世不能只是農民,生命不能只是在其自己,也當離其自己。……如何能順這非生活的生活扭轉之使生命再回歸於「在其自己」呢?

存在轉化的方向與著力處。」(林鎮國:〈當代儒家的自傳世界〉,《辯證的行旅》〔新北:立緒文化事業公司,2002年〕,頁23-26。)

> 除農民旳「生命之在其自己」，是否還可以有另一種方式或意義的「在其自己」呢？這是正視人生的究極問題之所在。這問題不是外在的觀解思辨所能了解的，所以也不能由外在的觀解心辨來解答。這不是憑空的理論，也不是聰明的慧解。這是由存在的生活過程所開出來的實感，所以也必須由存在的踐履來解答。（頁18）

牟宗三先生明言他在農村時的生命歷程是「生命之在其自己」，其後的生命歷程卻是以「生命遠離其自己而復回歸於其自己，從其『非存在』消融而為『存在的』」作為敘述的方式。依此，在《五十自述》的第一章〈在混沌中長成〉即是「生命之在其自己」的階段；第二章〈生命之離其自己之發展〉、第三章〈直覺的解悟〉、第四章〈架構的思辨〉及第五章〈客觀的悲情〉即是「生命之離其自己」的曲折發展階段；第六章〈文殊問疾〉即是「生命之歸復其自己」的可能發展敘述。[12] 從「生命之在其自己－生命之離其自己－生命之歸復其自己」的敘述架構來看，實是表達了牟宗三先生對生命歷程的幾個獨特面向，即：「統一、破裂、再度統一」、「健康、疾病、康復」、「聖潔、沈淪、超越」，或「混沌、障隔、覺悟」，這一辯證式的敘述架構並不是自然的歷程，乃是一種目的論的歷程。[13]

---

[12] 鄭宗義老師曾說：「在《五十自述》中，牟宗三是以『生命之在其自己』、『生命之離其自己』及『生命之歸復其自己』的三步曲來透視、剖析生命的全幅旅程。全書六章也是依此佈局。第一章〈在混沌中長成〉是生命之在其自己的階段；第二章〈生命之離其自己之發展〉、第三章〈直覺的解悟〉、第四章〈架構的思辨〉及第五章〈客觀的悲情〉都屬生命之離其自己的曲折；第六章〈文殊問疾〉則顯示生命之復歸於其自己的可能。」（鄭宗義：〈生命的虛無、沉淪、悲情與覺情——當代新儒家的存在體驗〉，頁136。）

[13] 林鎮國：〈當代儒家的自傳世界〉，頁25。

牟宗三先生透過此一辯證式的敘述架構，把自己的生平敘述納入於此目的論的歷程之中，實是對於自我的生命作出了「調整」。牟宗三先生又明言以「存在的踐履」來作為「生命之歸復其自己」的可能解答，更在第五章〈客觀的悲情〉篇末表示：「這將是『大行動』能否來臨之生死關頭。吾為此而病。這是我現階段的心境。下章，我即以『文殊問疾』為題來表示我現階段的感受。」（頁119）這段話提供了理解〈文殊問疾〉的重要線索：牟宗三先生書寫〈文殊問疾〉一章乃是對「現階段」之表述，把此一「現階段」套進「生命之在其自己－生命之離其自己－生命之歸復其自己」的敘述架構下，〈文殊問疾〉一章即成為牟宗三先生本於「生命之歸復其自己」的實踐之可能發展，也是牟宗三先生透過對此一「現階段」的書寫作為實踐其「生命之歸復其自己」的「存在體驗」，此即是對自我的生命作出了「轉化」的可能，一方面是展示「生命之歸復其自己」之可能；另一方面是從著述中對所「存在體驗」的作出肯認與堅信，並從而實踐，此即對於自我的生命作出了「轉化」。依此，牟宗三先生即是從《五十自述》中的「自述」即有「生命的自我調整與轉化」之意義。

2 從「實踐指點」看《五十自述》

所謂「實踐指點」是指《五十自述》的著述，乃是牟宗三先生用以「指點」作「生命之歸復其自己」實踐工夫之可能。然而，「自述」作為「實踐指點」的可能，則至少仍有兩道問題需要考量，即：資格與普遍性。

首先，在《五十自述》中，牟宗三先生既然以一種展示的方式來解答「生命之歸復其自己」之可能時，究竟他又是否以一個「聖者」或「覺者」自居，並以自述的「存在的踐履」來作為「指點」呢？這是「指點」資格的問題。

牟宗三先生並不是以「聖者」或「覺者」自居。牟宗三先生對於「聖人」或「覺者」的理解是:「聖人」或「覺者」根本不該「以聖自居」的,「聖人」或「覺者」僅能從自身的真實生命來透示出來。他曾說:「這樣一個『學而不厭,誨人不倦』的人就是一個真人。這一種真人不是容易做到的。沒有一個現成的聖人擺在那裡,也沒有一個人敢自覺地以為我就是一個聖人。不要說裝聖人的樣子,就便是聖人了,人若以聖自居,便已不是聖人。聖人,或者是真人,實在是在『學而不厭,誨人不倦』這個永恆的過程裡顯示出來,透示出來。」[14]即是說,牟宗三先生在《五十自述》中的「實踐指點」並不會以「聖者」或「覺者」自居,因為「聖者」或「覺者」僅從永恆的過程裡才能顯示。牟宗三先生在《五十自述》中所具有的「實踐指點」資格,即在於從自身的「存在的體驗」來證悟「慧根覺情」,[15]並以為這是「生命之歸復其自己」的可能解答,既然是「可能的解答」,就具備有「實踐指點」的資格。最重要的是牟宗三先生所證悟的「慧根覺情」乃是從其「實感」所得,牟宗三先生說:「凡我所述,皆由實感而來。我已證苦證悲,未敢言覺。然我以上所述,皆由存在的實感確然見到是如此。一切歸『證』,無要歧出。一切歸『實』,不要虛戲。……千佛菩薩,大乘小乘,一切聖賢,俯就垂聽,各歸寂默,當下自證。證苦證悲證覺,無佛無耶無儒。消融一切,成就一切。一切從此覺情流,一切還歸此覺情。」(頁176)依此,即可理解為他以個人的實踐作為指點出「生命之歸復其自己」的憑證。

　　其次,牟宗三先生以其個人的「存在的踐履」來作為「實踐指點」,究竟是否能通用於其他人呢?此即「指點」的普遍性問題。

---

14 牟宗三:《生命的學問》,頁121。
15 在《五十自述》中,牟宗三先生即言「慧根覺情」(或「覺情」、「心覺」、「心靈慧覺」)作為對「生命之歸復其自己」的可能解答,下文將詳細討論。

第八章　論牟宗三先生的「歸宗儒家」──從牟著《五十自述》來看 ❖ 241

牟宗三先生自言其存在感受確然有普遍性相的意義，即可以從其個人的、特殊的生命歷程來作「實踐指點」的意圖，他說：「我現在所以說這滿盈無著之春情，一方面是在表明這混沌洄旋的生命之蘊在我的生活發展上的意義，一方面也旨在由之以對顯那虛無怖慄的『覺情』。這當是存在的人生，生命之內在其自己之最富意義的兩種感受，人若不能了解生命的『離其自己』與『在其自己』是不能真切知道人生之艱苦與全幅真意義的。」（頁9）即從「存在的人生」（普遍性）而說，當有「離其自己」及「在其自己」的感受。除了牟宗三先生自己肯認其存在感受有普遍性相之外，鄭宗義老師也透過兩點說明牟宗三先生在《五十自述》的「存在體驗」既是他個人的、獨特的特殊性外，也並不排斥其普遍性：

（1）從牟宗三先生敘述的內容與普遍的宗教經驗多相符合見其說實具普遍性相。鄭宗義老師說：「若考慮到牟先生勾劃的生命歷程，如虛無、怖慄、感性沉淪、悲情與覺情等，與詹姆斯分析的宗教經驗如病態靈魂（sick soul）、喪失意義及恐懼過惡的憂鬱（melancholy）、個人深切的罪咎感（personal sin）、二度降生（twice-born）等，多有若合符節處，則其涵普遍性一面就更加明白不過。」[16]即是說，單單從牟宗三先生在《五十自述》中對「存在體驗」的各種描述，實與普遍的宗教經驗有許多相符合，此正是說明牟宗三先生以個人的「存在的踐履」來作為「實踐指點」自有其普遍性的意義。

（2）普遍性相並不意味著會等分地呈現於在任何特殊的人生中，始終有質量上的差異。鄭宗義老師說：「人生存在普遍性相，並不意味著這些普遍性相在任何一特殊的人生中都是等分地呈現。此中絕對是感觸大者為大人、感觸小者為小人。若問緣何而有大感觸？則

---

16 鄭宗義：〈生命的虛無、沉淪、悲情與覺情——當代新儒家的存在體驗〉，頁137。

答曰一是關乎個人的性情稟賦,一是關乎身處的時代環境。」[17]換言之,若牟宗三先生在《五十自述》以個人的、特殊的生命歷程來作「實踐指點」意圖的話,則他的生命歷程從宗教經驗的符合處和質量的大同小異之下,仍可以作普遍性相地為他人作「實踐指點」的,此即是《五十自述》所獨特具有的「實踐指點」意涵。

綜言之,牟宗三先生在《五十自述》中乃以「生命之在其自己─生命之離其自己─生命之歸復其自己」的敘述架構來展示其「存在體驗」(或「實感」)。在這一敘述架構中又展現出牟宗三先生在《五十自述》具有「轉化自我」與「實踐指點」的雙向關係的著作,即以「默觀生命處境,照察存在危機,以尋求自我救贖」作為「轉化自我」的實踐工夫;以個人的「實感」並「證苦證悲」地透示出「存在體驗」的作為可普遍化的「實踐指點」。明乎此,即可發現《五十自述》雖是一部自傳體著作,但內容和表達形式上卻是具有一部具有特殊意義的哲學思辨與存在體驗的著作,也正在於《五十自述》所具有的特殊「自述」意義,重構牟宗三先生在其中所表達對「生命之歸復其自己」所作的可能解答,則可以發現牟宗三先生「歸宗儒家」所具有的獨特意義。

三 〈文殊問疾〉對「生命之歸復其自己」所作的可能解答

從「生命之在其自己──生命之離其自己──生命之歸復其自己」的敘述架構來看,第六章〈文殊問疾〉正是展示出「生命之復歸

---

[17] 鄭宗義:〈生命的虛無、沉淪、悲情與覺情──當代新儒家的存在體驗〉,頁137。

於其自己」的可能解答(「存在體驗」[18])，也即是牟宗三先生曾言「由存在的踐履來解答」的具體文本，然而，在〈文殊問疾〉當中的「復歸其自己的可能」之意義，並不止於提出個人的可能解答的方案，更在於〈文殊問疾〉所表現出的「當下正在」的感受性描述，及藉此所作出的提問、探索與掙扎。從《五十自述》敘述的進展來看，自第一章〈在混沌中長成〉至第五章〈客觀的悲情〉一種回顧式（自我詮釋）的敘述，而第六章〈文殊問疾〉則是牟宗三先生「現階段的心境」，也正在於從「現階段的心境」才能對其過去的生命歷程有著重新轉化與探索的可能，與前文各章實有著雙向的關係。[19]換言之，〈文殊問疾〉一章是《五十自述》全書思想的核心所在，透過對〈文殊問疾〉的分析，可以透示出牟宗三先生對《五十自述》所作的自我

---

[18] 〈文殊問疾〉一文曾以〈我的存在感受〉收入李達生所編的《存在主義與人生問題》一書（香港：大學生活社，1971年12月）。從篇名來看，〈文殊問疾〉一文確是敘述牟宗三先生的存在感受。

另外，牟宗三先生以「文殊問疾」作為篇目，自有其借喻的意義，尤惠貞和陳彥伯先生曾言：「從此『文殊問疾』的佛教原意而論，自可言其更大悲心與空正見的菩薩大行；但據此與牟氏學思自傳的〈文殊問疾〉對比，實可見出兩者的立足點上的不同。就《五十自述》的〈文殊問疾〉而言，牟氏其實僅是借『文殊問疾』的公案來表露自己陷入於存在困境的『疾至於死』之苦。……牟氏的立論，乃其親身共感的實在狀態，亦是其具體見地的真實情境；他選擇繞道借喻『文殊問疾』的公案，目的在於凸顯自身陷入『疾至於死』的『疾』苦，文殊之問其實是他方便借以自問的一道轉語。我們從此理解，自不難發現他在文中強調的時代問題，以及自己判攝諸家進而逐漸解消的自我焦慮與沈淪，終於突破存在困境而親證覺情。」（尤惠貞、陳彥伯：〈牟宗三〈文殊問疾〉章義的現代生死學新詮〉，載於《生死學研究》第八期，2008年7月，頁153。）

[19] 吳紹熙先生曾指出：「我們看到第六章〈文殊問疾〉與之前各章的雙向關係。當敘述進展至第六章，其所處身的生命狀況及其所體現的自身尋索轉化活動，被發現是整部自述的基地，並且有其內在地自足性及超歷史的意義。當中將摸索出並勾勒出的轉化安立歷程，是一段精神上的道路，而非線性時間中的一連串事件之發生。」（吳紹熙：《牟宗三論「生命」、「智慧」與「生命的學問」——從《五十自述》看牟宗三思想中的存在向度》〔香港：香港中文大學哲學碩士論文，2006年〕，頁102。）

詮釋之用心，尤其是對「生命之復歸於其自己」的可能解答，而〈文殊問疾〉一章則是通過「哲學思辨」與「存在體驗」兩種不同的方式來表達「當下正在」對「生命之復歸其自己」的可能解答。

(一) 從「哲學思辨」說「生命之歸復其自己」

對牟宗三先生來說，「生命之離其自己」其實就是一種生命存在的「虛無、怖慄之感」，牟宗三先生從子貢「心倦」的問題及孔子的指點消解而談起，再以齊克果（Kierkegaard）的「病至於死」及「文殊問疾」的故事來帶出自身所陷於此「欲轉未轉，而有虛脫之苦」。這是從哲學的思辨來敘述「虛無、怖慄之感」。牟宗三先生指出子貢的「心倦」其實是一種「心病」，此種「心病」可源於對生命強度的衰退或有限性的體會，從而尋求另一根源來支撐生命達到一無限而永恆的存在。牟宗三先生說：

> 人對於物質存在、生理強度之有限性，起無可奈何之大悲，便就是逆想。逆想而於另一根源上求一可奈何，即求得一解脫，不直接於物質存在上求可奈何，即求其不變而常駐，但只於另一根源上求得一無限而永恆。……此另一根源，便是心靈的活動。此心靈活動之方向，有各種形態。就已有者大體言之，耶穌是一形態，釋迦是一形態，老莊是一形態，孔孟是一形態。皆逆之而心靈上得解脫，使吾人取得一無限而永恆之意義，使吾人有限之存在轉而為一有無限性之存在。（頁123）

然而，這一個「逆想」的方向卻不是一蹴可幾，一念而得的，在欲轉未轉之間，正是子貢的「心倦」狀態。牟宗三先生再以齊克果的「病至於死」解釋這一種狀態，他說：「此病是一種虛無、怖慄之感，

忽然墮於虛無之深淵,任何精神價值的事業掛搭不上。」(頁123)牟宗三先生又從「文殊問疾」的故事強調此種「落於虛無深淵」的虛無感,其言:「然有情淪於生死,實實是病,是一層。菩薩已得解脫,現身有疾,又是一層。此兩層間欲轉未轉,而有虛脫之苦,此是落於虛無深淵。此又是一層。契爾克伽德所謂『病至於死』,即是此層之病。我不知維摩詰經過此層否,我亦不知其如何由此層(如其有之)而得轉出。我今但說我之陷於此層之苦。」(頁130)

牟宗三先生從子貢的「心倦」、齊克果的「病至於死」和「文殊問疾」的故事等引論出從「生命強度」的衰退或有限性的體會而欲從心靈上尋求另一根源的支撐,在這種尋求之間,或轉進之際,正處於一種「虛無深淵」。然而,這些話僅從哲學的思辨來說,理當如此,勢須如此而已,其實並未能展示出牟宗三先生對「虛無深淵」的深刻體會,牟宗三先生則從主觀的自身的經歷與感受作敘述,此即牟宗三先生借佛語而說的「悲情三昧」。

(二)從「存在體驗」說「生命之歸復其自己」

牟宗三先生從哲學思辨論述了「虛無、怖慄之感」後,便從主觀的感受層面來論說當中的「存在體驗」,在行文用語間也多從「我」作為出發點,如:「我的感情生活是受傷的」(頁133)、「世界病了,我亦病了」(頁135)、「我無一種慰藉溫暖足以蘇醒吾之良知本體、天命之性,以表現其主宰吾之『人的生活』之大用」(頁136)、「我在死怖中,在哀憐中,亦在死怖、哀憐的氣氛下靜靜地觀照著」(頁140)等,正如牟宗三先生自己所說:「凡我所述,皆由實感而來。」(頁180)牟宗三先生在這裡的論述實依其個人的「存在體驗」來體證「慧根覺情」的實感。鄭宗義先生說:「依牟先生的存在體驗,悲情中的箇中三昧可以從三步感受來說明:(1)個體性破裂之苦;(2)感性之沉淪;

（3）悟悲情三昧即覺情三昧。」[20]以下即依此三步作論述。

1 第一步的感受是「個體性破裂之苦」

所謂「個體性破裂之苦」，即牟宗三先生在〈文殊問疾〉中說的「生命的兩極化」，此「生命的兩極化」造成了牟宗三先生感到生命的兩層破裂：

（1）「外在的破裂」。生命一方面向外投注而趨向於外在的普遍性（學問），另一方面具體的真實生命又不能寄託於這些外在化之中，現實的生命變成「一些無交代之特殊零件，生理的特殊零件」。這是「生命的兩極化」的第一層面。牟宗三先生自言：

> 自己生命中真實的普遍性沒有呈現，本說不上在破裂。只是向外投注所撲著的外在普遍性本不能內在化，愈向外投注而趨於彼外在的普遍性之一極，則我之現實生命即愈下墮而趨於純為特殊零件之特性之一極。這兩極之極化，在向外投注的過程中，本已不自覺的早已形成，今忽而從抽象普遍性之一極被彈回來而反照，則遂全彰顯而暴露。此即為兩極化所顯之普遍性與特殊性之外在破裂。（頁132-133）

這是「生命的兩極化」的第一層面的感受，即只是抽象的普遍性與現實的特殊性無法統一，遂形成了外在與內在的破裂。

（2）「內在的破裂」。在兩極的極化中，第一個層面的感受還只是抽象普遍性與現實的特殊性無法統一的破裂。牟宗三先生再指出即便已對生命的內在真實普遍性（「良知本體」、「天命之性」）有了解

---

[20] 鄭宗義：〈生命的虛無、沉淪、悲情與覺情——當代新儒家的存在體驗〉，頁143。

悟，卻仍不能內在化而消融於生命之中呈其實用，這是更深一層的「內在的破裂」。此即是「生命的兩極化」的第二層面。牟宗三先生說過：

> 此破裂全由生命之向外膨脹、向外投注而拉成。由此破裂之拉成，遂使自己現實生命一無所有，全成特殊之零件，即使自己生命中本有之內在的真實普遍性，原為解悟所已悟及者，亦成外在化而不能消融於生命中以呈其統一之實用。此本有之真實普遍性亦外在化而不能呈用，亦被推出去而不能消受，一如胃口不納，遂並養人之五穀亦被推出去，而不能消受以自養，此方真是普遍性與特殊性之內在的破裂。（頁133）

這是「生命的兩極化」第二層面的感受，是比「外在的破裂」更為深刻，也是更大的痛苦。用現代的說話來講，即：那些「良知」道理，僅能從知識的層面上已有認識甚至認同（即「解悟」），卻在實踐層面上並未能做到甚至真情實感地認同（即「徹悟」）。

正在於這種「個體性破裂之苦」，牟宗三先生從自身的感受來體證出「病至於死」的那種「虛無、怖慄之感」，他說：「此真是一種病，一切掛搭不上而只剩下特殊零件，而又真真感受到苦，這是『病至於死』之痛苦，虛無怖慄之痛苦，惟覺痛苦方是病。若不覺痛苦，則亦不知其為病。此覺是『存在的』痛苦、虛無、怖慄之感受。」（頁133）此處所言的「覺」不單此是對於「生命的兩極化」的「外在的破裂」，更在於「內在的破裂」，此「覺」已解悟「良知本體」、「天命之性」，卻仍未能讓其蘇醒，真實生命的普遍性仍未能外在化而實踐，此「覺」才是痛苦才是病。

2　第二步的感受是「感性之沉淪」

所謂「感性之沉淪」，即牟宗三先生在〈文殊問疾〉中說的「沉淪之途」，牟宗三先生以齊克果的人生三階段的「感性階段」作比擬，故名為「感性之沉淪」。這「感性之沉淪」造就了牟宗三先生對生命的「觀照」：

（1）「沉淪之途」是「虛無、怖慄之感」的反動。牟宗三先生先理解「感性之沉淪」的追求乃是在「生命的兩極化」的「虛無、怖慄之感」所產生之反動。鄭宗義老師曾用「實」之存在感的尋求來指出這種反動的目的，其說：「生命既不能安頓於抽象的普遍性中，因那是『虛』，則反墮於感性之沉淪中正是要尋回那分確『實』的存在感。這是生理的特殊零件要求交代要求款待的結果。」[21]換言之，在「個體破裂之苦」中感受到個體的無能為力，遂轉向尋求個體可得的具體感受。當然，這種反動所得到的具體感受僅是短暫的麻木存在感之追求而已。牟宗三先生描述其感性沉淪：

> 我的生命之兩極化僵滯了我特殊性一極之特殊零件。我一介一塵一毛一髮，似乎都已僵滯而不活轉，乾枯而不潤澤。因為向外傾注之定向的、抽象的思考拖著我的現實生命而把它呆滯了。心思愈向外傾注，現實生命愈向下頹墮，而且相應著那向上向外傾注之定向而亦在定向中呆滯。一旦反照回來，覺得特殊一極之無交代著處，一方固有虛無之感，一方亦墮著因虛無而對「存有」之渴求而忽然觸動了那呆滯的一介一塵一毛一髮個個零件之感覺。這個個零件好像有靈感似的，亟須求活轉求

---

21 鄭宗義：〈生命的虛無、沉淪、悲情與覺情——當代新儒家的存在體驗〉，頁144。

伸展以暢通其自己。於是，我落於感性之追逐。（頁138）[22]

（2）由「感性之沉淪」至「反省」、「觀照」和「修煉」。牟宗三先生對於「感性之沉淪」有其警覺與反省，他一方面清楚感性欲望的「強度量」之限制，他說：「一旦到鬆弛飽和，它會厭足，它會停止其獨立機械性的發作，而失其暴君性，而歸於聽命的地位。」（頁141）一方面也知道感性欲望只是對「生命」的一種消耗與磨損，他說：「這種泛關係的交引究不是一種養生的潤澤，不是一種真實呈現真實舒展之原理，而實是一種消耗與磨損。它自獨成一機栝，作了你的生命之暴君，很可以損之又損以至於桎梏。如是，呈現的過程即是桎梏的過程。」（頁141-142）在這番「反省」之下，牟宗三先生更從「感性之沉淪」的狀態中出現一種「觀照」，這「觀照」即是在「感性之沉淪」的境地中得到之「體悟」。牟宗三先生自述：「我在這只為著生存而掙扎的魔怨罪惡缺憾的大會萃處，體悟到業力的不可思議，體悟到不可彌補的缺憾，體悟到有不可克服的悲劇。我一直在恐怖哀憐的氣氛下靜靜地觀照著。」（頁141）在「感性之沉淪」中，從「反省」與「觀照」中既得到「體悟」，實在已是跳脫「感性之沉淪」的可能，牟宗三先生進一步認為這種「體悟」更是一種「修煉」，是讓「慧根覺情」得以發出之可能，他說：「我這哀憐死怖下靜靜地觀照實亦即是一種戰鬥，同時也是一種慧根覺情的萌芽。」（頁142）這種

---

22 關於牟宗三先生「感性之沉淪」的經歷，他曾毫不諱言地說過自己有過酒色自娛的日子，他說：「我在工作之餘，要鬆弛我的緊張的心力持，我總是喜歡獨自跑那荒村野店、茶肆酒肆、戲場鬧市、幽僻小巷。現在我的現實生命之陷於『沉淪之途』又恰是順著那原有的氣質而往這些地方落，以求物的接引，亦是馨香；是疲癃殘疾，顛連而無告，亦是奇形怪狀，誨淫以誨盜。那裡有暴風雨，有纏綿雨，龍蛇混雜，神魔交現。那裡沒有生活，只有悽慘的生存，為生存而掙扎，為生存而犧牲一切。」（頁140。）

「戰鬥」實即是從「感性之沉淪」中發展出「慧根覺情」的「修煉」，意即為超越「感性之沉淪」之可能掙扎。

牟宗三先從第二步的「感性之沉淪」中得著「反省」、「觀照」和「修煉」之體悟，實是已接近於走出沉淪之途，甚至步向體證「生命之復歸於其自己」的可能解答。

3 第三步的感受即「悟悲情三昧即覺情三昧」

「悲情三昧」乃牟宗三先生借佛語 samādhi 來說的，此中的「三昧」意即將心定於一處（或一境）的安定狀態[23]，牟宗三先生用「悲情三昧」來形容那處於「個體性破裂之苦」與「感性之沉淪」的狀態，在這一狀態中，牟宗三先生更從思辨、感受與經歷來論析其中的悟出覺情三昧之可能。

（1）從思辨中見「悲情三昧」悟「覺情三昧」是可能的。「悲情三昧」究竟是一個怎樣的狀態？依牟宗三先生的說法：「這是『無可奈何三昧』、『悲思三昧』、『悲感三昧』、『悲覺寂照三昧』。總之是『悲情三昧』。在這三昧中，你可以甦醒你自己，安息你自己。」（頁152）然而，在這一狀況中仍然具有悟「覺情三昧」的可能，此「覺情」即是「心覺」、「心靈慧覺」、「慧根覺情」，意即真情實感地認識（「徹悟」）生命內在的真實普遍性（「良知本體」、「天命之性」）。牟宗三先生自言：

> 真正虛無之感來臨時，甚至良知、天命之性，亦成不相干的。何況上帝？因此，這函著的對於有之要求真成無著處的絕境。內外全空，所以怖慄，但是不要緊。你就讓其「內外全空而痛

---

23 鄭宗義：〈生命的虛無、沉淪、悲情與覺情──當代新儒家的存在體驗〉，頁143。

苦怖慄」之感無縈絆地浮現著，你就讓他惶惑無著吧！你就讓他含淚深嘆吧！一無所有，只有此苦，只有此怖，只有此嘆。此之謂苦、怖、嘆之解放，亦得曰苦怖嘆三昧。你讓這苦怖嘆浮現著蕩漾著，你在這裡，可以慢慢滋生一種「悲情」：無所悲而自悲的悲情。此時一無所有，只有此悲，此謂悲情三昧。這悲情三昧之浮現也還是消極的，但仍表示一種內心之戰鬥：這函著對於我這可悲的情境之否定之要求。我如何能消除這可悲的情境？這悲情三昧是可貴的。它就是消除這情境的根芽。由這悲情三昧，你將慢慢轉生那滿腔子是悱惻惻隱的慧根覺情。到此方真是積極的，你所要求的「真有」即在這裡。這是你的真主體，也是你的真生命。由苦怖嘆之解放而成為「苦怖嘆三昧」必然函著「悲情三昧」，由悲情三昧必然函著「覺情三昧」，這本是一體三相。（頁174-175）

從「苦怖嘆三昧」而能孕出「悲情三昧」，「悲情三昧」的「能覺其悲」而透顯出悟「覺情三昧」的可能。鄭宗義老師曾點明其中的關鍵處：「既能於感性的沉淪中還有所觀照，是則生命已透露出一絲脫困的消息。但真要徹底化掉那虛無感，便得進而悟到悲情三昧即覺情三昧。此即在個體的破裂中掙扎，感受那欲求轉化生命而未轉之苦，你會忽然體悟你『所』以悲，正是因為你『能覺』其悲。倘若你無知無覺，就算沉淪墮落，外人都在悲憐你，你自己又何悲之有何苦之有？逆所顯能，你便明白悲情三昧的最深刻處，正在於它同時即是悲憐之覺，同時即是起死回生的救贖的發端處。」[24] 其實，牟宗三先生已說明過相類的話：「惟覺痛苦方是病。若不覺痛苦，則亦不知其為

---

24 鄭宗義：〈生命的虛無、沉淪、悲情與覺情——當代新儒家的存在體驗〉，頁146。

病。此覺是『存在的』痛苦、虛無、怖慄之感受。」（頁133）正在於有此「覺」才有此「悟」的可能，這可以說是一種辯證式的思考方式。

（2）從體證見「悟悲情三昧即覺情三昧」的可能。牟宗三先生對於「覺情」的理解，不單止於理智上，還及於其親身的「體證」。牟宗三先生自言其體悟「悲情三昧」即「覺情三昧」的經歷：

> 我讓我的心思、生命，乃至生命中的一塵一介一毛一髮，徹底暴露，徹底翻騰，徹底虛無，而浮露清澄出這「悲情三昧」。一夕，我住在旅店裡，半夜三更，忽梵音起自鄰舍。那樣的寂靜，那樣的抑揚低徊，那樣的低徊而搖蕩，直將遍宇宙徹裡徹外最深最深的抑鬱哀怨一起搖拽而出，全宇宙的形形色色一切表面「自持其有」的存在，全渾化而為低徊哀嘆無端無著是以無言之大悲。這勾引起我全幅的悲情三昧。此時只有這聲音。遍宇宙是否有哀怨有抑鬱藏於其中，這無人能知。但這聲音卻搖蕩出全幅的哀怨。也許就是這抑揚低徊，低徊搖蕩的聲音本身哀怨化了這宇宙。不是深藏定向的哀怨，乃是在低徊搖蕩中徹裡徹外，無裡無外，全渾化而為一個哀怨。此即為「悲情三昧」。這悲情三昧的梵音將一切吵鬧寂靜下來，將一切騷動平靜下來，將一切存在渾化而為無有，只有這聲音，這哀怨。也不管它是件佛事的梵音，或是寄雅興者所奏的梵音，或是由其他什麼出的梵音，反正就是這聲音，這哀怨。我直定在這聲音、這哀怨中而直證「悲情三昧」。那一夜，我所體悟的，其深微哀憐是難以形容的。（頁152-153）

牟宗三先生這種經歷恰如許多宋明理學家的「悟道」體驗，牟宗三先生把這樣的「體證」告訴唐君毅先生，更得到唐君毅先生認同，

他說:「我曾函告君毅兄。君毅兄覆函謂:『弟亦實由此契入佛教心情。弟曾在此間又曾加一次水陸道場法會,乃專為超渡一切眾生而設者。其中為一切眾生,一切人間之英雄、帝王、才士、美人,及農工商諸界之平民、冤死橫死及老死者,一一遍致哀祭之心,而求其超渡,皆一一以梵音唱出,低徊慨嘆,愴涼無限,實足令人感動悲惻,勝讀佛經經論無數。』此言實異地同證,千聖同證。」(頁153)至此,牟宗三先生遂不單從個人的經歷中印證了「悟悲情三昧即覺情三昧」,更從其他人的經驗之認同下,體證出「悟悲情三昧即覺情三昧」的可能。

(3)「心覺」的限定性。然而,從思辨或體證出悟「心覺」、「心靈慧覺」、「慧根覺情」、「覺情」之可能,卻並不表示此「覺情」是一念而成的,「心覺」、「心靈慧覺」、「慧根覺情」、「覺情」等即只是表示人的「愛」之心能,是最初一步的覺情萌蘗。這一「心覺」仍然有其限定性,其限定性即「心覺」與「生命」的「不即不離」之關係,牟宗三先生直言:「心覺離不開生命,但生命助它,亦違它。」(頁143)

從消極地說。「心覺」的發出並沒有先天的保障,牟宗三先生指出:「然能否發出慧根覺情仍是沒有準的,這還仍是生命的事。原則上是能發的,因為人都有個『心』。然而『心』卻永是與生命為緣:生命能助它亦能違它。因此心能發慧根覺否是沒有先天保障的。這是心靈慧覺之『限定性』。這限定性是『形上地必然的』。」(頁142)這種消極性的悲憐是牟宗三先生的親身體證,其說:「它(按:心覺的限定性)形成人生不可克服的悲劇性,我一直在哀憐著恐怖著。」(頁142)面對著「心覺」呈現的消極的限定性,牟宗三先生提出了以人倫生活為憑藉來滿足於「主觀之潤」以對應於消極的限定性,他說:「有了『主觀之潤』之具體表現,良知本體才算真正個人地存在

地具體生根而落實，由此引生出客觀的表現，則亦是徹內外俱是良知之潤而為存在的，此方是真正的主客觀之統一⋯⋯然蘇醒良知本體以為『主觀之潤』之具體表現在個人踐履發展過程中，是需要人倫生活之憑藉的。⋯⋯人倫生活是維持『生命在自己』之生活之基礎形態，亦是良知本體之具體表現而為主觀之潤之最直接而生根之憑藉。」（頁136-137）換言之，從消極地看，「心覺」的發出是沒有必然性的，但從「主觀之潤」的倫理生活作憑藉，則「心覺」可能較容易地發出，故此，牟宗三先生說：「心覺之成全生命為存有，最基本的是倫理生活。」（頁145）

　　從積極而論。從生命的連綿性與感通性、歷史性與限制境況性來看，「心覺」的作用反而更能顯現出來。牟宗三先生指出：「生命要有具體的接觸以潤澤它自己，以呈現而實現自己，是以每一細胞不但受前際生命業力之熏發，亦受自然宇宙之具體物之熏發。是之謂生命之連續不斷、息息相關，亦即其連綿性與感通性。⋯⋯由於它的連綿性與感通性，旁的存在的東西雖熏發它，亦限制它，祖宗的生命助成它，亦限制它⋯⋯這是存在主義者所說的存在之歷史性與限制境況性。」（頁143）即在這樣的生命之限制下，更顯出「心覺」的作用，牟宗三先生說：「心覺要在這樣的生命底子中翻上來表現它的作用，以順適生命，條暢生命，潤澤而成全生命。然而它的作用是有限的。法力不可思議，也總是無限而有限。」（頁143-144）只是，「心覺」雖能貞定「生命」，從而成全為「存有的生命」，但它終歸是有限的、有憾的，這是從積極層面而說「心覺」之限定性。牟宗三先生說：「此心覺之彰其用而生命亦在『存有』中而順適。人是要在『存有』中始能得貞定。『存有』必通著心覺始可能。然即此心覺之成全生命為存有亦是有限的、有憾的，亦有不可克服之悲劇在。這是心覺翻上來後積極地說的心覺之限定性。」（頁145）積極層面說的「心覺」之

限定性,可說成是一種「命」,牟宗三先生說這種限定性正是聖賢之嘆,其說:「積極面的是聖賢境界,是心之慧根覺情之呈用,成就種種之存有。然而即使如此,真正仲尼,臨終亦不免一嘆。這嘆是聖賢境界中的嘆。」(頁150)。鄭宗義老師解釋這種說法:「慧根覺情的體證,是生命之復歸於其自己,是生命中本有的內在的真實普遍性的呈現,是生命救贖所以可能的根據,然不是覺悟後即一了百了。此蓋慧根覺情只能賦予你生命奮鬥一定向;有了此定向,則生命的方方面面頓時充盈意義,所謂一起登法界。不過,定向與意義固是求之在我,其能否於生命中成就卻是求之在外。用儒學的話說,即有命在焉;用佛家的話說,即有不可思議的業力。」[25]其實,這一說法亦可從「陽明後學」中的「悟後之修」來看,如王塘南曾言:「若謂悟後無修,則必非真悟,總屬虛見。」[26]「悟」與「修」之間其實是一個無盡的歷程。如此來說,即使從積極層面而論「心覺」的限定性,人仍然是具有不可克服的悲劇性,然而,牟宗三先生卻堅信「生命業力不可思議,而心覺法力亦不可思議,總可朗潤生命而順適之,此則原則上悲劇總可克服。」(頁149)甚至提出了其十六字真言:「悲心常潤」、「法輪常轉」、「罪惡常現」、「悲劇常存」,並以三教(儒、佛、耶)對於「心覺」與「生命」之悲劇性作為普遍的見解之言,故此,牟宗三先生其說:

> 若就現實過程而言,則眾生根器不一(此還是生命限定事),其心覺透露有種種次第,在過程中,固事實上有不可克服之悲劇。此佛氏有闡提之說,儒者有知命之教,而耶教亦有「人不

---

[25] 鄭宗義:〈生命的虛無、沉淪、悲情與覺情——當代新儒家的存在體驗〉,頁148-149。
[26] 王塘南:〈潛思札記〉,《王時槐集》(上海:上海古籍出版社,2015年),頁520-521。

能自除其惡」之義也。（耶教原罪說，人不能自除其惡，然神恩以除罪，則神即表宇宙心覺，而於究竟了義，罪惡終可克服。）此皆甚深之智慧，亦有無言之大悲。蓋實現過程中，有不可克服之悲劇，此人之大可悲憐也。然悲憐之心即已涵蓋於生命之上而照察以潤之矣。不可克服之悲劇永是在過程中，亦永是在悲心之觀照中（永在神心之觀照中），觀照之即化除之。在永恆的觀照中，即永恆地化除之。生命總在心潤中，亦總限定心之潤，因此亦總有溢出之生命之事而為心潤所不及。（頁149-150）

至此，牟宗三先生對於「生命之歸復其自己」所作「存在體驗」式的解答，即為「心覺」（亦即「心靈慧覺」、「慧根覺情」、「覺情」等），而此「心覺」的醒悟並非單從認知的了解，乃在於通過自身的經歷中來印證的，此種「存在體驗」可說成是主體的醒覺。而即便是能醒悟出「心覺」，則仍然是受「生命」的限制，「心覺」實是為「生命」提出了一個「定向」。另一方面，在〈文殊問疾〉這一章內，牟宗三先生雖然有從哲學思辨來敘述「虛無、怖慄之感」，但最重要的是從其自身的「存在體驗」來指點出「生命之歸復其自己」的可能答案，牟宗三先生直言：「我今之說此，是在『存在的感受』中而徹至的，我確然領悟到前人所說的『知解邊事』之不濟事，之不相應，之屬於外在的，『非存在的』智巧之理論，觀念之播弄，是隔著好幾重的。」（頁155）對於這種以「存在體驗」的進路作解答，吳紹熙先生以「親身存在運動」來形容：「這一章（按：即〈文殊問疾〉）所說的整個轉進歷程本身及所達成的『自身理解』（self-understanding）及『自身認取』（self-recognition）既非一種『知識的整理與推測』，亦非『概念上的分析及邏輯推證』，卻又不是什麼無理路可循的『神秘

體驗」,也不只是各個體間彼此分歧、相對、因而沒有任何普遍性及絕對意義的『意見』。我們看到的,乃是一種生命通過其體驗(包括情感體驗)往自身的回歸及發現(self-returning and self-discovery),而這是一種有跡可循的親身存在運動(an existential movement of our being)。」[27]本文認為,這一從「存在體驗」歷程之說法正好代表著牟宗三先生在〈文殊問疾〉中所採取的論析方式之殊異性。

四 從「慧根覺情」的體悟而至「歸宗儒學」

牟宗三先生對於「生命之歸復其自己」所作「存在體驗」式的解答,即:「慧根覺情」。然而,本在此「慧根覺情」之下,牟宗三先生又從怎樣的哲學思辨,或本於何種理由,而「歸宗儒學」呢?牟宗三先生說:「而直相對應此最初一步(慧根覺情)如如不著一點意思而展現的是儒,著了意由教論以限定那覺情而成為有定向意義之『悲』的是佛,順習而推出那覺情以自上帝處說『普遍之愛』的是耶。在這不能相應如如上,佛是『證如不證悲』,悲如判為二;耶是『證所不證說』,泯『能』而彰『所』。」(頁154)簡單來看,牟宗三先生的「歸宗儒家」就在於其判定儒學才是唯一能如如相應於慧根覺情。然而,牟宗三先生以怎樣的判準來認定儒家才是唯一能相應於「慧根覺情」呢?對其他的宗教或思想又是否完全沒有相應於「慧根覺情」的可能嗎?這兩個問題可以從三個步驟來作解答:一、「慧根覺情」的特性;二、對佛、耶的判定;三、對儒家思想的肯認。[28]

---

[27] 吳紹熙:《牟宗三論「生命」、「智慧」與「生命的學問」——從《五十自述》看牟宗三思想中的存在向度》,頁119。

[28] 鄭宗義老師曾指出:「牟先生是當代新儒家,歸宗儒家,人以絕對主義者目之似自然不過。但仔細檢讀他的文字,就知他思想中的多元主義傾向是由來已久,甚至可

（一）「慧根覺情」乃是不落於任何教相的共法

從內容看「慧根覺情」，是亦慈亦悲亦仁亦愛；從形式看「慧根覺情」，即無即有即存有即活動即能即所。以下試分別言之。

從內容而說「慧根覺情」，牟宗三先生解說為：「這原是我們的『清淨本心』，也就是本心的『慧根覺情』。慧根言其徹視無間，通體透明；覺情言其悱惻傷痛，亦慈亦悲，亦仁亦愛。慧根朗現其覺情，覺情徹潤其慧根。」（頁153）「慧根」即「本心」所具不落於任何一面的性質；「覺情」即「本心」所可發動為慈、悲、仁、愛等的能量。從這一面向來看，「慧根覺情」即是「本心」之「最初」一步。牟宗三先生說：「惻隱、悱惻、惻怛，皆內在於覺情之性而言之。『仁』者通之外而言其所蘊之理與表現之相。『慈』者外向而欲其樂，『悲』者外向而憐其苦。『愛』者（耶教普遍的愛）慧根覺情所發的『普遍的光熱』。這『慧根覺情』即是『最初』一步，更不必向父母未生前求本來面目。這慧根覺情即是本來面目，找向父母未生前，實是耍聰明的巧話，轉說轉遠。在這慧根覺情中消化一切，成就一切，一切從此覺情流（不要說法界），一切還歸此覺情。你在這『最初』一步，你不能截然劃定界限，說這一面是佛之悲，那一面是孔之仁，復這一面是耶之愛。你推向這最初一步，你可以消化儒、耶、佛之分判與爭論。」（頁154）換言之，依「存在的感受」所至的「慧根覺情」之呈現，其所表現的正是主體醒覺的最初一步。

從形式而說，所謂「慧根覺情」具有特別的形式特性（或邏輯結

以說是貫徹始終的。」（鄭宗義：〈徘徊在絕對與多元之間──論牟宗三先生的「判教」〉，收錄於《哲學、儒學與現代世界》〔河北：石家莊出版社，2010年〕，頁285）換言之，牟宗三先生雖然是「新儒家」，然其對其他宗教的「判教」卻是一徘徊於絕對主義與多元主義之間的傾向，其「判教」的本懷更是非從一種護教的心態，乃是緣於諸教的「共法」而「並列地辨其同異」。

構），牟宗三先生指出「慧根覺情」是：

一、即是「無」同時即是「有」：「無」是言這裡著不上任何法（限定概念），消融任何法，一切從此覺情流，一切還歸此覺情。……這樣的「慧根覺情」就是「無」，而這『無』就是「無限的有」，故亦可說即是「有」（存有或實有）。

二、這「有」同時亦是「存有」，同時亦是「活動」。故此「存有」貫著「成為」：它消融一切，亦成就一切。它使一切執著消融渾化而為覺情之朗潤，它亦成就（非執著）一切事而使之為一「有」，使一切「存在」不只是「事」之「存在」，而且是為「天心仁體」一理之所貫而為依「理」之「存有」。……

三、這慧根覺情之為無限的有，同時是悲，同時亦是如，此為「覺情」之為「有」，「存有」之為「如」。……

四、這慧根覺情之為無限的有，同時是「能」，同時亦是「所」。個個有情，歸根復命，各歸自己證其天心仁體，朗現這慧根覺情，此是「能」，而天心仁體、慧根覺情潤遍萬物，使之成為「有」，此是「所」。「能」是「萬法歸一」，真主體性之所由立，「所」是散成萬有，真客觀性之所由立。（頁155-156）

鄭宗義老師曾解讀這段話為：「覺情之『無』，即不能以任何特殊的宗教概念來限定它，但它本身不是虛無，而是『有』。其存有性即其能『動』性，即活動即存有。『能』悲憫是『所』以悲憫的根據，

故能即所、所即能,能所一體,是謂人生存在之『如』如實相。」²⁹換言之,從「慧根覺情」在形式上不為任何概念所限定來說其為「無」,然而,從「慧根覺情」的能動性說其為「存有」,遂更成就一切的「存在」為依「理」之「存有」。如是,對於一切事的「悲」(悲憐)與「如」(如實)是同一的根據的;如是,「能」悲憐是「所」以悲憐的根據,而「所」得悲憐又復證「能」悲憐,「能」與「所」得成實相一體。此即「慧根覺情」的邏輯結構,牟宗三先生對於佛、耶的判定也主要據此而定。

(二)牟宗三先生對佛、耶的判定

牟宗三先生對佛教判定為「證如不證悲,悲如判為二」,而耶教(基督教)則和「證所不證能,泯能而歸所」,其中的判準正在於「慧根覺情」的呈用狀態之邏輯結構。牟宗三先生說佛教為「證如不證悲,悲如判為二」。他說:

> 原始佛教所以「證如不證悲,悲如判為二」,本由於釋迦觀生老病死無常苦,遂認生命只是流轉,緣起幻化,根由無明,體性本空,遂認萬法無自性,以空為性,即以「明」證空,空即真如,即寂滅,即涅槃,「明」證「真如」,即得解脫。而「悲」成緣起法、對待法、權法、作用法。意向在證「如」,以「所」之「空無」為宗極,不即就悲而證悲,證「悲情三昧」即為「無限的有」。故云「證如不證悲,悲如判為二」。不能至悲智為一,悲如為一,能所為一,消融一切,成就一切之仁教。(頁156)

---

²⁹ 鄭宗義:〈生命的虛無、沉淪、悲情與覺情——當代新儒家的存在體驗〉,頁147。

第八章　論牟宗三先生的「歸宗儒家」——從牟著《五十自述》來看 ❖ 261

　　牟宗三先生以為在原始佛教（釋迦）中從觀生老病死無常苦可引起了「存在的感受」或「存在的悲情」，只是其「存在的悲情」之定向卻只悲於無常、無明，遂引向緣起性空而證空性。原始佛教以「逆順觀十二因緣」的方式如實地照察自然生命的本相，從「無明」的根源與「苦」的結果，而「即證其本性是空」，此即牟宗三先生謂原始佛教的「證如」一面。

　　然而，原始佛教卻以觀法的轉變之方式面對「證如證空」，並沒有對其「悲情」自身作出反證。牟宗三先生肯認原始佛教（釋迦）具有「慧根覺情」（悲情）的「體悟」，其說：「智慧是『明』。如實照察自然生命是消極的明。如實照察訖，認定是無常，是苦，而即證其本是空，以證空得解脫，此證空是積極的『明』。故云：『菩薩思維，苦陰滅時，生智生眼生覺，生明生通，生慧生證。』此消極積極的明之生，由於對無常苦之『存在的真實感受』。此『存在的真實感受』是釋迦個體的真性情之透露，從泛化、客化、群化中歸於其自己而透露，此『個體的真性情』即其『悲情』。」（頁164-165）可是，原始佛教（釋迦）在面對此「慧根覺情」（悲情）卻只「欣趣緣起性空」，牟宗三先生說：「釋迦觀生老病死無常苦，實有存在的感受，實有存在悲情。但其悲情只悲無常、無明，此是悲情之定向，由此悲情之定向遂欣趣緣起性空，而證空性之如，以得解脫。此則心思由悲情之『能』而轉向空性之所。只是以空之所代有之所。其為捨能證所則一。此即著了一點意思。悲情本由定向而顯發。生命如其為生命本即是『非理性』，亦是可悲的。然能反證『心覺悲情』之自身，由其因定向而顯發，反而即證悲情之自身，則因定向而發，卻不為定向所限。」（頁156-157）換言之，原始佛教（釋迦）對「慧根覺情」（悲情）的著意而成定向於悲無常、無明，並未有反證「慧根覺情」（悲情），此即牟宗三先生謂原始佛教的「不證悲」一面。從「慧根覺

情」的邏輯結構來說，就在於原始佛教（釋迦）「心思由悲情之『能』而轉向空性之所。只是以空之所代有之所」，未能正視「慧根覺情」的「能即所、所即能，能所一體」的形式義。

牟宗三先生說耶教為「證所不證能，泯能而歸所」。牟宗三先生以為基督教（耶穌）確然具有「慧根覺情」，然其因順習外推的歷史文化背景，把「慧根覺情」的根源歸攝於「外在的上帝」。牟宗三先生說：

> 耶穌順其歷史文化的傳統將其「全幅是慧根覺情」的生命推出去自上帝處說「普遍的愛」。此是順習決定，以權為實。……他的生命無任何分殊與散布，他只內歛於這燃燒著的慧根覺情之自身，他只以「證這慧根覺情之自身」為目的。但是，他在燃燒不能自安的生命中證這「慧根覺情之自身」。他在這樣的生命中證，他的心靈是眩惑的，是混沌的，是迷離的。……他的全幅是慧根覺情的生命只弄成是「在其自己」，而不是「對其自己」。他把這慧根覺情推出去了，那傳統的「外在的上帝」正好是這慧根覺情的歸宿地。那外在的上帝是這慧根覺情燃燒著的生命來證他自己之外在化而為上帝，他把在他自己處呈現的慧根覺情推到上帝身上而為「所」。此即所謂「證所不證能，泯能而歸所」。（頁170-171）

換言之，耶穌從自身的慧根覺情的感受認定為由外在的因素（上帝）而致，從而體證慧根覺情的所以然之處，但是，這是忽略慧根覺情的自身之自覺（證）可能，牟宗三先生即以「在其自己」與「對其自己」作為區分，所謂「在其自己」即是其慧根覺情僅算是以自己的生命作為呈現之處所；所謂「對其自己」則是其慧根覺情乃是從自己

生命的自覺作為呈現之覺能,而「對其自己」才能實現慧根覺情在自身生命中的「內在而真實的普遍性」,這正是牟宗三先生所言耶穌「證所不證能」的理由。甚至乎,牟宗三先生認為耶穌不僅「證所不證能」,更是「泯能而歸所」。牟宗三先生指出從上帝處來說也可以證出其慧根覺情的形式義乃為主為能、主客為一、能所為一,只是,耶穌的「順習外推」終把證其慧根覺情的自身可能性全數泯滅,而由「外在的上帝」所全盤接收,此即「泯能而歸所」。牟宗三先生說:「就上帝言(即在上帝處說),上帝由他的全幅是慧根覺情的……這宗教型態也是順習決定,不是天理決定。」(頁171)質言之,耶穌從自身的慧根覺根的感受認定為由外在的因素(上帝)而致,從而體證慧根覺情的所以然之處,但是,這是忽略慧根覺情的自身之自覺(證)可能,牟宗三先生即以「在其自己」與「對其自己」作為區分,「在其自己」即是其慧根覺情僅算是以自己的生命作為呈現之處所;所謂「對其自己」則是其慧根覺情乃是從自己生命的自覺作為呈現之覺能。這正是牟宗三先生所言耶穌「證所不證能」的理由,也即是從其「順習決定」。

(三)牟宗三先生對儒家的肯認與確信之根據

究竟牟宗三先生對「儒家」或「慧根覺情」是依甚麼的理解而「歸宗儒家」呢?對於牟宗三先生判定儒學才是唯一相應於「慧根覺情」的說法。鄭宗義老師有如下的解讀:「(1)人當從悲情三昧中體悟慧根覺情。(2)覺情萌蘗那最初一步是亦慈亦悲亦仁亦愛,亦是通乎一切宗教的共法。(3)然而只有儒家的義理是完全相應於此最初一步的體證,亦即能肯認主體覺醒的重要意義。相反,佛耶都不能充分

承認此主體義。(4)故若以權實言,儒是實,佛耶是權。」[30]換言之,儒學傳統之思考的要點在於對主體覺醒的重視,而依牟宗三先生對於「生命之歸復其自己」所作「存在體驗」式的解答來說,此種「存在體驗」可說成是主體的醒覺,如是,牟宗三先生即是通過自身的經歷中來印證「慧根覺情」乃與儒學傳統的主體醒覺相配合,從而「歸宗儒家」。

然而,究竟儒學傳統是否肯認主體覺醒的重要呢?依牟宗三先生的詮釋,儒學傳統的思想固然是著重於主體的覺醒,其言曰:

> 孔子的重點是講仁,重視講仁就是開主體,道德意識強就要重視主體。……用現在的話說就是道德的自覺。道德的自覺心當然是主體,你講道德意識怎麼可以不講主體呢?就是因為道德意識強,所以主體才會首先透露出來。……儒家主要的就是主體,客體是通過主體而收攝進來的,主體透射到客體而且攝客歸主。所以儒家即使是講形而上學,它也是基於道德。儒家經典中代表主體的觀念比如孔子講仁,仁就是代表主體。仁也可以說是「理」、是「道」。[31]

---

[30] 鄭宗義:〈生命的虛無、沉淪、悲情與覺情——當代新儒家的存在體驗〉,頁152。鄭宗義老師該文所著重的是「慧根覺情」作為會通宗教的「存在體驗」的共法討論,即作為不同體系的皆具本作為最初一步的「覺情萌蘗」,此正是扭轉以「絕對主義」的判教模型而論說牟宗三先生對於佛、耶的分判,而以「多元主義」的判教模型來閱讀、詮釋和發揮牟宗三先生判教工作的詮釋進路。本文的重點在於論說牟宗三先生「歸宗儒家」的「哲學思辨」與「存在體驗」,主要目的不在於從「多元主義」的判教模型詮釋牟宗三先生的判教工作,而是揭櫫牟宗三先生乃從其亦情亦理亦主亦客的「存在體驗」而「歸宗儒家」,此種經驗乃引導性地使他以「生命的學問」來作為詮釋古代中國哲學之進路的考察,與鄭宗義老師該文的要旨有別。

[31] 牟宗三:《中國哲學十九講》,《牟宗三先生全集》第二十九冊(臺北:聯經出版事業公司,2003年),頁77-79。牟宗三先生認為儒學傳統思想的主要特徵乃是主體的

即是說，從牟宗三先生的理解中，儒家傳統的思想即是以主體的覺醒為主要特徵，此主體的覺醒與牟宗三先生自身的「存在體驗」（「慧根覺情」）是相互配合的，是以按牟宗三先生的說法，他的「歸宗儒家」可謂「天理決定」。當然，依於《五十自述》的分析，牟宗三先生的「歸宗儒家」似乎仍然是以對於儒、釋、耶三分之哲學分析來歸屬，究竟牟宗三先生自身的「存在體驗」如何致使其「歸宗儒家」呢？牟宗三先生在《五十自述》中提及以人倫生活為憑藉來滿足於「主觀之潤」，並作為面對著「心覺」呈現的消極的限定性所能，究竟牟宗三先生有何憑藉來滿足於「主觀之潤」呢？在《五十自述》中，牟宗三先生並未有提及，不過，從牟宗三先生的生平事蹟來看，牟宗三先生於一九五六年冬始撰《五十自述》，次年完稿，是年牟宗三先生四十九歲，然牟宗三先生於一九五八年秋與趙惠元女士締婚，在一九五九年十月更誕下三公子元一，此等人倫生活正好是讓牟宗三先生作為憑藉以滿足於「主觀之潤」，更能直接與牟宗三先生自身的「存在體驗」配合，如此看來，牟宗三先生的「歸宗儒家」實是既從於客觀的哲學分析，又是依於主觀的「存在體驗」。

覺醒之說法，還有其他的論述：
1. 「然而則儒家的重點落在哪裡？曰：它是落在人『如何』體現天道上。……一般人常說基督教以神為本，儒家以人為本，這是不中肯的。儒家並不是以現實有限的人為本，而隔絕了天。他是從如何通過人的覺悟而體現天道。人通過覺悟而體現天道，是盡人之性。因人以創造性本身做為於體，故盡性就可知天。」（牟宗三：《中國哲學的特質》，《牟宗三先生全集》第二十八冊〔臺北：聯經出版事業公司，2003年〕，頁104-105。）
2. 「儒家的學問原來講的是『內聖外王』，宋明儒則特重『內聖』這一面，亦即強調道德意識，講求道德意識、自我意識的自我體現。『內聖』是個老名詞，用現代的話說，即是內在於每一個人都要通過道德的實踐做聖賢的工夫。」（牟宗三：《時代與感受》，《牟宗三先生全集》第二十三冊〔臺北：聯經出版事業公司，2003年〕，頁333。）

綜合而言，依《五十自述》中的哲學思辨與存在體驗之分析，牟宗三先生「歸宗儒家」乃是經過「千死百難」之下才能作出「證悟」式的皈依。從生命的歷程（生命力的強度從盛而衰的過程）而說，牟宗三先生指出「生命之在其自己—生命之離其自己—生命之歸復其自己」的敘述架構來展示其「存在體驗」（或「實感」），在這一敘述架構中又展現出牟宗三先生在《五十自述》具有「轉化自我」與「實踐指點」的雙向關係的著作，即以「默觀生命處境，照察存在危機，以尋求自我救贖」作為「轉化自我」的實踐工夫；以個人的「實感」並「證苦證悲」地透示出「存在體驗」的作為可普遍化的「實踐指點」。其中，牟宗三先生即以〈文殊問疾〉一章以「存在的踐履」來為「生命之歸復其自己」作出的可能解答，這可能的解答既是哲學思辨的，也是存在體驗的，在哲學思辨來說是子貢的「心倦」、齊克果的「病至於死」和「文殊問疾」的「無盡深淵」；在存在體驗來說是「個體性破裂之苦」、「感性之沉淪」和「悟悲情三昧即覺情三昧」的歷程。透過此「存在踐履」的解答，牟宗三先生「證悟」出「慧根覺情」乃「本心」的最初一步，特別具有主體覺醒的特徵，對應於儒家傳統思想以主體的覺醒之特徵，此即是牟宗三先生「歸宗儒學」的依據，此依據既具有主觀的「存在體驗」，又有客觀的「哲學思辨」。

五　結論：牟宗三先生「歸宗儒家」的哲學意涵：生命的學問

牟宗三先生明言自己約四十至五十歲期間「歸宗於儒家，重開生命之學問」，究竟他的「歸宗儒家」與「重開生命之學問」有何關係呢？他所說「重開」的實義是甚麼呢？牟宗三先生屢屢說明中國哲學的特質乃是「生命的學問」，其言：「中國哲學，從它那個通孔所發展

出來的主要課題是生命，就是我們所說的生命的學問。它是以生命為它的對象，主要的用心在於如何來調節我們的生命，來運轉我們的生命、安頓我們的生命。」[32]依此，從「生命的學問」作為其詮釋中國哲學的方向而論，牟宗三先生的「歸宗儒家」與他以「生命的學問」詮釋中國哲學理應有莫大的關係，這種關係甚至可以形容為：由牟宗三先生「歸宗儒家」的「存在體驗」所得的真情實感來貫通於傳統的中國哲學之特質。由此，可以發現牟宗三先生的「中國哲學觀」及其詮釋中國哲學的「方法論」，都是與從其「歸宗儒家」的「存在體驗」而來。

首先，「生命的學問」不單止是牟宗三先生對中國哲學特質的描述，更是牟宗三先生對「哲學」觀念的重新建構。牟宗三先生指出：

> （按：中國哲學）沒有西方式的以知識為中心，以理智遊戲為一特徵的獨立哲學，也沒有西方式以神為中心的啟示宗教。它是以「生命」為中心，由此展開他們的教訓、智慧、學問與修行。這是獨立的一套，很難吞沒消解於西方式的獨立哲學中，亦很難吞沒消解於西方式的獨立宗教中。但是它有一種智慧，它可以消融西方式的宗教而不見其有礙，它亦可以消融西方式的哲學而不見其有礙。西方哲學固是起自對知識與自然之解釋與反省，但解釋與反省的活動豈必限於一定形態與題材耶？哲學豈必為某一形態與題材所獨佔耶？能活動於知識與自然，豈必不可活動於「生命」？[33]

---

32 牟宗三：《中國哲學十九講》，頁16。
33 牟宗三：《中國哲學的特質》，頁6。

牟宗三先生的「中國哲學」觀念乃是他重新對「哲學」的概念分析而來,在他來說,「哲學」思考的對象是「人性的活動所及」,而「哲學」思考的方式則是「以理智及觀念加以反省說明」。牟宗三先生說:「中國有沒有哲學?這問題甚易澄清。什麼是哲學?凡是對人性的活動所及,以理智及觀念加以反省說明的,便是哲學。」[34]以「理智」、「觀念」和「反省」來說「哲學」,「哲學」便更具有普遍性,甚至讓任何一個「文化體系」皆有「哲學」。西方當然地有「哲學」,而中國也固然地有「哲學」。牟宗三先生又說:「任何一個文化體系,都有它的哲學。否則,它便不成其為文化體系。因此,如果承認中國的文化體系,自然也承認了中國的哲學。問題是在東西哲學具有不同的方向和形態。」[35]牟宗三先生認為理應有「中國哲學」,則「中國哲學」的具體內容是甚麼呢?牟宗三先生即認為「中國哲學」是「生命的學問」,其學問的形態固在於思辨與實踐並重,而當中的要義更在於對真實生命的體悟與印證,從而對學問有出「存在的、真實感的呼應」,其言曰:「中國文化的核心是生命的學問。由真實生命之覺醒,向外開出建立事業與追求知識之理想,向內滲透此等理想之真實本源,以使理想真成其為理想,此是生命的學問之全體大用。」[36]依此而言,牟宗三先生的「哲學」觀(尤其是「中國哲學」觀)以「生命的學問」來指稱,自有其從「存在體驗」來「歸宗儒家」的關係。

其次,從「生命的學問」言中國哲學詮釋的方法論來說,牟宗三先生強調從「知識」與「思辨」僅能算是客觀的了解,實未能達致「理性的了解」,「理性的了解」實需要具有「存在的呼應」。其言曰:

---

[34] 牟宗三:《中國哲學的特質》,頁3。
[35] 牟宗三:《中國哲學的特質》,頁3-4。
[36] 牟宗三:《生命的學問》,頁3。

> 意義釐清而確定之,曰知性之了解。會而通之,得其系統之原委,曰理性之了解。……理性之了解亦非只客觀了解而已,要能融納於生命中方為真實,且亦須有相應之生命為其基點,否則未有能通解古人之語意而得其原委者也。[37]

依此來說,牟宗三先生在五十歲以後,著述的多部相關於中國哲學之作(如《才性與玄理》、《佛性與般若》、《心體與性體》、《從陸象山到劉蕺山》等),其所依據的詮釋方法,實與其自身的「存在體驗」有關,此即牟宗三先生一再強調對「中國哲學」的了解乃關乎於「存在的呼應」,其言曰:「現代人對從前的學問沒有存在的呼應,再加上一些污七八糟的新觀念,就更不易了解。了解與否的關鍵就在於是否有存在的呼應、有真實感。」[38]

總的來說,本文從《五十自述》來重構牟宗三先生「歸宗儒家」的理由,發現其「歸宗儒學」乃有哲學思辨與存在體驗的成分,從而證悟「慧根覺情」乃與儒家傳統「主體的覺醒」之思想互相符合,由此「歸宗儒家」更是促成了牟宗三先生獨特的哲學觀(尤其是中國哲學觀與哲學方法論),也可以理解牟宗三先生所言「生命的學問」乃中國哲學的主要課題之實義。然而,從另一個角度來看牟宗三先生所著的《五十自述》,則更能夠發現牟宗三先生被尊稱「一代儒哲」,並

---

[37] 牟宗三:《心體與性體》(第一冊),《牟宗三先生全集》第五冊,〈序〉(臺北:聯經出版事業公司,2003年),頁5-6。

[38] 牟宗三:《中國哲學十九講》,頁224。另外,或許有人會質疑牟宗三先生強調「存在的呼應」或主觀的生命相應在詮釋方法上有「合法性」之問題,然而,從現代的詮釋學角度來看,牟宗三先生的詮釋方法論實與伽達瑪(H. G. Gadamer)的哲學詮釋學實有許多不謀而合之處,詳細討論見鄭宗義:〈知識、思辨與感觸——試從中國哲學研究論牟宗三先生的方法論觀點〉及〈論牟宗三的經典詮釋觀:以先秦道家為例〉,收錄於《哲學、儒學與現代世界》。

非單從其體大思微的哲學著作或立於儒學立場所作的「判教」而說，乃是其既具思考精微的「哲學思辨」，又有濃厚感觸的「存在體驗」所能達致，更依此標示出「生命的學問」的哲學觀。其實，比對於明代儒者的「入悟」、「見性」、「立言」、「入道」等環環相扣的思想理論建構，牟宗三先生所高舉的「生命的學問」也正顯出其理論根源乃一脈相承於儒家思想。[39]最後，謹借林月惠教授指出《五十自述》所別具意義的說法作結束，其言曰：「從某個意義上說，如牟先生的《五十自述》，就深具宗教性，感人至深。此書既是牟先生最內在的生命精神史，也反映民族文化生命的最深切悲痛與昇華。」[40]

---

39 林月惠老師曾借羅念菴（洪先，1504-1564）的說法提出：「工夫的進路（悟）、對本體的體驗（見性）、理論的建構（立言）、真理的開顯（入道），是環環相扣的環節，彼此相互影響，各家思想差異性與豐富性也由此彰顯出來。這樣的哲學探索態度，適用於陽明後學，也適用於宋明理學，乃至於中國哲學的研究。」（林月惠：《良知學的轉折：聶雙江與羅念菴思想之研究》〔臺北：臺大出版中心，2005年〕，頁721。）

40 林月惠：〈落葉歸根：我對牟宗三先生宗教心靈的默感〉，載於《思想》第十三期（臺北：聯經出版事業公司，2009年10月），頁156。

第九章
論牟宗三先生對「人格救國」的可能諍辯
——以趙紫宸的《耶穌傳》來說

> 耶穌是順其歷史文化的傳統將其「全幅是慧根覺情」的生命推出去自上帝處說「普遍的愛」。
>
> ——牟宗三：《五十自述》[1]

一 引論：從趙紫宸撰《耶穌傳》的寫作目的說起

趙紫宸（1888-1979）的《耶穌傳》是第一本由華人親撰的耶穌生平著作。[2]趙紫宸曾自言他著述《耶穌傳》的理由有四：

> 第一是我們中國人中，到如今還沒有人自出心裁，用獨到的眼光，脫西洋的窠臼，做過這件事，……第二是我感覺到我們中國人，尤其是耶穌的中國弟子之中，很少有人認識耶穌的。……

---

[1] 牟宗三：《五十自述》，《牟宗三先生全集》第三十二冊（臺北：聯經出版事業公司，2003年），頁170。

[2] 趙紫宸的《耶穌傳》於1935年2月完成，並於同年由上海青年協會書局出版，全書約十七萬字。趙紫宸在《耶穌傳》的〈導言〉說僅用了二十二天就一氣呵成全書。趙紫宸的《耶穌傳》是一本暢銷的著作，《耶穌傳》自1935年出版後，上海青年協會書局至少共再版發行五次，及後，香港輔僑出版社在1965年初版，基督教文藝出版社於1986年又再版發行。

第三是我願意對於中國的青年，尤其是中國的青年基督徒，做一點微小的貢獻。……第四是我自己對於耶穌的崇拜。我希望這句話不把人們嚇退了，以為我又是一個戴上顏色眼鏡看耶穌的，把神學教義等等東西將耶穌蒙住，向人家作道理的宣傳。……所希望的是把本色玻璃磨得準確些，戴上眼鏡子，不把耶穌看得太模糊了。我既崇拜耶穌，就當將他的按我所認識的告訴人。這是我作《耶穌傳》最重要的理由。[3]

前三項的理由是為了讓中國人，尤其是青年知識分子對耶穌生平有所認識，最後的理由則是趙紫宸總結個人對耶穌的理解，特別提出「本色玻璃」的意涵。究竟甚麼是「本色玻璃」呢？如何才能夠「準確些」呢？趙紫宸曾言撰述《耶穌傳》的方法有三：史實、想像與解釋。[4]所謂「史實」，趙紫宸認為《四福音書》是以傳教為目的，並非以史實的順序來記錄。如是，趙紫宸即從「第一是求教經學家，第二是自己下斷案」，嘗試從「揆情的、直覺的，觀察而論……組成一個有線索，有系統的傳記」。[5]所謂「想像」，趙紫宸認為在耶穌的言行傳記中，有不少難以解釋或沒有史實根據。如是，趙紫宸即「從心靈對於耶穌的了解，根基史實而組成的」耶穌言行傳記，並認為「想像不但是會造作，亦會使事實彼此斗榫合縫，成為渾然的一片」。[6]所謂「解釋」，趙紫宸認為是透過「史實」與「想像」才能夠把一些難以理解的事情作出具有意義的說明，他明言：「解釋是揆情度理，試下

---

[3] 趙紫宸：《耶穌傳》，《趙紫宸文集》第一卷（北京：商務印書館，2003年），頁455-456。

[4] 趙紫宸：《耶穌傳》，《趙紫宸文集》第一卷，頁456。

[5] 趙紫宸：《耶穌傳》，《趙紫宸文集》第一卷，頁458-459。

[6] 趙紫宸：《耶穌傳》，《趙紫宸文集》第一卷，頁465-466。

一說明,敘述一件事的緣故。」[7]然而,「揆情度理」的解釋仍然需要對耶穌(敘述對象)有「感悟」,此種「感悟」即是投入耶穌的生命而作出回應,趙紫宸說:「他感化我,使我在微弱中,用心的眼睛觀看他,用自己的生命,(就是他的生命的一小部分)去了解他,作他捨生救國,由此而救人群的解釋。」[8]換言之,趙紫宸以「本色玻璃磨得準確些」來撰述《耶穌傳》,即是透過史實的組織(知識)、想像的聯結(情感)及解釋的靈動(感悟),構成他個人獨特的「本色」的耶穌生平敘述,特別是以中國人(文化)的「想像」與「感悟」來解釋耶穌「捨生救國」、「救人群」的事蹟。在「本色」的理念之下,趙紫宸別出心裁地撰述《耶穌傳》,所強調的是耶穌「人而神」的特性,所高舉的是耶穌的人格精神,甚至在《耶穌傳》內對於神蹟奇事(如趕鬼)的內容也未有多說。綜觀趙紫宸撰述《耶穌傳》的目的,無非是向中國青年知識分子提供「本色」的耶穌生平論述。然而,對於趙紫宸的寫作目的仍可以稍作追問:為甚麼特別要向中國的青年知識分子提供「本色」的耶穌生平論述呢?從趙紫宸撰寫《耶穌傳》同時期的文章來看,不少話語也表明中國的青年人要學習耶穌的人格,從而改革中國文化並建設中國,此即「人格救國」的說法。[9]趙紫宸

---

[7] 趙紫宸:《耶穌傳》,《趙紫宸文集》第一卷,頁467。

[8] 趙紫宸:《耶穌傳》,《趙紫宸文集》第一卷,頁467。

[9] 關於「人格救國」的說法,謝扶雅指出是由余日章所提出,其說:「余日章在當年國內呼科學救國、實業救國、教育救國的聲中,獨標榜『人格救國』的口號,南北奔走講演,呼籲國人刷新政治道德,振作社會風氣。」(謝扶雅,《謝扶雅晚年基督教思想論集》〔香港:基督教文藝出版社,1986年〕,頁184。)趙紫宸也曾明言:「當我開始作此書時,發明耶穌的人格主義,即有一函寄於余博士,願將此書敬獻於他,因為他的事業,他所提倡的『人格救國』都是我所心服的。」(趙紫宸:《耶穌的人生哲學》,《趙紫宸文集》第一卷,頁186。)至於趙紫宸撰寫《耶穌傳》的目的,郭澤綿曾說:「一方面,趙先生以基督徒的確認,提倡和參與愛國優民的新社會新人類的建設。另方面則又從超越的層面杜撰《耶穌傳》來提高覺悟。換言

曾言：

> 中國基督徒乃覺悟基督教本真與中國文化的精神遺人有融會貫通打成一片的必要。基督教的宗教生活力以侵入中國文化之內而為其新血液新生命；中國文化精神遺傳可以將表顯宗教的方式貢獻於基督教。[10]
>
> 我們的中國需要耶穌，同胞又渴望耶穌，所以你要學耶穌。你要做中國的耶穌，你要行動工作在同胞中間像耶穌行動工作在他們中間一樣。[11]

不過，究竟趙紫宸撰述《耶穌傳》的目的（即「人格救國」）能否言之成理呢？又或能夠具有多少成效呢？現代學者們大都從歷史的開創性而作出肯定的評價，卻在學術的嚴謹性與歷史的詮釋性上認定《耶穌傳》並未能恰當地敘述「歷史的耶穌」之面貌，甚至指出「人格救國」與神學並無直接關係。然而，這些評論大抵站在基督宗教的立場而說，對於基督教思想與中國文化的融合或基督教的本色化上，或從歷史實況或從神學本位而認定兩者在趙紫宸的處理方式中並未能具成效。反過來說，站在非基督教背景或擁護中國文化的立場來看，究竟會如何評論趙紫宸的《耶穌傳》呢？

牟宗三（1909-1995）先生是「當代新儒家」的重要人物，他對於基督教曾有極為辛辣而具挑釁性的批判，其言：「吾人不反對基督

之，趙先生之《耶穌傳》中的『獨到的眼光』是嘗試從文化層面把歷史的耶穌扎實在中國的意識形態裡。」（郭澤綿：〈趙紫宸的《耶穌傳》〉，王曉朝編：《趙紫宸先生紀念文集》〔北京：宗教文化出版社，2005年〕，頁520。）

10 趙紫宸：〈基督教與中國文化〉，《趙紫宸文集》第三卷（北京：商務印書館，2007年），頁267。

11 趙紫宸：〈今日中國的青年還該學耶穌麼？〉，《趙紫宸文集》第三卷，頁526-528。

教,亦知信仰自由之可貴,吾人不希望一個真正的中國人,真正替中國做主的炎黃子孫相信基督教。」[12]又說:「基督教之為宗教決非已臻盡美盡善之境地。自其歷史而言之,中世紀之形態固有病,近代之形態尤有病。自其本質而言之,其形態亦非發展至盡美盡善者。此中根本關鍵,唯在其神學之未能如理建立。」[13]在牟宗三先生的眼中,無論教義或文化適應上,基督教似乎都不是中國人所當信仰的,與中國文化亦未具有融貫的地方。站於基督宗教立場的學者,對於牟宗三先生的論斷並不認同,尤其指出牟宗三先生的判斷對基督宗教教義有不相應的部分,[14]亦有對「宗教」本義理解的不全面部分。[15]然而,牟宗三先生對於基督宗教的批判真的只緣於他對基督宗教的教義及「宗教」觀念的不相應或不全面嗎?特別是牟宗三對基督宗教的批判除卻以教義來論說基督宗教的一面,更從文化認同來說「吾人不希望一個真正的中國人,真正替中國做主的炎黃子孫相信基督教」的一面,究

---

12 牟宗三:〈略論道統、學統、政統〉,《生命的學問》(臺北:三民書局,1991年),頁69。
13 牟宗三:〈人文主義與宗教〉,《生命的學問》,頁78。
14 賴品超說:「牟宗三提出的判教,在一定程度上可以說是一種對基督宗教對儒家的低抑的響應。牟宗三不僅力陳儒家也有其超越性,更進一步指出,此種超越性是一種內在超越,是優異(既優越也相異)於基督宗教的外在超越,因為基督宗教的人格神是只超越而不內在,比不上作為圓教的儒家所肯定的既超越又內在的無限智心。……由以上的討論可見,基督宗教所告白的三一上帝,是既超越又內在;若以基督宗教的上帝觀是純粹的外在地超越,恐怕是對基督宗教的莫大誤解。」(賴品超:〈超越者的內在性與內在者的超越性——牟宗三之耶儒分判〉,收入賴品超、林宏星:《儒耶對話與生態關懷》〔北京:宗教文化出版社,2006年〕,頁5-25。)
15 鄧紹光說:「依自起信是否宗教之本義?抑或這只是一特殊形態之規定?……基督宗教的確是依他起信,但這絕不是牟宗三意義底下的依他起信。在牟宗三的兩層存論底下,依他起信是情識之活動,並無真正的自覺可言。然而,基督宗教所講的依他起信,並不否定人主體的自覺」(鄧紹光:〈論牟宗三對基督宗教的判釋〉,《殺道事件:潘霍華倫理的神學對牟宗三道德的形上學的批判意涵》〔臺北:臺灣基督教文藝,2009年〕,頁38-49。)

竟牟宗三先生是以怎樣的思考或情感來說出這樣的話語呢？本文認為牟宗三先生對基督教的批評並不純粹以教義比較作立論，而是從對中國文化的理解及宗教感情的體認，作出既稱於理（理性分析）亦合於情（感情體認）的判別，[16]而這一判別相當程度上是回應趙紫宸等中國基督徒知識分子主張的「人格救國」思想。牟宗三先生直言：「我之相契耶穌之具體精神生活與智慧，進而了解父、子、靈三位一體之基督的教義。就我自己方面說，是由於宇宙悲感之顯露；就文字媒介說，則是趙紫宸的《耶穌傳》；就哲學方面說，則是黑格爾的解析。」[17]既然牟宗三先生對於耶穌生平事蹟的認識由趙紫宸《耶穌傳》而來，不難想像，牟宗三先生所言：「耶穌，這全幅是慧根覺情的燃燒著的生命，他是由燒毀俗世一切，向上昂揚著（依托上帝而向上昂揚），而展現其自己的。」[18]依據的資料在某程度就是趙紫宸的《耶穌傳》。本文進一步認為牟宗三先生對基督教的判釋，在某程度上是回應以趙紫宸為代表的「人格救國」思潮，[19]既指出中國文化具

---

16 牟宗三先生這種既稱於理（理性分析）亦合於情（感情體認）的判別，他在《五十自述》中已展示無遺，甚至依此判別佛、耶兩教，從而以自傳式的哲理分析自己「歸宗儒家」的體證。詳參韓曉華：〈從《五十自述》論牟宗三先生的「歸宗儒家」〉（上）（下），《鵝湖月刊》第490-491期，2016年4、5月號，頁25-39、33-40。
17 牟宗三：《五十自述》，頁107。
18 牟宗三：《五十自述》，頁173。
19 梁家麟說：「趙紫宸的救國主張，大抵仍停留在人格救國的格局裡。人格救國的觀念在民國初期，不僅流行於教會界，即一般的知識界亦廣泛歡迎，基督教且一度成為國人藉以救國的切望。」（梁家麟：〈從趙紫宸的《基督教哲學》看二十世紀初中國基督徒的信仰困擾〉，王曉朝編：《趙紫宸先生紀念文集》〔北京：宗教文化出版社，2005年〕，頁496。）另外，「人格救國」思想，可安置於二十世紀初的基督教救國主義的思潮，除「人格救國」外，還有「社會改革」、「革命救國」等模式。至於「人格救國」的思考模式，邢福增指出：「對人格救國論者而言，宗教與國家之間，顯然是一種『直通』的關係。因人格的重建，成為救國的精神文化基礎。無論是李日章或趙紫宸，皆確認社會乃由不同的『個體』所組成。因此，社會的救贖，應以個人救贖作前提，甚至本質是個人救贖的累積而已。」（邢福增：《基督教救國：徐

有「自救」的一面，亦分判基督教為「證所不能證，泯能而歸所」。[20]本文分作兩部分討論：一、從文學與神學析論趙紫宸《耶穌傳》的「人格救國」思想；二、透過《五十自述》的討論及相關時期的文字析論牟宗三先生對「人格救國」的可能回應。

二 論趙紫宸的《耶穌傳》中的「人格救國」思考

趙紫宸並沒有在《耶穌傳》中明言以「人格救國」的角度論述耶穌生平，卻仍有相關的言論展示出這種想法。他說：「他（按：耶穌）深得猶太文化的精髓，獨任以色列民族的使命；明知他的救國方法，與世齟齬，卻仍百折不回，堅持至死，猶太雖亡，心竟不亡；現在世界上最急需的勢力，依然是他所保全的那個猶太國的國魂。」[21]所謂「世界最急需的勢力」正是從「救國」的角度來考量耶穌的人格精神之重要性。依此，本文認為趙紫宸在《耶穌傳》的文學敘事與神學思想仍可以展示他的「人格救國」思想。

（一）《耶穌傳》的文學結構分析[22]

趙紫宸的《耶穌傳》在全書結構上似乎僅從人物傳記的順序描寫

謙、馮玉祥、張之江》〔香港：香港中文大學博士論文，1995年〕，頁276。）依此，「人格救國」的思考亦算是當時流行的論調。

20 牟宗三：《五十自述》，頁170。
21 趙紫宸：〈耶穌傳〉，《趙紫宸文集》第一卷，頁630。
22 本文對《耶穌傳》作出文學分析的目的是突顯趙紫宸撰述《耶穌傳》時的用心，尤其是透過文學結構分析，就能清晰發現趙紫宸以「天國運動」來展示「人格救國」的可能性。另外，趙紫宸的《耶穌傳》固然可以從多方面作文學分析，以其他的文學手法來分析《耶穌傳》，則可以參考潘國華：《趙紫宸《耶穌傳》之研究》，臺北：中原大學宗教研究所碩士論文，2012年。本文對《耶穌傳》的文學分析亦多參考潘國華的論文，特此注明。

耶穌的一生，以天國的事業為中心，把整個傳記的敘述分成四個部分：一、背景介紹，第一次覺悟，天國事業的開始（第一至三章）；二、天國事業的上升，衝突與挫敗（第四至八章）；三、第二次覺悟，決心赴死（第九至十一章）；四、走向受苦的路，受難犧牲，天國事業的完成（第十二至十八章）。[23]然而，在這個順序的描寫中卻包含著三組前後呼應的內容結構，從這三組前後呼應的結構可以深刻地展示趙紫宸在《耶穌傳》內的思想。

第一組的前後呼應結構是猶太文化背景中的「彌賽亞降臨」，即是「天國事業」的開端與背景。《耶穌傳》的第一章及第十八章都是論述猶太人的文化，尤其是「彌賽亞降臨」的宗教信念。趙紫宸在《耶穌傳》以「彌賽亞降臨」作為耶穌生平論述的首尾結構，「彌賽亞降臨」作為猶太文化的盼望，在耶穌受難之後，則成為「彌賽亞精神」而存在於猶太文化之內，成全「彌賽亞降臨」的宗教信念，此即是表明耶穌的身份（彌賽亞、基督）。

第二組的前後呼應結構是耶穌在約旦河的「覺悟」，亦是「天國事業」的關鍵處。《耶穌傳》的第三章及第九至十一章都是敘述耶穌在天國事業的轉變關鍵：「覺悟」。趙紫宸在第三章〈全體大用無不明〉敘述耶穌的「天國事業」的開始，聽見施洗約翰在約旦河施行「悔改」的洗禮，耶穌的內心有股激烈的回聲，於是他走到約旦河要求受洗，受洗後他得到「心體通明的大覺悟」；在第十一章〈峰迴路轉〉中耶穌經過不斷的思想與祈禱之中，有了更清晰的醒悟：「以色列民族的救贖，絕對不在於飛降的彌賽亞從天顯威能，也不在於上帝用猝然下臨，向人類傾倒的忿怒，而在於為正誼，為人道，將自己的生命捨棄，藉以喚醒民眾，救度人類的神僕的大犧牲。耶穌現在透

---

23 潘國華：《趙紫宸《耶穌傳》之研究》，頁40。

澈地曉得了。」[24]這個「受施洗約翰影響（約旦河）—覺悟—試探—十字架」的結構至少具有兩重意義：其一，突顯耶穌個人的經歷與覺醒的可能性，從而印證人格精神的可能陶造；其二，印證耶穌的「天國事業」所具有的關鍵處即在於「覺悟」。此兩者即是表明耶穌「天國事業」的進展模式。

第三組的前後呼應結構是「十字架」的意象，即是「天國事業」的完成與持續。「天國事業」的意義並不止於精神層面的，具體來說是猶太人對抗當時管轄者羅馬帝國的實際可能，「十字架」在此即代表著反抗者的形象。《耶穌傳》的第二章及第十七章敘述了兩段關於被釘十字架的情節。「十字架」原是展現羅馬政權的象徵，當耶穌在十字架上被釘死，卻可以換來羅馬官員近乎稱讚的評論，如此，「十字架」的意象即從羅馬帝國的政權轉變成為耶穌那「彌賽亞精神」的象徵，此即是「基督的犧牲」。

上述三個前後呼應的結構展示了趙紫宸在《耶穌傳》中所獨特的思考及主題所在，此即：「彌賽亞降臨」（基督的身份）、「天國事業」（基督的工作）及「十字架」（基督的犧牲）。從這三個結構來看，趙紫宸《耶穌傳》的主題就是基督在世所建立的新世界及具有盼望的國度，透過人格精神的「覺悟」，透過「基督的犧牲」而完成「天國運動」。由此可見，趙紫宸在《耶穌傳》內所思考的正是從「天國運動」的開展與完成來展示「人格救國」的可能。

（二）《耶穌傳》的本色化神學思想：人格基督論、人格拯救論

趙紫宸的基督教救國思考是具有時代背景的。時任北京基督教青年會學校部幹事的吳耀宗曾明言：「我們要救中國，救世界嗎？除了

---

24 趙紫宸：《耶穌傳》，《趙紫宸文集》第一卷，頁565。

耶穌，再沒有人能告訴我們，怎樣可以一定得勝。來罷，我們都往耶穌那裡，去認識他，親近他，把我們的舊人，完全改變，成了一個新人。到那時候，我們必能夠甘心，樂觀意去犧牲，去服務……。」[25] 趙紫宸在《耶穌傳》內所敘述的耶穌生平也具有本色化神學的思想，他所強調的是「人格救國」的可能，聚焦於兩個神學主題：基督論與拯救論。以《耶穌傳》的論述來說，則是「人格基督論」與「人格拯救論」，以下試分述。

1 人格基督論[26]

趙紫宸說：「所謂人格，必有與我們的人格有根本上相同之點，須要從人的進演而認識，不能夠從物的廣延而察見。我們依據科學，從物方面看，不但不能見神，亦且不能見人格。」[27]「人格」並不是單純地指個人的「品格」，而是從後天的培養或發展而來相關於人的特質，而此「人格」的觀念更連接於上帝或對上帝的理解。在趙紫宸的前期思想中，[28]「人格」一詞更具備「人的本質」或「人之所以為

---

25 吳耀宗：〈犧牲〉，《吳耀宗全集》第一卷：早期思想（1909-1931）（香港：香港中文大學出版社，2015年），頁20。

26 以「人格基督論」來研究趙紫宸思想由許開明先生所提出，其言：「趙氏的基督論主以人格論的思想為中心。因此筆者合其兩個特質稱之為『人格基督論』。」（許開明：〈趙紫宸先生人格基督論的研究、評價與神學反省〉，收入王曉朝編：《趙紫宸先生紀念文集》，頁365。）本文對於趙紫宸「人格基督論」的討論與許開明的文章仍有分別，本文僅集中於《耶穌傳》的文本分析而討論。

27 趙紫宸：《基督教哲學》，《趙紫宸文集》第一卷，頁91。

28 關於趙紫宸思想時間性區分，學界有三個階段說或前後期說，三個階段說主要從趙紫宸思想的體系傾向作區分，即第一階段以自由主義神學為中心，約在三十年代以前；第二階段以新正統神學為主體，約在三、四十年代；第三階段以馬列主義為大要，約五十年代以後。前後期說主要以《基督教進解》為分界，從神學立場與思想建構作區分，而以為五十年代只有零星的作品，且具有濃厚的政治與時代色彩，未算能夠代表趙紫宸的真實神學思想。（唐曉峰：《趙紫宸神學思想研究》〔北京：宗

人」的價值意義。至於「人格基督論」即是從「人格」的意義來討論基督身份的問題。

關於耶穌的「人格」與基督身份，趙紫宸明顯強調耶穌的人性一面。《耶穌傳》中對耶穌的敘述側重於描述他的人性與信仰的覺悟。以人性來說，趙紫宸敘述年輕時的耶穌既是一位有技能有思考的人；又是一位在宗教上敬虔的信徒，能夠與一切「自知的軟弱的人」交通。如此，耶穌的成長是與周遭的親朋戚友互動之下，而讓耶穌的宗教情操與理解逐步上揚，甚至形成具有獨特能力。此獨特的能力即在於他與人交往時所展示出的「神蹟」現象，趙紫宸指出：「耶穌的同情，他的溫柔而又嚴厲的聲音，他的手掌，都儲藏著偉大的醫治力。他的人格是有吸引力的，一句話可以使失望的看見了生命。他眼中的信仰的光輝足以引起人們心中的信仰。實在說，純潔高曠的心靈所能作的事，沒有不是合理的，但不必是生活卑劣，程度淺顯的人們所能了解。」[29]趙紫宸認定耶穌所展現的「神蹟」現象，實際是由耶穌的「人格」而把其他信徒的「人格」引發出來而造成，其他人認定不可思議的「神蹟」現象只在於他們未有足夠的理解。以信仰來講，耶穌能夠成為基督或上帝之子，在於他深契於耶和華的信仰，能夠「獨見上帝，知道自己是上帝的兒子」，甚至「在玄默之中與上帝交通」，從而達致「以宇宙中至善之心為心」。從《耶穌傳》的「受施洗約翰影響（約旦河）—覺悟—試探—十字架」結構來看，耶穌的基督身份正是從個人對信仰的「覺悟」來確認，由此確認從而成就完善的道德人格，體現並彰顯上帝的人格：愛，[30]由此得以稱為「上帝之子」。趙紫

教文化出版社，2006年〕，頁88-89。）不論三個階段說或前後期說，《耶穌傳》也屬於趙紫宗思想的前期作品，是以本文採用前期思想來討論。
29 趙紫宸：《耶穌傳》，《趙紫宸文集》第一卷，頁507-508。
30 趙紫宸說：「天國以上帝的本性為法律，且祇有一條法律，就是愛。」（趙紫宸：《耶穌傳》，《趙紫宸文集》第一卷，頁438。）

宸所強調耶穌的「基督」或「上帝之子」的身份，實質是以個人對基督宗教信仰的契悟或覺悟，成就完善的「人格」，可作為上帝的代表亦為效法的模範，成為「基督」，此即「人格基督論」。[31]

2 人格拯救論

趙紫宸說：「耶穌欲創天國，用言行表明天國的法度，以示愛的極處是奇妙的十寬恕，是無條件的犧牲。……從他的作為，人仰見了透識了生命的真意義。耶穌要成功的不是別樣，就是要變化世人的性情氣質，教他們成為剛強厚實，帶著上帝尊榮的新人類。」[32]所謂「生命的真意義」即具備了「愛」作為行事為人的準則，為何「生命的真意義」需要以「愛」作為衡量呢？又要如何才能得到或完成以「生命的真意義」呢？

傳統基督教的拯救問題（救贖論）是從上帝與世人關係之復和作討論，可以區分成兩部分：原罪和復和，即：由於「原罪」致上帝與世人的關係決裂；由於耶穌以死替世人贖罪使上帝與世人的關係得以「復和」。然而，趙紫宸的「人格拯救論」對於「原罪」問題並不多加討論，對於「復和」問題亦以不同的方式作論述。《耶穌傳》對於上帝與世人之間的疏遠即是「罪」；依耶穌為模範而學效則可以趨近

---

31 趙紫宸對「人格基督論」的論述至少要面對「耶穌如何由人而成為神？」問題，趙紫宸指出：「我們可以信耶穌與人同性，同經驗，而異量；可以信神人一性，但沒有理由信，因此耶穌便是上帝。用比量的話講，耶穌是上帝的一大部分，我們是上帝的一小部分，得其大體為大人，得其小體為小人。耶穌是大人，是教祖，是以宗教人生的意義，現示於人，以精神生活，入死亡，破艱難而救人的救主，那是我們不得不承認的。」（趙紫宸：《基督教哲學》，《趙紫宸文集》第一卷，頁126-127。）換言之，趙紫宸以「耶穌非上帝」及「異量」來回應「耶穌如何由人而成為神？」問題。當然，這樣的思考自有其自由主義神學的背景，即去神話化來確認基督宗教信仰，至於是否恰當理解基督宗教的基督論，則非本文所要討論的問題，當可另文討論。
32 趙紫宸：《耶穌傳》，《趙紫宸文集》第一卷，頁443-444。

於上帝達致「復和」。

以「罪」的問題來說,趙紫宸認為世人原是具有生命的「光」,只是在周遭的「狠戾和私心」變成了「重重的障翳」,從而形成了「人的紛爭,人的卑鄙,人的罪惡」,此即「罪」。然而,究竟趙紫宸依據甚麼而說世人的「罪」只是「重重的障翳」呢?扼要來說,趙紫宸認定宇宙是由上帝所創造,既然上帝創造了人,讓人具有上帝的特質,則人與上帝是具有相同本質:「人格」。[33]既然人與上帝為同質,則兩者的分別或差距即在於人與上帝越來越疏遠,以致人的本質(「人格」)未能與上帝的「人格」同步趨向於更新而變化,此即是「罪」的問題。[34]依此,既然人與上帝的疏遠而產生「罪」,則如何「復和」人與上帝的關係就是拯救的問題。

從「復和」人與上帝的關係的拯救來說,趙紫宸以「耶穌的人生哲學」而區別成三個方向作討論:「基礎是上帝,目標是天國,路徑

---

[33] 趙紫宸說:「宇宙是上帝的,我在宇宙之內,也是屬於上帝的;若我與上帝要有彼此的了解交誼。那末上帝必要有些像我,我有些像上帝,你常說人神同性,這話可是對了。……我直知道我之為我,我便直知道宇宙的湧力為一大我。我自動而前而為人格,宇宙自動而前的生命為何便不是人格?」(趙紫宸:《基督教哲學》,《趙紫宸文集》第一卷,頁77-92。)

[34] 趙紫宸對於「罪」的討論更連結於「惡」,「惡」可以區分為「人為之惡」與「天然之惡」,「人為之惡」即是姦偽邪淫,由一己之私心運作的「惡行」;「天然之惡」即是像地震災旱,依自然而生所成的「惡因」。前者表現直接導致「罪」的產生,即疏遠了與上帝的關係;後者中所謂「自然而生」的意涵卻是引致「人為之惡」的產生,因為「自然而生」即由上帝所創生,亦即具備上帝「息息創新」的「自由」,人具備此「自由」(「天然之惡」)就可能引發「人為之惡」。趙紫宸說:「上帝自己是自由的,所以有人格,他所創造的人,漸漸地前湧,得了意識,能夠自擇路途,所以也有自由,也有人格。……因為自由的人能夠擇定進退善惡之路。人而擇善,則愛人而前進;人而擇惡,則憎人而後退,一切人為之惡,從自由選擇起;一切人為之善,從自由選擇起。」(趙紫宸:《基督教哲學》,《趙紫宸文集》第一卷,頁134。)

是耶穌」。³⁵「基礎是上帝」即從人與上帝的同質（人格）作為整個拯救論的根據，亦由此可稱「人格拯救論」；「目標是天國」即人與上帝的關係復和而達致的境況，所謂「天國」即是精神生命的圓滿境界；「路徑是耶穌」即人與上帝的關係的可能方案就是耶穌，耶穌的言行與宗教精神就是復和的模範。依照《耶穌傳》的敘述，「天國」即「彌賽亞降臨」；「路徑」即「耶穌的犧牲」。

關於「天國」（彌賽亞降臨）的拯救意涵有二：個人（民族）的、世界的。以個人來說，「天國」即是從精神層面的改變與解放，在人神合作的條件之下，建立「天國在心」的狀況，趙紫宸說：「天國是演進的神人合作生活，是廣大包容的人神合作生活。論其微，則天國在人心；論其顯，則天國在天下。天國臨格與否，端在於人努力發展道德的人格與否，端在於人努力建設天國與否，端在於人努力遵行上帝的旨意與否。」³⁶換言之，趙紫宸所論述的「天國」並不是外在於人世間的樂土或烏托邦，而是在個人的內在精神之演進，所謂「得了上帝」既是「生命的天光照」，亦是「神人合作」，以此遂能把「世界」成「天國」。回到《耶穌傳》的論述，趙紫宸以「彌賽亞降臨」來講述「天國」，在耶穌受難之後，則成為「彌賽亞精神」而存在於猶太文化之內，成全「彌賽亞降臨」的宗教信念，「天國」的拯救意義即在此改變人的精神思想，由眾人的精神改變從而達成猶太文化的「拯救」。然而，「天國」的拯救並不止於個人或個別民族的，它還具有整體社會性或世界性的意義。從世界性來講，趙紫宸說：「人須建立社會的善意志，社會的善意志，即是人類的天國。個人與社會互為轉移，努力而前，天國自能日日新，日日湧現。」³⁷即是說，「天

---

35 趙紫宸：《耶穌的人生哲學》，《趙紫宸文集》第一卷，頁190。
36 趙紫宸：《耶穌的人生哲學》，《趙紫宸文集》第一卷，頁197。
37 趙紫宸：《耶穌的人生哲學》，《趙紫宸文集》第一卷，頁198。

國」的拯救意義不單止局限於個人或民族,更賦予具有世界性的全人類,即「人類的天國」的意義。再從《耶穌傳》來說,趙紫宸以上帝引導耶穌作為「上帝的兒子」來拯救以色列民族,更認為這個拯救責任擴及至「教化天下」及「世界」。如此,趙紫宸所論述的「拯救」,即是從精神思想層面來改變人的思想價值取向,從而塑造貼近於上帝「人格」,把「天國」降臨於人間。

關於「路徑」(耶穌的犧牲)所具有的意義就是耶穌作為模範作用。耶穌作為模範的意義是以他的死來展現上帝的「人格」。趙紫宸說:「罪是最厲害的東西,罪的結果是死,在罪惡瀰布的世界,耶穌應當怎樣做呢?他在他自己的服務奮鬥的經驗中,得了對於死徹底的覺悟,知名道祇有愛可以消滅罪惡,祇有死才可以制伏死亡,祇有他自己的犧牲——捨命——可以成全上帝救世的旨意。……死是達到生命的道路,十字架是由死入生的標幟。……他因為從死裏成就了救法,也表明他與上帝同體。他就做了我們的救主、我們的上帝。我們嘗想耶穌的超越點,是他完全的人格,是他人格中宗教與道德打成一片的造詣。但是我們從他的死,與他從死為我們解決死亡罪惡痛苦問題的事功看來,他的超越點不但是他統一的人格,乃是他的上帝啟示,他的救世功績。」[38]先從「罪」的結果即是死亡來看,趙紫宸認為「罪」即是人與上帝的在「人格」上的疏離,而「罪」的後果在於死亡時,對於死亡的克制就是解決「拯救」的開端,而耶穌的死正是以捨命來征服死亡,對死亡的克服就是成全上帝的旨意,能夠與上帝的「人格」相契。再從耶穌的死即是上帝啟示或模範來看,趙紫宸以為耶穌對死亡的徹底覺悟,即在於能夠顯現上帝的「人格」,乃是宗教與道德混成一片的完全,耶穌的死能夠救世即在於顯現這一超越型

---

38 趙紫宸:〈耶穌的死〉,《趙紫宸文集》第四卷(北京:商務印書館,2010年),頁264-268。

態。回到《耶穌傳》來說,「十字架」原來是象徵著羅馬帝國的政治強權,經歷耶穌的死後,「十字架」轉變成象徵著耶穌那「彌賽亞精神」,亦是「由死入生的標幟」。如此,趙紫宸透過對「罪」、「惡」、「人格」(復和的基礎)、「天國」(復和的目標)及「耶穌的死」(復和的路徑)等的不同剖析,指出「罪」是與上帝的「人格」疏離,而透過耶穌的犧牲遂可以顯現與上帝復和的可能及模範,即在現實中實踐上帝的「人格」,讓「天國降臨」。此即是「人格拯救論」。

總的來說,趙紫宸在《耶穌傳》中雖然並沒有明言「人格救國」的論述,卻從其他在相關時期的論述著清晰表達這個思考模式,並在《耶穌傳》以三組前後呼應的內容結構:「彌賽亞降臨」(基督的身份)、「天國事業」(基督的工作)及「十字架」(基督的犧牲),突出其對耶穌生平所著重「人格基督論」與「人格拯救論」兩部分的思考,從而成為趙紫宸所主張「人格救國」思想的重要文本參照與理據。

三　論牟宗三先生對「人格救國」的可能回應:耶穌的「慧根覺情」

牟宗三先生對於耶穌或基督宗教的評論,學術界往往以他的判教理論或新儒家的背景而認定他對基督宗教的教義理解不足,從而誤判或錯判基督教的宗教型態。然而,細察牟宗三先生對於基督宗教的討論,實可以區分成前後兩個階段,分界約在牟宗三先生的五十歲前後,五十歲前的牟宗三先生對基督宗教的激烈評論,主要緣於中國文化發展路向問題,尤其著重於不能依於其他宗教來肩負重建中國文化的責任,趙紫宸所代表著的主張「人格救國」正是這段時期的爭議對象;五十歲後的牟宗三先生對基督宗教的批評則從宗教的教義思想作批判,主要繫於多元宗教的判教理論。五十歲後的牟宗三先生對於基

督宗教的討論雖然也有中國文化發展路向的用心，但是他的講法已經從基督教與中國文化的關係轉移至中西文化系統的大綜和，此即「徹底唯心論」。[39] 換言之，牟宗三先生對於基督宗教的批判，緣起於以「人格救國」作為中國文化發展的路向之問題。然而，牟宗三先生不單批判「人格救國」的問題，更從中國文化（哲學）的疏理與詮釋發展出獨特的「道德的形上學」，並依其對「哲學原型」的思考提出「兩層存有論」，從而建構具有依「教相」作出的多元主義的判教模型。[40] 依此，對應於趙紫宸《耶穌傳》的「人格救國」，下文將試從「慧根覺情」來討論牟宗三先生的可能回應。

（一）牟宗三論耶穌的「慧根覺情」

牟宗三先生在《五十自述》對於耶穌的宗教生命多作肯定與讚賞。他說：「耶穌，這全幅是慧根覺情的燃燒著的生命，他是由燒毀

---

[39] 牟宗三說：「我們要求一個大綜和，是根據自己的文化生命的命脈來一個大綜和，是要跟西方希臘傳統開出的科學、哲學，以及西方由各種因緣而開出的民主政治來一個大結合，不是跟基督教大綜和。跟基督教沒有綜和問題，那是判教的問題。我們不反對基督教，西方人相信祈禱，他們可以用那個方式，我們不用那個方式，但是我們可以判教，跟以前佛教判教一樣，可以分別它的同異、高低、圓滿不圓滿。」（牟宗三：〈鵝湖之會──中國文化發展中的大綜和與中西傳統的融會〉，《牟宗三先生晚期文集》，《牟宗三先生全集》第二十七卷〔臺北：聯經出版事業公司，2003年〕，頁453-454。）

[40] 所謂「多元宗教的判教模型」由鄭宗義老師所提出，其要義至少有二：一、多元宗教觀的承認：「在認識多元教相之必然的前提下（即任一教相所示都不免只是在一定形態下的醒悟），不再以自家之教為絕對者，不自是以非他，並進而見諸教之實有可通達處，可求立一共同的框架。」二、實踐宗教的可能分判：「既知現實的生命必得藉某特殊教相以求理想化，則吾人對所宗所行之教亦必須具備信仰之熱情。如是，本此熱情以分判他教評判他教，甚至即使自許為勝人一籌亦題中應有之義。」（鄭宗義：〈徘徊在絕對與多元之間──論牟宗三先生的「判教」〉，《儒學、哲學與現代世界》〔石家莊：河北人民出版社，2010年〕，頁287。）換言之，「多元宗教的判教模型」既肯認宗教在教相上的殊異性，亦認同宗教在實踐上的分判性。

俗世的一切，向上昂揚著（依托上帝而向上昂揚），而展現其自己的。這是一個上上的根器，但是他並沒有清靜下來，把他所展現的『慧根覺情』讓它在他的生命中『在甚自己』，而且在他的生命中『對其自己』。」[41]然而，牟宗三先生對耶穌的信仰生命的理解可分成三點討論：1. 道德主體或宗教生命的原初形態：「慧根覺情」；2. 論耶穌之「證所不證能，泯能而歸所」；3. 中國文化的主流形態是儒家思想。

1 「慧根覺情」的意涵

牟宗三先生在《五十自述》中透過「生命之在其自己─生命之離其自己─生命之歸復其自己」的敘述架構來展示其「存在體驗」（或「實感」），透過此「存在體驗」，牟宗三先生證悟出「慧根覺情」（或覺情）乃「本心」的最初一步，特別具有主體覺醒的特徵。牟宗三先生說：

> 這原是我們的「清淨本心」，也就是本心的「慧根覺情」。慧根言其徹視無間，通體透明；覺情言其悱惻傷痛，亦慈亦悲，亦仁亦愛。慧根朗現其覺情，覺情徹潤其慧根。[42]
> 惻隱、悱惻、惻怛，皆內在於覺情之性而言之。「仁」者通之外而言其所蘊之理與表現之相。「慈」者外向而欲其樂，「悲」者外向而憐其苦。「愛」者（耶教普遍的愛）慧根覺情所發的「普遍的光熱」。這「慧根覺情」即是「最初」一步，更不必向父母未生前求本來面目。……在這慧根覺情中消化一切，成就一切，一切從此覺情流（不要說法界），一切還歸此覺情。

---

41 牟宗三：《五十自述》，頁173。
42 牟宗三：《五十自述》，頁153。

你在這「最初」一步,你不能截然劃定界限,說這一面是佛之悲,那一面是孔之仁,復這一面是耶之愛。你推向這最初一步,你可以消化儒、耶、佛之分判與爭論。[43]

牟宗三先生所言「慧根覺情」就是主體自身透過不同的可能途徑作出覺醒的內在能量。所謂「慧根」即是每一主體所具有能成就或發動內在能量的本質,此即類同於儒家的「性善」、佛教的「佛性」或基督宗教的「神的樣式」,卻又可以是具有不落於任何一面的原始性質;所謂「覺情」即是每一主體對應於外在的不同狀況,得以覺醒而作出不同的道德或宗教情感之表達,如仁、慈、愛、悲等的狀態或能量。依此,「慧根覺情」即是「本心」之「最初」一步。從內容來看,既然「慧根覺情」是「本心」發動的最原始的狀態或能量,則此「慧根覺情」實是不同宗教或倫理關懷的共同性質,此即牟宗三所言「可以消化儒、耶、佛之分判與爭論」的意涵。從形式來看,「慧根覺情」的存在形態實是:「無」而「有」;「有」(存有)而「動」(活動);「動」而「如」;「能」而「所」。[44]所謂「無」而「有」即「慧根

---

[43] 牟宗三:《五十自述》,頁154。
[44] 牟宗三說:「一、即是『無』同時即是『有』:『無』是言這裡著不上任何法(限定概念),消融任何法,一切從此覺情流,一切還歸此覺情。……這樣的『慧根覺情』就是『無』,而這『無』就是『無限的有』,故亦可說即是『有』(存有或實有)。二、這『有』同時亦是『存有』,同時亦是『活動』。故此『存有』貫著『成為』:它消融一切,亦成就一切。它使一切執著消融渾化而為覺情之朗潤,它亦成就(非執著)一切事而使之為一『有』,使一切『存在』不只是『事』之『存在』,而且是為『天心仁體』一理之所貫而為依『理』之『存有』。……三、這慧根覺情之為無限的有,同時是悲,同時亦是如,此為『覺情』之為『有』,『存有』之為『如』。……四、這慧根覺情之為無限的有,同時是『能』,同時亦是『所』。個個有情,歸根復命,各歸自己證其天心仁體,朗現這慧根覺情,此是『能』,而天心仁體、慧根覺情潤遍萬物,使之成為『有』,此是『所』。『能』是『萬法歸一』,真主體性之所由立,『所』是散成萬有,真客觀性之所由立。」(牟宗三:《五十自述》,頁155-156)

覺情」在未有覺醒前似是無有的狀態;所謂「有」而「動」即是「慧根覺情」呈現的狀態正是其發動的時候;所謂「動」而「如」即是「慧根覺情」發動的狀態來為外在事事物物作出的價值判斷才算是「如如實相」(如);所謂「能」而「所」即是「慧根覺情」的呈現或發動狀態既是「能」發動道德或宗教情感之狀況,亦是「所」以能夠發動道德或宗教情感的根據。依此,「慧根覺情」的內容乃是道德或宗教情感的最原初狀況;在形式上則具有不落於一面的「一體」表述。

2 論耶穌之「證所不證能,泯能而歸所」

牟宗三先生在《五十自述》中對基督教(尤其指耶穌的生命形態)判斷為「證所不證能,泯能而歸所」,即依據「慧根覺情」的形式表述而立論。所謂「能」與「所」,即是「慧根覺情」發動道德或宗教情感之狀況(能)與根據(所)」,牟宗三先生認為耶穌對自身「慧根覺情」的發動,僅視為由上帝所給予而作為根據,質實即否定了主體的內在能量,此即「證所不證能,泯能而歸所」。他說:

> 耶穌順其歷史文化的傳統將其「全幅是慧根覺情」的生命推出去自上帝處說「普遍的愛」。此是順習決定,以權為實。……他的全幅是慧根覺情的生命只弄成是「在其自己」,而不是「對其自己」。他把這慧根覺情推出去了,那傳統的「外在的上帝」正好是這慧根覺情的歸宿地。那外在的上帝是這慧根覺情燃燒著的生命來證他自己之外在化而為上帝,他把在他自己處呈現的慧根覺情推到上帝身上而為「所」。此即所謂「證所不證能,泯能而歸所」。[45]

---

45 牟宗三:《五十自述》,頁170-171。

換言之，牟宗三先生肯認耶穌「普遍的愛」即「慧根覺情」的表現，而且，耶穌的「慧根覺情」是全幅地燃燒著。然而，即使耶穌的「慧根覺情」全幅地燃燒，卻在歷史文化的傳統而證悟其「慧根覺情」乃是全數根源於「外在的上帝」，而並未能體證其「慧根覺情」的自身。如此，牟宗三先生遂判別基督教（尤其是耶穌）是「證所不證能，泯能而歸所」。

　　回到趙紫宸的《耶穌傳》，《耶穌傳》的「受施洗約翰影響（約旦河）──覺悟──試探──十字架」結構，正展示耶穌的基督身份是從個人對信仰的「覺悟」來確認，而這種個人的宗教情操與道德實踐的「覺悟」更逐步強化耶穌的「人格」，甚至達到「基督」的位置。耶穌的「覺悟」至少有兩點特別之處：其一，「覺悟」具有某種內在的及外在的連繫可能性，耶穌的「覺悟」總是在約旦河，透過與他有所親屬連繫的約翰所促成。依《五十自述》，牟宗三先生個人由「客觀的悲情」（非存在的）進至「主觀的悲情」（存在的），其中的關鍵在於「主觀之潤」，即倫理生活的感觸最能成全「慧根覺情」的呈現。[46]其二，宗教感不單止以「外在的上帝」作啟示，還需要個人的經歷與覺醒，才能印證「人格」的陶造與發展。耶穌「覺悟」了還經歷了撒旦與彼得的「試探」，從而堅固了個人的宗教信念。依《五十自述》，牟宗三先生對「慧根覺情」的體證還得透過與唐君毅的通信得到「異地同證，千聖同證」。簡言之，從牟宗三先生的體證來看，雖然他判別耶穌是「證所不證能，泯能而歸所」，然卻是認同的耶穌所證得的是「慧根覺情」。

---

[46] 牟宗三：「心覺之成全生命為存有，最基本的是倫常生活。父母最直接、最親切。……其次是兄弟姊妹，亦多不齊，種種遭遇，最足傷心！……其次是妻子：能不能得婚姻不可思議，得之而能不能有幸福，亦不可思議；……其次是師友。得一知己而可以無憾。」（牟宗三：《五十自述》，頁145-146。）

（二）牟宗三先生論中國文化的主流形態

既然牟宗三先生承認基督教具有「一機之轉」的可能性，為甚麼他又直言「吾人不希望一個真正的中國人，真正替中國做主的炎黃子孫相信基督教」呢？這正基於牟宗三先生對「中國文化」的主流思想之認識。牟宗三先生認為「中國文化」的主流是儒家思想，此主流的形態至少具備日常生活的規範與精神生命的提撕。他說：

> 儒家所透徹而肯定之超越而普遍之道德精神實體，決不能轉成基督教所祈禱崇拜之人格之神，即基督教方式下之神（上帝，天主），因此儒教之為教亦決不能成為基督教之方式。……即依此而言儒家為人文教，中國的文化生命為人文教的文化生命。人文教非言只崇拜或限於世間生活中之倫常與禮文也。……凡道德宗教足以為民族立國之本，必有其兩面：一、足以為日常生活軌道（所謂道揆法守）。二、足以提撕精神，啟發靈感，此足以為創造文化之文化生命。[47]

牟宗三先生指出中國文化的主體為儒家思想，更兼具有生活日常與精神提撕的兩個層面之圓滿諧和形態。由此，他轉而討論基督教未能代替儒家思想（人文教）而接續成為中國文化的理由，即在於未能接上中國之文化生命。究竟基督教怎樣接不上中國的文化生命呢？牟宗三先生表示在於對日常生活的規範與精神生命的提撕之間的隔離，所謂「隔離」即並不能從個人的精神層面的提撕直接接軌於日常的倫常生活，牟宗三先生說：「基督教雖不只祈禱，禮拜，以及婚喪之禮，然亦必憑藉其特殊方式之祈禱，禮拜，以及婚喪之禮，以成風

---

[47] 牟宗三：〈人文主義與宗教〉，《生命的學問》，頁75。

俗，以為國本。」[48]即是說，以基督教為本的西方文化所形成的風俗或倫常生活，乃是外在的宗教形式來引導倫常生活，從而陶造個體的精神生命的提撕。反過來說，中國的文化生命即以日常的倫常生活來印證背後所具有的「價值之源」，並不依靠外在的宗教形式作引發，宗教形式（如祭天、祭祖、祭聖賢）實質反而是透顯自身內在的精神生命。

回到趙紫宸的「人格救國」思想，趙紫宸明確指出「天國」的意義即在於個人的內在精神之演進，從「神人合作」而能把現實的「世界」變成具有「天國」。[49]正在於基督教能夠從內在精神來作出改進，趙紫宸遂言：「基督教的宗教生活力以侵入中國文化之內而為其新血液新生命。」[50]引申推論，趙紫宗所提倡的「人格救國」即認定中國文化即使具有內在精神層面的生命力，實在仍然需要注入基督宗教的活力，從而改進中國文化的內涵，甚至拯救當前處於國難或時代危機的中國。然而，牟宗三先生所強調的是學習西方文化（哲學）或信仰基督教固然可以，唯以信仰基督教作為拯救中國文化的方案，則並不認同。牟宗三先生說：

> 一個人當然有其信仰自由。但是一個有文化生命的民族，不顧後果其文化生命，而只從信仰上信耶教，其信亦只是情識地

---

48 牟宗三：〈人文主義與宗教〉，《生命的學問》，頁75。
49 牟宗三先生對於基督教的「天國」觀念既抱持欣賞，亦與趙紫宸的想法相符。牟宗三先生說：「耶穌說你們都嚮往天國，天國不在這裡，也不在那裡，在你們的心中，在每一個人的中中。當這樣說天國的時候，這是一個智慧語。但我們平常說死後上天國，這樣，那個天國便擺在一個一定的空間區域裡面去，這便不是一種智慧；這是一種抽象，把天國抽象化，固定在一個區域裡面去。」（牟宗三：〈為學與為人〉，《生命的學問》，頁121。）由此可見，牟宗三既非一味地否定基督教或缺乏對基督教的認識，又有依據當時基督教知識分子的說法來理解基督教的教義。
50 趙紫宸：〈基督教與中國文化〉，《趙紫宸文集》第三卷，頁267。

> 信。一個民族,如無其最原初的最根源的文化生命則已,如其有之,便應當直下就此立其自己之大信。……這裡因為有普遍性,故可以相即相而融而不相礙,亦因為有特殊性,故應各自立信,不捨自性,以保持各民族文化生命之創造與發展。[51]

　　換言之,牟宗三先生對基督教的批評至少從兩方面立論:其一,從「慧根覺情」的觀念來看,則基督教仍然有它的優異的地方,即使並不能以「慧根覺情」而潤澤萬物使其「萬法歸一」,卻仍然可以藉「一機之轉」而達成;其二,從中國文化的主流思想,面對時代問題時所作出的三統之說(道統、學統、政統)看,中國文化未能產生出「知識之學」與「民主政體」自有其曲折與自身「學之為學」與「政治形態」的統緒關係。然而,從科學與民主政制所具有的普遍性言,則二者皆是「共法」,實每個民族文化生命在發展中所共有的可能。牟宗三先生對於民族文化生命的發展與信仰自由作出強烈的區分與判別,認定中國文化不可以基督教化。回到趙紫宸等提出的「人格救國」論述,同樣地面對時代的問題,趙紫宸卻認為需要從信仰基督教來拯救中國文化;同樣地認定可以從內在的精神層面來發展中國文化,趙紫宸卻認為需要學習耶穌的「人格」,即「證所不證能,泯能而歸所」的「慧根覺情」。依此,牟宗三先生實已回應了「人格救國」的問題,即:一、牟宗三先生說中國文化的「道統」不可耶教化,乃批評以耶教救國的可能性問題;二、牟宗三先生說耶穌之「證所不能證,泯能而歸所」,是回應耶穌人格精神的問題。合而論之,牟宗三先生是斷然指出「人格救國」在「救國」上的不可行。

　　扼要來說,牟宗三先生對於「人格救國」的可能回應可從「救

---

51 牟宗三:〈略論道統、學統、政統〉,《生命的學問》,頁69。

國」或「人格」兩方面分析。從「救國」來看，趙紫宸的「人格救國」思想以為中國文化的不濟需要從基督教的「天國」思想來增益，學習「愛」才能得以讓中國面對其時的困境，以至將來的中國文化發展得以更圓滿。然而，牟宗三先生認為中國文化的發展路向應該從自身的文化傳統為開端，論證「道統」不可耶教化，批評以耶教救國的可能性問題；從「人格」來看，趙紫宸的「人格救國」思想以為基督教的「人格」不單救助中國，甚至具有內在精神的普世價值。可是，牟宗三先生從「慧根覺情」的證成耶穌只是「證所不證能，泯能而歸所」；再從牟宗三先生的「判教」理論來說，則基督教在未能以「實踐的形上學」的進路給予「自我醒覺」的肯認，在實踐主體的內在精神層面也未能算是達致圓滿境界。

四 結論：牟宗三先生的文化救國與判教思想

趙紫宸的《耶穌傳》在中國基督教會歷史上自有它的獨特地位，既是第一部由中國人親著的耶穌生平著作，又是兼備獨特的時代思考特徵——人格救國。姑勿論《耶穌傳》在後來的中國基督教會中受到不同的批判，它仍然具有自身的歷史與思想價值。然而，對於《耶穌傳》的討論卻呈現一道由當代新儒家的線索，此即牟宗三先生曾表明藉趙紫宸的《耶穌傳》來認識耶穌生平，由《耶穌傳》所具備的「人格救國」思想來看，則牟宗三先生在《五十自述》、《生命的學問》等的文字可以找到相關的對話或回應的痕跡。

依牟宗三先生的觀點，趙紫宸在《耶穌傳》提出的「人格救國」，至少在「人格」與「救國」兩方面皆未能達高度的理論效果，尤其是未能因應中國文化的特徵而引進基督宗教的「愛」作為其內在精神層面的價值。本文認為牟宗三先生對於基督教的判釋既指出中國

文化具有「自救」的一面，亦從「慧根覺情」判別耶穌為「證所不能證，泯能而歸所」。最後，謹引述牟宗三先生對中國文化發展與基督教之信仰的自由關係之話語作結，牟宗三先生說：

> 我個人並不反對基督教，亦不反對信仰自由，然而，現在每個中國人面臨這個問題時，都應該有雙重的身份、雙重的責任。首先，得了解儒家是中國文化的主流，這個主流是不能放棄的。若是基督教能使你的生活得到安寧，當然很好，我也不反對你信仰基督教，但是在這信仰的同時，身為中國的基督徒亦當自覺到自己有雙重的責任，雖然是信仰基督教但也絕不反對中國文化的主流是儒家。我不反對基督教、天主教，可是我堅決反對他們拿著基督教、天主教來篡奪、改篡中國的文化，更不可把中國歷來黃帝、堯、舜、禹、湯、文、武、周公、孔子的傳統改成耶和華、摩西那一套，若是這樣搞下去，這和共產黨把馬、恩、列、史掛在天安門上奉為老祖宗又有什麼兩樣？[52]

---

52 牟宗三：〈從儒家的當前使命說中國文化的現代意義〉，《時代與感受》，頁353-354。

參考文獻

一　古籍文獻

王先謙　《荀子集解》，北京：中華書局，1988年。
王時槐　《王時槐集》，上海：上海古籍出版社，2015年。
王　畿　《王畿集》，南京：鳳凰出版社，2007年。
朱　熹　《朱子語類》（三），《朱子全書》第十六冊，上海：上海古籍出版社，2002年。
吳毓江注　《墨子校注》，北京：中華書局，1993年。
邵　雍　《皇極經世書》，鄭州：中州古籍出版社，1993年。
歐陽德　《歐陽德集》，南京：鳳凰出版社，2007年。
黃宗羲　《明儒學案》（上冊），北京：中華書局，2008年。
聶　豹　《聶豹集》，南京：鳳凰出版社，2007年。

二　近人著述（中文）

（一）唐君毅、牟宗三專書

唐君毅　《心物與人生》，《唐君毅全集》第五卷，北京：九州出版社，2016年。
唐君毅　《中國文化之精神價值》，《唐君毅全集》第九卷，北京：九州出版社，2016年。

唐君毅　《中國人文精神之發展》,《唐君毅全集》第十一卷,北京:九州出版社,2016年。

唐君毅　《中華人文與當今世界(上冊)》,《唐君毅全集》第十三卷,北京:九州出版社,2016年。

唐君毅　《中華人文與當今世界(下冊)》,《唐君毅全集》第十四卷,北京:九州出版社,2016年。

唐君毅　《中國哲學原論(導論篇)》,《唐君毅全集》第十七卷,北京:九州出版社,2016年。

唐君毅　《中國哲學原論(原性篇)》,《唐君毅全集》第十八卷,北京:九州出版社,2016年。

唐君毅　《中國哲學原論(原道篇卷一)》,《唐君毅全集》第十九卷,北京:九州出版社,2016年。

唐君毅　《哲學概論(上)》,《唐君毅全集》第二十三卷,北京:九州出版社,2016年。

唐君毅　《哲學概論(下)》,《唐君毅全集》第二十四卷,北京:九州出版社,2016年。

唐君毅　《生命存在與心靈境界(上)》,《唐君毅全集》第二十五卷,北京:九州出版社,2016年。

唐君毅　《生命存在與心靈境界(下)》,《唐君毅全集》第二十六卷,北京:九州出版社,2016年。

唐君毅　《書簡》,《唐君毅全集》第三十一卷,北京:九州出版社,2016年。

牟宗三　《生命的學問》,臺北:三民書局,1991年。

牟宗三　《名家與荀子》,《牟宗三先生全集》第二冊,臺北:聯經出版事業公司,2003年。

牟宗三　《心體與性體(一)》,《牟宗三先生全集》第五冊,臺北:聯經出版事業公司,2003年。

牟宗三　《心體與性體（三）》，《牟宗三先生全集》第七冊，臺北：聯經出版事業公司，2003年。

牟宗三　《從陸象山到劉蕺山》，《牟宗三先生全集》第八冊，臺北：聯經出版事業公司，2003年。

牟宗三　康德、牟宗三譯：《康德的道德哲學》，《牟宗三先生全集》第十五冊，臺北：聯經出版事業公司，2003年。

牟宗三　維特根什坦、牟宗三譯：《名理論》，《牟宗三先生全集》第十七冊，臺北：聯經出版事業公司，2003年。

牟宗三　《認識心之批判》（上），《牟宗三先生全集》第十八冊，臺北：聯經出版事業公司，2003年。

牟宗三　《智的直覺與中國哲學》，《牟宗三先生全集》第二十冊，臺北：聯經出版事業公司，2003年。

牟宗三　《現象與物自身》，《牟宗三先生全集》第二十一冊，臺北：聯經出版事業公司，2003年。

牟宗三　《圓善論》，《牟宗三先生全集》第二十二冊，臺北：聯經出版事業公司，2003年。

牟宗三　《時代與感受》，《牟宗三先生全集》第二十三冊，臺北：聯經出版事業公司，2003年。

牟宗三　《時代與感受續編》，《牟宗三先生全集》第二十四冊，臺北：聯經出版事業公司，2003年。

牟宗三　《牟宗三先生晚期文集》，《牟宗三先生全集》第二十七冊，臺北：聯經出版事業公司，2003年。

牟宗三　《中國哲學的特質》，《牟宗三先生全集》第二十八冊，臺北：聯經出版事業公司，2003年。

牟宗三　《中國哲學十九講》，《牟宗三先生全集》第二十九冊，臺北：聯經出版事業公司，2003年。

牟宗三　《五十自述》,《牟宗三先生全集》第三十二冊,臺北:聯經出版事業公司,2003年。

(二) 專書

王曉朝編　《趙紫宸先生紀念文集》,北京:宗教文化出版社,2005年。

田立克(P. Tillich),魯燕萍譯　《信仰的動力》,臺北:桂冠圖書公司,1994。

史密斯(H. Smith),劉安雲譯　《人的宗教》,海口:海南出版社,2001年。

何光滬編　《蒂利希選集》上冊,上海:上海三聯書店,1999年。

何光滬編　《蒂利希選集》下冊,上海:上海三聯書店,1999年。

吳　甿　《玄理與性理》,香港:經要文化出版公司,2002年。

吳　甿編　《一代儒哲牟宗三》,香港:經要文化出版公司,2001年。

李紹崑　《墨子研究》,臺北:臺灣商務印書館,1971年。

李捷編　《語用學十二講》,上海:華東師範大學出版社,2010年。

李國山　《言說與沉默:維特根斯坦《邏輯哲學論》中的命題學說》,天津:南開大學出版社,2004年。

李瑞全　《儒家道德規範根源論》,新北:鵝湖月刊社,2013年。

吳耀宗　《吳耀宗全集》第一卷:早期思想(1909-1931),香港:香港中文大學出版社,2015年。

東方朔　《合理性之尋求:荀子思想研究論集》,臺北:臺灣大學出版中心,2011年。

林鎮國　《辯證的行旅》,新北:立緒文化事業公司,2002年。

林月惠　《良知學的轉折:聶雙江與羅念菴思想之研究》,臺北:臺灣大學出版中心,2005年。

韋政通　　《中國哲學辭典》，臺北：水牛文化事業公司，1993年。

胡　適　　《中國哲學史大綱》，上海：上海古籍出版社，1997年。

孫長祥　　《思維‧語言‧行動：現代學術視野中的墨辯》，臺北：文津出版社，2005年。

孫　偉　　《重塑儒家之道──荀子思想再考察》，北京：人民出版社，2010年。

高新民編　《心靈哲學》，北京：商務印書館，2002年。

唐曉峰　　《趙紫宸神學思想研究》，北京：宗教文化出版社，2006年。

徐復觀　　《中國人性論史（先秦篇）》，臺北：臺灣商務印書館，1990年。

格賴斯（P. Grice），姜望琪、杜世洪譯　《言辭之道研究》，北京：商務印書館，2021年。

格賴斯（P. Grice），榮立武譯　《理性的面向》，北京：科學出版社，2022年。

康　德（I. Kant），李秋零譯　《單純理性限度內的宗教》，北京：商務印書館，2012年。

梁瑞明　　《心靈九境與形上學知識論》，香港：志蓮淨苑，2009年。

陳問梅　　《墨學之省察》，臺北：臺灣學生書局，1988年。

陳榮華、杜保瑞　《哲學概論》，臺北：五南圖書出版公司，2008年。

勞思光　　《虛境與希望──論當代哲學與文化》，香港：香港中文大學出版社，2003年。

勞思光　　《新編中國哲學史（第一卷）》，桂林：廣西師範大學出版社，2005年。

葉錦明　　《邏輯分析與名辯哲學》，臺北：臺灣學生書局，2003年。

奧斯丁（J. L. Austin），楊玉成譯　《如何以言行事》，北京：商務印書館，2013年。

楊祖漢　《中庸義理疏解》，臺北：鵝湖月刊社，1984年。

塞　爾（J. R. Searle），徐英謹譯　《心靈導論》，上海，人民出版社，2008年。

塞　爾（J. R. Searle），劉葉濤譯　《意向性：論心靈哲學》，上海：上海世紀出版集團，2007年。

塞　爾（J. R. Searle），王巍譯　《心靈的再發現（中文修訂版）》，北京：中國人民大學出版社，2011年。

塞　爾（J. R. Searle），楊音萊譯　《心、腦與科學》，上海：上海譯文出版社，1991年。

塞　爾（J. R. Searle），李步樓譯　《心靈、語言和社會——實在世界中的哲學》，上海：上海譯文出版社，2001年。

趙紫宸　《趙紫宸文集》第一卷，北京：商務印書館，2003年。

趙紫宸　《趙紫宸文集》第三卷，北京：商務印書館，2007年

趙紫宸　《趙紫宸文集》第四卷，北京：商務印書館，2010年。

葛瑞漢（A. C. Graham）　《論道者：中國古代哲學論辯》，北京：中國社會科學出版社，2003年。

維特根斯坦（L. Wittgenstein），陳啟偉譯　《邏輯筆記》，《維特根斯坦全集》第1卷，石家莊：河北教育出版社，2002年。

鄭宗義　《儒學、哲學與現代世界》，石家莊：河北人民出版社，2010年。

鄭宗義　《從宋明理學到當代新儒家》，香港：香港中文大學，2024年。

鄭家棟　《牟宗三》，臺北：東大圖書，2000年。

劉述先　《論儒家哲學的三個大時代》，香港：香港中文大學出版社，2008年。

劉述先　《儒家思想開拓的嘗試》，北京：中國社會科學出版社，2001年。

劉述先　《儒學的復興》，香港：天地圖書公司，2007年。
劉昌元　《文學中的哲學思想》，〈序〉，臺北：聯經出版事業公司，2002年。
鄧育仁　《公民儒學》，臺北：臺灣大學出版中心，2015年。
鄧紹光　《殺道事件：潘霍華倫理的神學對牟宗三道德的形上學的批判意涵》，新北：臺灣基督教文藝出版社公司，2009年。
蔡仁厚　《墨家哲學》，臺北：東大圖書公司，1993年。
蔣　慶　《政治儒學：當代儒學的轉向、特質與發展》，北京：生活‧讀書‧新知三聯書店，2003年。
錢　穆　《中國思想史》，《錢賓四先生全集》第二十四冊，臺北：聯經出版事業公司，1998年。
盧雪崑　《孟子哲學：孔子哲學之傳承與道德的形上學之奠定》，桂林：廣西師範大學出版社，2022年。
盧雪崑　《牟宗三哲學：二十一世紀啟蒙哲學之先河》，臺北：萬卷樓圖書公司，2021年。
韓林合　《《邏輯哲學論》研究（修訂、完整版）》，北京：商務印書館，2007年。
韓曉華　《中、晚明「泰州學派」的思想發展研究：從「百姓日用」到「參之以情識」》，新北：花木蘭文化事業公司，2016年。

（三）專書（期刊論文、專書論文、論文集論文）

尤惠貞、陳彥伯　〈牟宗三〈文殊問疾〉章義的現代生死學新詮〉，《生死學研究》第八期，2008年7月。
伍非百　〈墨子大義述〉，蔡尚思編：《十家論墨》，上海：上海人民出版社，2004年。
米建國　〈世界、思想、和語言：維根斯坦的「論叢之梯」〉，《意

	義、真理與信念：語言哲學論文集》，臺北：學富文化事業公司，2004年。
岑溢成	〈詭辭的語用學分析〉，香港科技大學人文學部主編《邏輯思想與語言哲學》，臺北：臺灣學生書局，1997年。
林月惠	〈唐君毅、牟宗三的陽明後學研究〉，《杭州師範大學學報（社會科學版）》2010年第1期。
林月惠	〈落葉歸根：我對牟宗三先生宗教心靈的默感〉，《思想》第十三期，臺北：聯經出版事業公司，2009年10月。
冼景炬	〈維根斯坦與現代分析哲學〉，《新亞學術集刊》第九期，1989年。
冼景炬	〈唐君毅先生的哲學思考方式〉，《唐君毅思想國際會議論文集（I）》，香港：法住出版社，1990年。
徐　波	〈牟宗三「分別說」與「非分別說」辨析——兼與馮耀明先生商榷〉，《東吳哲學學報》第三十期，2014年8月。
馮耀明	〈荀子人性論新詮：附〈榮辱〉篇23字衍之糾謬〉，《國立政治大學哲學學報》第十四期，2005年。
楊自平	〈牟宗三先生論荀子禮義之統析辨〉，《鵝湖學誌》第四十三期，2009年。
陳榮灼	〈作為類比推理的《墨辯》〉，楊儒賓等編：《中國古代思維方式探索》，臺北：正中書局，1996年。
彭文本	〈唐君毅論「個體的自我」〉，《哲學與文化》第卅六卷第八期，2009年8月。
彭國翔	〈唐君毅論宗教精神〉，《儒家傳統的詮釋與思辨》，武漢：武漢大學出版社，2012年。
廖俊裕	〈論唐君毅哲學的合法性起點與發展性〉，彰化：《大葉大學共同教學中心半年刊》，2000年1月。

廖俊裕、王雪卿　〈唐君毅「判教理論」的初步考察〉,《研究與動態》第八期,彰化:大葉大學共同教學中心,2003年6月。

廖俊裕　〈論唐君毅之「客觀境界」〉,《研究與動態》第九期,彰化:大葉大學共同教學中心,2003年12月。

廖俊裕、王雪卿　〈論唐君毅的「主觀境界」〉,《研究與動態》第十期,彰化:大葉大學共同教學中心,2004年6月。

潘啟聰　〈當代中國哲學與田立克的終極關懷〉,《鵝湖月刊》第五二〇期,2018年10月。

劉又銘　〈荀子的哲學典範及其在後代的變遷轉移〉,《漢學研究集刊》第三期,2006年。

鄧小虎　〈《荀子》中「性」與「偽」的多重結構〉,《國立臺灣大學哲學評論》第三十六期,2008年10月。

劉文清　〈墨家兼愛思想之嬗變——從「兼」字涵義談起〉,《成大中文學報》第四十二期,2013年9月。

鄭宗義　〈生命的學問——當代建構『中國哲學』的一個嘗試〉,鄭家棟編:《拾薪集——「中國哲學」建構的當代反思與未來前瞻》,北京:北京大學出版社,2007年。

鄭宗義　〈生命的虛無、沉淪、悲情與覺情——當代新儒家的存在體驗〉,羅秉祥、謝文郁編:《耶儒對談:問題在哪裡?(上)》,桂林:廣西師範大學出版社,2010年。

蕭振聲　〈牟宗三道德形上學新詮〉,《中正漢學研究》第二十四期,2014年12月。

賴品超　〈超越者的內在性與內在者的超越性——牟宗三之耶儒分判〉,賴品超、林宏星:《儒耶對話與生態關懷》,北京:宗教文化出版社,2006年。

韓曉華　〈論何心隱的「講學」思想〉,《當代儒學研究》第十八期,2015年6月。

韓曉華　〈論顏山農的「七日閉關法」：兼論明代中後期的儒學宗教化傾向〉，《清華學報》新四十八卷第三期，2018年9月。

韓曉華　〈「同一性思維」與「生命的學問」——《徘徊於天人之際・海德格的哲學思路》的讀後思絮〉，《鵝湖月刊》第五六〇期，2022年2月。

（四）學位論文

刑福增　《基督教救國：徐謙、馮玉祥、張之江》，香港：香港中文大學博士論文。1995年。

伍振勳　《荀子「天生人成」思想的意義新探》，新竹：清華大學博士論文，2005年。

林益光　《維根斯坦的梯子、世界和沉默》，臺北：東吳大學碩士論文，2005年。

吳紹熙　《牟宗三論「生命」、「智慧」與「生命的學問」——從《五十自述》看牟宗三思想中的存在向度》，香港：香港中文大學碩士論文，2006年。

李國威　《早期墨家的道德心理學》，香港：香港中文大學碩士論文，2008年。

張哲民　《保羅・田立克的文化神學方法及其宗教學應用》，新北：天主教輔仁大學博士論文，2012年。

劉保禧　《隱匿的對話：牟宗三與海德格論有限與超越》，香港：香港中文大學博士論文，2012年。

潘國華　《趙紫宸《耶穌傳》之研究》，桃園：中原大學宗教研究所碩士論文，2012年。

三　近人著述（英文）

Alice Crary and Ruppert Read ed., *The New Wittgenstein*, London and New York, 2000.

Alexander Miller, *Philosophy of Language*, Routledge: Taylor & Francis Group, New York and London, 2018.

Benjamin Schwartz, *The World of Thought in Acient China*, Cambridge: Harvard University Press, 1985.

B. L. Davies, "Grice's Cooperative Principle: Meaning and Rationality," *Journal of Pragmatics*, 39(2007).

C. Fraser, *Tang Junyi on Mencian and Mohist Conceptions of Mind*, Contemporary Confucians of the Chinese University, Cheng Chung Yi, ed. *New Asia Academic Bulletin 19*, October 2006.

I. Kant, P. Guyer & A. W. Wood, trans. *Critique of Pure Reason*, Cambridge University Press, 1998.

I. Kant, M. Gregor, trans. *Critique of Practical Reason*, Cambridge University Press, 2015.

I. Kant, A. Wood & G. D. Giovanni, trans. *Religion within the Boundaries of Mere Reason and Other Writings*, Cambridge University Press, 1998.

J. Heil, *Philosophy of Mind: A Contemporary Introduction*, Routledge, A Member of the Taylor & Francis Group, 1998.

J. L. Austin, *How to Do Things with Words*, Oxford: Oxford University Press, 1962.

Jennifer M. Saul, "Speaker Meaning, What is Saidand What is Implicated," *Nuts*, 36(2), 2002.

J. R. Searle, *Intentionality: An Essay in the Philosophy of Mind*, Cambridge University Press, 1983.

J. R. Searle, *Mind, Brains and Science*, Harvard University Press, Cambridge, Massachusetts, 1984.

J. R. Searle, *The Rediscovery of the Mind*, The MIT Press Cambridge, Massachusetts London, England, 1992.

J. R. Searle, *Mind, Language and Society: philosophy in the Real World.* Basic Books, A member of the Perseus Books Group, 1998.

J. R. Searle, *Mind: A Brief Introduction,* New York: Oxford University Press, 2004.

L. Wittgenstein, C.K. Ogden, trans. *Tractatus Logico-Philosophicus*, New York: Barnes & Noble Books, 2003.

N. Chomsky, *Aspects of the Theory of Syntax*, Cambridge MIT Press, 1965.

Paul Grice, *Studies in the Way of Words,* Harvard University Press, 1989.

Paul Grice, *Aspects of Reason,* Oxford University Press, 2001.

Paul Tillich, *Theology of Culture,* New York: Oxford University Press, 1959.

Paul Tillich, *Dynamics of Faith,* New York: Harper & Brothers, 1957.

Stephen Levinson, *Pragmatics*, Cambridge University Press, 1983.

William G. Lycan, *Philosophy of Language*: *A Contemporary Introduction*, Routledge: Taylor & Francis Group, New York and London, 2019.

後記
為作品說說話

　　我在高中時期開始接觸唐君毅先生的著作，那時在午膳後會走到學校的圖書館閒逛，偶爾翻閱《人生之體驗》，對唐君毅先生所說的問題或解說只感模糊而具深度，就持續地踏進研習哲學的路途，期間或在課餘或在工餘陸續地閱讀各類哲學書籍，對唐君毅先生與牟宗三先生的著作總在似懂非懂之間地研讀，後來有機會到香港中文大學進修，在鄭宗義教授、劉國強教授等的不同課程中慢慢學習與研究，才開始摸索到唐牟二先生哲學思想的輪廓，並在唐牟二先生的思想汪洋漫遊享受，後來我轉入新亞研究所跟隨盧雪崑教授、吳明教授等學習，側耳聽聞過唐牟二先生在教學及生活中的許多細碎事，也在唐牟二先生思想中得著更多，慢慢將所閱所思寫成論文發表。現在結集成書的這些論文其實就是十多年來沉浸在唐牟二先生哲學思想的記錄，它們並不是對唐君毅先生或牟宗三先生的哲學思想作出整全的研究，它們都是透過不同的機緣而在好些徹夜無眠的日子裡硬寫出來，現在想來卻都是感恩。

　　在香港有某年輕歌手把每一首發表的歌曲稱為「胎」，表示每一件作品都猶如懷胎十月的艱辛與重視，而我對這裡每一篇論文的撰寫與發表也同樣像是幾經孕育才能生產出來，它們是我這十多年來在哲學思海內的錨位，以下就嘗試說說每篇論文的寫作緣由與經歷際遇。

　　先說甲部的文章。第一章〈唐君毅先生論「身心問題」——與塞爾（J.R.Searle）「生物自然主義」之比較〉是本書最早發表的文章（2012年），它是我在香港中文大學修讀劉國強教授開設的「唐君毅

《生命存在與心靈境界》之哲學研討」（2010年）課程之學期論文，論文的問題意識是展示唐君毅先生哲學思想的獨特性與效用性，就以「身心問題」來作比較討論，選擇塞爾緣於當時閱讀過他的《心靈導論》有所啟發而決定。那個學期在劉國強老師的課堂中不單研讀唐君毅先生的哲學思想，還感受到劉國強老師對唐君毅先生的敬重與尊崇，聽劉老師講述唐先生的生活與教學瑣事就感覺拉近了與當代新儒家的距離。第二章〈唐君毅先生論「宗教精神」——與田立克（P. Tillich）「終極關懷」之比較〉是我在二〇二三年六月為新亞研究所作的「誠明人文講座」講稿修訂，論文的構思與〈唐君毅先生論「身心問題」〉在相約時期，唯一再拖延未有正式落筆撰寫，趁著新亞研究所的邀約就強迫自己要完成它。第三章〈論唐君毅先生對荀子「性惡善偽」的詮釋〉是本書另一篇學期論文，它是我在新亞研究所修讀吳明教授開設的「中國哲學專題研究」（2012年）課程時所撰寫，那時吳明老師批改論文後曾稱許論文表現出分析力強，為我日後持繼撰寫學術論文給了不少動力。第四章〈論唐君毅先生對早期墨家思想的詮釋〉是我持續閱讀唐先生《中國哲學原論（導論篇）》的所思所想，甚至引發我曾在網絡上或撰述或講述《墨子》思想。第五章〈論唐君毅先生對晚期墨家思想（《墨子・小取》）的詮釋〉是我在二〇二三年十月在「新亞研究所成立七十周年紀念學術研討會」所提交的論文修訂，這是延續對墨家思想的討論，由於唐先生對「晚期墨家」的詮釋別樹一格（非邏輯分析），是以我借用格賴斯（P. Grice）的語用學來論證唐先生詮釋的合理性。論文發表後得到臺灣成功大學的翁文嫻教授稱許，她認為論文能展示較少人注意到唐先生或墨家思想對語言（用）的討論。

再說乙部的文章。第六章〈論牟宗三先生對王塘南「透性研幾」的詮釋〉是我第一次在國際學術會議（「『北學南移』國際學術研討

會」，2013年）發表的學術論文，那時與盧雪崑老師並排而坐報告論文，戰戰兢兢地以高頻語速講解論文要點，在答問環節卻像魂游物外，幸得盧老師手把手的引導我回應提問。第七章〈論牟宗三先生對「哲學語言」的理解——從牟譯《名理論》來看〉是我在「紀念牟宗三先生逝世二十周年國際學術研討會」（2015年）發表的論文，年輕時在李天命教授的課堂中注意到維根斯坦（L. Wittgenstein）哲學思想的獨特性，早有心志要撰寫一篇相關維氏的論文，後來閱讀牟先生翻譯的《名理論》，認定牟先生在譯著上另有用心，即從牟先生的「哲學語言」觀為討論中心。論文發表後與黃敏浩教授閒談，他因著這篇論文還以為我是專門研究西方哲學的。第八章〈論牟宗三先生的「歸宗儒家」——從牟著《五十自述》來看〉是我旁聽香港中文大學鄭宗義教授開設的「現代中國的思想世界」（2012年）課程所啟發撰寫的論文，論文受益於鄭宗義老師的課堂講述和學術論文，更讓我注意到唐牟二先生的「生命的學問」真箇具有對生命的感悟意涵。記得鄭宗義老師說過旁聽生理應比較選修生更為勤奮，理由是旁聽是興趣與自願，就更應該展示出積極性，為此，作為該課程的旁聽生，我就撰寫了這篇文章標誌自己的學習歷程。第九章〈論牟宗三先生對「人格救國」的可能諍辯——以趙紫宸《耶穌傳》來說〉是我在閱讀《五十自述》時偶然發現牟先生有提及趙紫宸的《耶穌傳》，細讀《耶穌傳》及趙紫宸的思想發現他所提出的「人格救國」思想，從牟先生對中國文化思想的理解必然反對這類否定傳統文化的救國思潮，遂決意撰寫相關論文，唯這篇論文寫成後曾投稿到港臺不同的學術期刊都不得受理，我想應該是這篇論文的題材既非純粹哲學，也非純粹宗教，實在處於邊緣位置罷。

　　自從在新亞研究所畢業後，先後到了志蓮夜書院及香港中文大學哲學系任教，期間得到不少師長輩的幫助與教導，梁瑞明院長與何美

嫦女士讓我在志蓮夜書院任教，梁院長總慈心地勉勵要以閱讀經典講解經典為教學方向；盧傑雄博士及黃勇教授常提點及鼓勵我在大學教學的種種；學友趙敬邦博士、蕭振聲教授及張政遠教授等雖分處於不同地方，卻常得到他們不同程度的鼓勵與激勵，眼見他們陸續出版自己的學術研究專著，更讓我蠢蠢欲動要參與其中。與林月惠教授的認識是個緣分，在知悉林月惠老師精研陽明學及牟宗三先生思想後，我透過電郵向她問學，月惠老師熱心的教導與回應，後來經過幾次的交流與會面，就更覺得月惠老師對後學的支持與鼓勵，拙作能得到她的推薦語，實在是個榮幸。尤其感激盧雪崑教授與鄭宗義教授，盧教授總是給予鼓勵與期許，實在是我持續撰寫學術論文的動力之一。鄭宗義教授自結緣成為我文學碩士論文導師後，一直給予我在工作上和學術上的指點與幫助，是我在學術研究上的指路明燈，又在百忙之中賜序推薦，師恩厚重，銘感於心。最後謹以本書獻給我的家人：太太少慧、女兒晉恩及兒子晉賢。

哲學研究叢書・學術思想叢刊 0701031

「生命」與「學問」的喚醒：
唐君毅先生與牟宗三先生哲學思想的闡釋

作　　者	韓曉華
責任編輯	丁筱婷
特約校稿	林秋芬

發 行 人	林慶彰
總 經 理	梁錦興
總 編 輯	張晏瑞
編 輯 所	萬卷樓圖書股份有限公司
排　　版	林曉敏
封面設計	黃筠軒
印　　刷	維中科技有限公司

發　　行　萬卷樓圖書股份有限公司
臺北市羅斯福路二段 41 號 6 樓之 3
電話 (02)23216565
傳真 (02)23218698
電郵 SERVICE@WANJUAN.COM.TW
香港經銷　香港聯合書刊物流有限公司
電話 (852)21502100
傳真 (852)23560735

ISBN 978-626-386-151-0
2025 年 01 月初版
定價：新臺幣 480 元

如何購買本書：
1. 轉帳購書，請透過以下帳戶
合作金庫銀行　古亭分行
戶名：萬卷樓圖書股份有限公司
帳號：0877717092596

2. 網路購書，請透過萬卷樓網站
網址 WWW.WANJUAN.COM.TW

大量購書，請直接聯繫我們，將有專人為您服務。客服：(02)23216565 分機 610

如有缺頁、破損或裝訂錯誤，請寄回更換
版權所有・翻印必究
Copyright©2025 by WanJuanLou Books CO., Ltd.
All Rights Reserved　　　　Printed in Taiwan

國家圖書館出版品預行編目資料

「生命」與「學問」的喚醒：唐君毅先生與牟宗三先生哲學思想的闡釋/韓曉華著. -- 初版. -- 臺北市：萬卷樓圖書股份有限公司, 2025.01　面；公分. -- (哲學研究叢書. 學術思想叢刊；701031)

ISBN 978-626-386-151-0(平裝) 1.CST: 唐君毅
2.CST: 牟宗三　3.CST: 學術思想　4.CST: 哲學
128　　　　　　　　　　　　　　　　113012509